Brother Augustine Jebakumar
Glauben. Lieben. Ernten.

www.fontis-verlag.com

Brother
Augustine Jebakumar

Glauben. Lieben. Ernten.

*Mein Leben
für die Unerreichten Indiens*

Eine Co-Produktion
des Fontis-Verlags
mit der «Inter-Mission»

inter-mission

fontis

Bibliografische Information der Deutschen Nationalbibliothek
Die Deutsche Nationalbibliothek verzeichnet diese Publikation in der Deutschen Nationalbibliografie; detaillierte bibliografische Daten sind im Internet über www.dnb.de abrufbar.

Diese Autobiografie ist eine Übersetzung des tamilischen Originals
'Nee Illavidyl
Es ist auch auf Hindi unter dem Titel *Aur Kohi Nahi* erschienen.

Übersetzung ins Deutsche: Markus A. Hediger

Die Bibelstellen wurden, soweit nicht anders angegeben,
folgender Übersetzung entnommen:

Umschlag: Spoon Design, Olaf Johannson, Langgöns
Foto Umschlag (typische Straßenszene in Indien):
Prateek Dubey, prottle.wordpress.com
Foto Klappe U4: Alexandra Lande, shutterstock.com
Foto U4, linke Seite: ImagesofIndia, shutterstock.com
Foto U4, rechte Seite: Matyas Rehak, shutterstock.com
Fotos Klappe U1: ImagesofIndia, shutterstock.com
Fotos Bildteil: © by Augustine und Rupa Jebakumar und «Inter-Mission»
Satz: InnoSet AG, Justin Messmer, Basel
Druck: Finidr
Gedruckt in der Tschechischen Republik

ISBN 978-3-03848-154-6

Inhalt

Vorwort von Peter Will

Gott nährt und stärkt unseren Glauben durch das Leben biblischer Persönlichkeiten – der «Helden der Heiligen Schrift».

Der Schreiber des Briefes an die Hebräer wendet für die Schilderung von Glaubenshelden sogar ein komplettes Kapitel auf. Er berichtet uns, wie sowohl Männer als auch Frauen zur Zeit des Alten Testaments ihr Vertrauen auf Gott setzten und «durch Glauben Königreiche bezwangen, Gerechtigkeit wirkten, Verheißungen erlangten, der Löwen Rachen verstopften» (Hebräer 11,33; Elberfelder Bibel).

Der Autor misst dem Glauben so viel Bedeutung bei, dass er Vers um Vers das ganze Kapitel mit seinen Heldenbeschreibungen füllt. Wir selbst wissen um den Wahrheitsgehalt jeder einzelnen Geschichte, und doch nimmt uns schnell der Gedanke gefangen: «Das war früher so. Aber ich würde mir wünschen, Gott heute noch so wirken zu sehen!»

Ich glaube fest daran: Gott kann uns mit der nachfolgenden Erzählung deutlich machen, dass er heute noch derselbe ist wie damals. Derselbe Gott, gestern, heute und in Ewigkeit. Unser Glaube mag erschüttert werden. Gott aber bleibt, wer er ist.

Während meiner Arbeit auf dem Missionsfeld wurde ich immer wieder von Glaubenshelden ermutigt. Gerade in der sogenannten «Dritten Welt» werden Menschen ihrer materiellen Armut und Geringschätzung zum Trotz immer wieder zu großen Werken für den HERRN befähigt. Wir, in unserer so gebildeten und privilegierten Gesellschaft, fallen leicht dem Glauben anheim, dass wir im Dienst einen höheren Bildungsweg, eine bessere Ausbildung, mehr Know-how und mehr Geld benötigen. Natürlich kann Gott diese Dinge in gewissem Maß gebrauchen;

aber er möchte, dass wir uns nicht auf sie verlassen, wenn wir Schritte im Glauben tun.

Bei meinem ersten Besuch in Indien 1979 hatte ich das Privileg, Augustine Jebakumar kennen zu lernen. Ich erinnere mich gut an unseren zweitägigen Besuch und an das kleine Haus, in dem er mit ein paar Männern und Frauen lebte, die alles zurückgelassen hatten, um die Unerreichten von Bihar mit der Liebe Jesu Christi zu erreichen.

Auf dem Dach des Häuschens – von dort oben blickte man in eine karge und dürre Landschaft hinaus – fanden regelmäßig Gebetstreffen statt. In Indien sind Gebetstreffen noch *echte* Gebetstreffen, die in der Regel kein Ende kennen.

Das nächste Mal traf ich Jebi (Jebakumar) auf einer Jugendkonferenz in Chennai. Ich erinnere mich gut daran, wie sein Zeugnis und seine Lehre Hunderte junger Leute berührten. Nach einer der Veranstaltungen dort verbrachten wir etwas Zeit zusammen; er erzählte uns von seiner Mutter und wie sie schon für ihn betete, als er noch ein kleiner Junge war. Das, so spürte ich, war das Geheimnis und die Quelle von geistlicher Kraft und Autorität!

Seitdem hatte ich regelmäßig das Privileg, ihn zu besuchen, und durfte dabei miterleben, wie der Dienst, zu dem Gott ihn gerufen hat, konstant weiterwächst. Das karge und dürre Land hat Gott in ein «Elim», einen Brunnen, verwandelt: in Krankenhäuser, Bibel- und Berufsschulen, Schulen zur Befähigung im Dienst, Unter- und Oberstufenschulen, Ausbildungsstätten, Heime für Menschen mit Behinderung, Heime für Straßenkinder und noch so vieles mehr.

Unser menschlicher Verstand ist geneigt zu sagen, dass in die verschiedenen Projekte und Gebäude lediglich Geld und Arbeitskraft geflossen sind. Ich aber frage mich: Können Geld und Arbeit dem menschlichen Herzen Leben und Glauben spenden? Nein, Geld bewirkt genau das Gegenteil: Es entzieht dem Menschen Leben und lässt auch die Herzen der Gläubigen hart werden und erkalten, wenn sie sich materiellen Dingen zuwenden.

Gott hat Jebakumar mit einem Leben gesegnet, das auf Glauben gebaut ist und aus seinen Gaben einen fruchtbaren Dienst hervorgebracht hat. Eine dieser Gaben macht ihn fähig, das Wort Gottes zu lehren, und eine andere, Nachfolger heranzubilden. So hat der HERR aus GEMS in der Tat einen Dienst gemacht, der das «Evangelium erschallen» lässt.

(GEMS steht für Gospel Echoing Missionary Society, zu Deutsch etwa «Missionsgesellschaft, die das Evangelium widerhallen lässt».)

Der HERR segne dich und benutze dieses Buch, um deinen Glauben weiter zu stärken. Er berühre dein Herz, damit du IHM, der alles für dich gegeben hat, auch alles geben kannst.

Peter Will, Gründer der ersten Calvary Chapel in Deutschland und heute Berater und Betreuer der Calvary-Chapel-Gemeinden in Europa

Einleitung des Autors

Ich habe nie Theologie studiert. Nie eine Bibelschule besucht. Nie eine sozial-missionarische Ausbildung oder Ähnliches absolviert. Aber ich bin Missionar im Dienst des HERRN – und das jetzt schon seit 44 Jahren.

Im Auftrag der tamilischen Monatszeitschrift «Yutha Satham» begann ich unter dem Titel «Nan Thirumbi Pakirein» («Ich denke zurück»), über meine Erlebnisse im Dienst zu schreiben.

Es dauerte nicht lange, und ich wurde von Leserbriefen überschwemmt, in denen meine Arbeit auf dem Missionsfeld gepriesen und verherrlicht wurde. Ich war fassungslos, war meine einzige Absicht dabei doch gewesen, Gott – und Gott allein! – die Ehre zu geben!

Kurzerhand beendete ich meine Artikelserie und gelobte mir feierlich, diesen Fehler nie wieder zu begehen.

Viele Menschen, die mich bei evangelistischen Treffen, Predigten und über dritte Personen gehört und erlebt hatten, waren jedoch der Ansicht, dass die Veröffentlichung meiner Erfahrungen für viele zu einem großen Segen werden und zukünftigen Generationen als Inspiration und Ermutigung dienen könnte.

Auch die Worte des Psalmisten drängten mich, über all die wundersamen Dinge zu schreiben, die Gott in meinem Leben getan hat:

> «Gott, du hast mich von Jugend auf gelehrt und noch jetzt verkündige ich deine Wunder. Ach verlass mich nicht, Gott, im Alter, wenn ich grau werde, bis ich deine Macht verkündige Kindeskindern und deine Kraft allen, die noch kommen

sollen. Gott, deine Gerechtigkeit reicht bis zum Himmel; der du große Dinge tust, Gott, wer ist dir gleich?»

Psalm 71,17–19

Ich spürte auch, dass sowohl meine jüngeren als auch meine zukünftigen Kollegen die Gelegenheit bekommen würden, den Preis, der für den Aufbau dieses Werkes gezahlt wurde, besser zu verstehen und wertzuschätzen. Die harte Arbeit und die vielen Opfer der ersten Missionare in Indien sind gut dokumentiert. Aber diese Arbeit wurde mehrheitlich von Ausländern getan.

Dagegen gibt es kaum einen Bericht über die harte Arbeit und die Opfer der heutigen Missionare – die mehrheitlich Inder sind. Das spornte mich an, aufzuzeigen, dass derselbe Gott, der durch die ersten ausländischen Missionare wirkte, noch immer auf dieselbe Weise durch die indischen Missionare tätig ist. Gesetzt den Fall, diese sind gewillt, ihm ihr Leben unterzuordnen und ihre Dienste seinen Händen anzuvertrauen.

Es ist mein inniger Wunsch, dass dieses Buch junge Christen inspiriert und in ihnen das missionarische Feuer entzündet! Ich bin fest davon überzeugt, dass der einheimische Missionar eine Schlüsselrolle einnimmt, wenn es darum geht, die christliche Jugend Indiens zu inspirieren und in ihr den geistlichen Eifer und die Leidenschaft für den HERRN zu wecken.

Wenn dich etwas zurückhält oder du davor zurückschreckst, im Dienst den nächsten Schritt zu gehen, weil es dir an theologischen Qualifikationen mangelt, dann ist dieses Buch speziell für dich geschrieben. Ich möchte unterstreichen, dass jeder, der der Stimme Gottes gehorcht, von Gott auf mächtige Weise gebraucht werden kann – unabhängig von seinem Werdegang. Gott macht keinen Unterschied zwischen Menschen und auch keinen bei deren Herkunft. Er ist eine allgegenwärtige Hilfe in Zeiten der Not für alle, die ihm vertrauen.

Meine Geschichte wird deutlich machen, dass ein transparentes Leben vor Gott und den Menschen mit einer ewigen Belohnung im Reich Gottes gekrönt wird. Sie unterstreicht, dass Gott, der uns für seinen Dienst erwählt hat, uns treu in allen Schwierigkeiten beisteht; dass ein Missionar ohne Gott nichts erreicht und dass ihn seine rhetorischen Fähigkeiten und Führungsqualitäten allein nicht weiterbringen.

Ich möchte noch etwas hervorheben: Gott erwartet, dass du dich als Teamplayer erweist, auch wenn er dich als Individuum berufen hat. Nehemia, Mose und selbst Jesus arbeiteten alle in einem Team. Das Werk Gottes ist unermesslich groß und kann nicht von einem Einzelnen umgesetzt werden; jeder hat eine wichtige Rolle zu spielen, so unscheinbar sie auch sein mag.

Mein Zeugnis in diesem Buch ist, dass ein Dienst, der von ganzem Herzen, mit Aufrichtigkeit, Einfachheit, Heiligkeit und Opferbereitschaft geleistet wird, eine ganze Nation befähigt, Jesus Christus als Heiland anzunehmen, und so tiefgreifende Veränderung herbeiführt.

Ich möchte Menschen motivieren und ermutigen, ihren Eifer und ihre Hingabe bis zum Zieleinlauf zu bewahren und zu kultivieren. Während all der Jahre im Dienst habe ich zu viele gesehen, die mit großem Eifer für den Herrn begannen und dann kalt und träge wurden. Ich möchte diesen Menschen Inspiration für göttliche Werke sein, die sie jederzeit erreichen können – vorausgesetzt allerdings, sie setzen all ihr Vertrauen auf Gott.

Er wird uns sicher führen. Nicht nur, um in unserem Dienst große Dinge zu erreichen, sondern auch in unserem Alltag. Gottes Wort sagt: «Der Gerechten Pfad glänzt wie das Licht am Morgen, das immer heller leuchtet bis zum vollen Tag» (Sprüche 4,18).

Es ist mein größter Wunsch, dass ich bis zu meinem letzten Atemzug fleißig und «sorgsam zu Gottes Werk» mit derselben

Aufrichtigkeit, Hingabe, Barmherzigkeit und Einsatzbereitschaft und mit demselben Eifer und Pflichtgefühl beitragen kann, mit denen ich seinerzeit begonnen habe.

Ich glaube, dass dieses Zeugnis endlich die Frage verstummen lassen wird, die sich viele indische Missionare stellen: «Wo sind die Pioniere?» Gott will die Inder als kraftvolle Zeugen gebrauchen, um das Evangelium in unerreichte Gegenden zu tragen! Nicht nur in Indien, sondern in der ganzen Welt. Er liebt unsere Nation und unser Volk zutiefst. Er wartet darauf, uns zu gebrauchen, wenn wir ihn mit Eifer suchen.

Ich habe dieses Buch nicht geschrieben, um zu begeistern, sondern um dazu aufzurufen, unserem Heiland – der für uns gelitten hat! – treu zu dienen. Es ist nicht meine Absicht, mit diesem Buch Menschen hervorzuheben, sondern den Namen des HERRN, des Königs der Könige und des Erlösers der Menschheit, zu verherrlichen.

Deshalb wurde dieses Buch auch aus dem Tamilischen ins Hindi, ins Englische und nun auch ins Deutsche übersetzt, damit möglichst viele Menschen von meinen Erfahrungen profitieren und ihren Eifer für den HERRN erneuern können. Nachdem ich aufrichtig dafür und darüber gebetet hatte, spürte ich während des Schreibens Gottes inspirierende Gegenwart und Leitung. Alles, was in diesem Buch beschrieben wird, ist – nach meinem besten Wissen – wahr und frei von Übertreibungen.

Es ist mein Herzenswunsch, dass diese riesige Nation Indien – möglichst noch zu meinen Lebzeiten – die rettende Macht unseres Heilands Jesus Christus erfahren möge. Sie soll viele Nachfolger und Nachahmer Christi hervorbringen. Jede Zunge soll bezeugen, dass das Evangelium unseres HERRN Jesus Christus die ultimative Lösung für jedes Problem dieses Landes ist. Die Kirche soll das Licht der Erlösung auf diese Nation werfen. Auf die Bevölkerung wie auch auf regierende Politiker und auf Reiche wie auch auf Arme.

Diese Memoiren sind auch ein Zeugnis dafür, dass der Feind eine Mission, die aus dem Gebet erwuchs und durch die Kraft des Heiligen Geistes in Übereinstimmung mit dem souveränen Willen Gottes ausgeführt wurde, nicht zerstören kann. Sie bekräftigen auch, dass wir die mächtigen Taten Gottes gemäß seinem Bund mit uns erleben werden, wenn wir bis zum Ende mit Hingabe und Ausdauer festbleiben in unserem Einsatz für den HERRN.

Die nachfolgende Erzählung ist die Geschichte einer Missionsgesellschaft. Einer Organisation, die mit dem Leben eines Einzelnen verflochten ist, aber dessen Leistungen ihrerseits mit dem Leben Tausender verflochten sind, die hinter den Kulissen mitgearbeitet haben und weiterhin arbeiten. Aus Gründen der Kürze habe ich nur einige wenige namentlich erwähnt, doch der HERR erinnert sich an jeden einzelnen meiner Mitarbeiter und an jedes seiner Verdienste. Mein Gebet ist es, dass der HERR euch segne.

Dem HERRN aufrichtig und ohne Erwartung von Anerkennung zu dienen garantiert uns einen festen Stand im Angesicht von Widerstand. So sollte unser einziger Wunsch die Errichtung des Reiches Gottes sein, indem wir uns ihm unterwerfen und beten: «Dein Reich komme.»

Ich strebe weiterhin danach, würdig zu sein, um vom HERRN ein «guter und treuer Diener» genannt zu werden. Es ist mein aufrichtiges Gebet, dass die Absicht dieses Buches sich erfülle. Gottes Wille geschehe.

Dein Bruder, der sich täglich bemüht, dem HERRN treu zu sein, welcher ihn als seinen Diener berufen hat,

D. Augustine Jebakumar

1. Kapitel
Meine jungen Jahre

Ich habe *sonst keinen* außer dir

«Mein Sohn, wenn du nicht gehst,
habe ich sonst keinen,
den ich senden könnte.»

Eine laute, aber sanfte Stimme durchschnitt die stille Nacht. Zwei durchdringende und doch wunderschöne Augen erschienen in der Dunkelheit. Tränen strömten aus ihnen hervor und fielen auf einen jungen Mann. Verwirrt und wie hypnotisiert stand dieser da und heftete seinen Blick auf diese befremdende, aber fesselnde Szene, während in seinen Ohren flehende Worte widerhallten.

Von den Tränen zutiefst gerührt und mit einem Gefühl völliger Unwürdigkeit, fragte er, wie auch Maria gefragt hatte: «HERR, wie soll das geschehen?» Dann fügte er sich jedoch, warf sich nieder und sagte: «Hier bin ich.»

Im selben Moment war die Vision verschwunden.

Dieser junge Mann, dem tausend Fragen durch den Kopf gingen und der dem himmlischen Ruf implizit gehorcht hatte, war ich – Augustine Jebakumar.

Meine Freude war überschwänglich, als ich nach langer Suche meine allererste Arbeitsstelle fand, denn ich hatte große Pläne, wie ich meiner notleidenden Familie unter die Arme greifen könnte. Auf Anweisung des HERRN sollte ich meine langersehnte Anstellung allerdings am 13. Oktober 1972 wieder kündigen. Gott hatte mir zugesichert, dass er sich persönlich um meine Familie kümmern würde.

Ich nahm ihn beim Wort. Ohne Fragen zu stellen, stürzte

ich mich mit ganzer Hingabe in den Dienst für ihn. Ich schaute nicht zurück. Mit Feuer im Bauch, Ehrfurcht im Herzen und Gehorsam in meinen Taten ging ich, wohin Gott mich führte.

Auch an den Ort, der zu meiner Bestimmung werden sollte; der, wenn auch gewiss Teil des Staates, den ich «meine Heimat Indien» nenne, doch von ganz anderer Kultur und Sprache geprägt ist als der, in dem ich aufgewachsen war. Doch das hielt mich nicht auf. Ich wusste, dass mich der Gott meiner Berufung auf Schritt und Tritt begleiten würde.

Meine Geburt

Am 15. August 1947, dem Tag, an dem Indien seine Unabhängigkeit erhielt, erwartete eine junge Frau aus Sawyerpuram sehnsüchtig die Geburt ihres ersten Kindes. Sie hoffte inständig, dass es an diesem geschichtsträchtigen Tag geschehen würde, und hatte für das Kind sogar einen Namen zu Ehren dieses großen Ereignisses ausgesucht. Es würde ein Junge sein, und er sollte den tamilischen Namen «Suthanhitra Rajan» tragen; ein Name, der dem Tag der Unabhängigkeit gebührt: «Prinz der Freiheit».

Nun, es sollte nicht sein. Ich wurde am 20. August in einem freien Indien geboren und erhielt den Namen Augustine Jebakumar. *Augustine* aufgrund des Geburtsmonats (es ist höchst unwahrscheinlich, dass meine Mutter jemals vom heiligen Augustinus, dem großen christlichen Gelehrten, gehört hatte) und *Jebakumar*, weil ich die Frucht ihrer Gebete war (*jebam* bedeutet «Gebet» auf Tamilisch).

Meine Eltern konnten zu jenem Zeitpunkt keinen blassen Schimmer davon haben, dass ihr Sohn eines Tages dem Ruf Gottes, Missionar zu werden, folgen, Tausende durchs Gebet zu Christus bringen und ihnen beibringen würde, ein Leben im Gebet zu führen!

Meine Kindheit

Ich wurde in eine gottesfürchtige Familie hineingeboren, die regelmäßig den Gottesdienst besuchte. Jedes einzelne Familienmitglied achtete die christlichen Werte wie den Gehorsam gegenüber den Geboten, die Lektüre des Wortes Gottes und das regelmäßige Gebet. Singen und Beten mit der ganzen Familie gehörten unserer wöchentlichen Routine an.

Joy Florinal, meine Mutter, war Lehrerin und Devapitchai, mein Vater, diente in der indischen Luftwaffe. Ihre Liebesgeschichte ist ein unglaubliches Beispiel für Gottes mächtige Führung!

Die starke disziplinarische Neigung unserer Eltern war der Grund dafür, dass meine Schwester und ich von früh an mit christlich orientierter Strenge erzogen wurden. Dies brachte uns edle Tugenden wie Aufrichtigkeit, Disziplin, Ordnungsliebe, Sparsamkeit und Altruismus bei, die jeden Bereich unseres Lebens bestimmten.

Der Großvater väterlicherseits

Mein Großvater wurde als Hindu geboren und aufgezogen. Er sollte ein loyaler, väterlicher (er hatte acht Kinder) und fest in seinen Überzeugungen verankerter Hindu-Priester werden. Lange Zeit war sein Erkennungsmerkmal schlechthin die anderthalb Meter lange Haarpracht. Seine Bekehrung zum Christentum ist ein Zeugnis wahrhaft göttlicher Intervention.

Zu der Zeit, als er in Pallipattu, einem winzigen Dorf im

Süden des Distrikts Tiruvallur im Bundesstaat Tamil Nadu, als Hindu-Priester diente, ließ sich dort ein europäischer Missionar nieder, der den Dorfbewohnern die Liebe Christi predigte. Großvater war davon nicht allzu angetan. Vehement widersetzte er sich dem Missionar, überschüttete ihn mit Beleidigungen und schimpfte ihn einen «christlichen Hund». Er ging sogar so weit, ihn der Zerstörung unserer Kultur zu bezichtigen.

Inmitten einer dieser erneuten Anschuldigungen kniete der Diener Gottes genau an der Stelle, an der er angegriffen wurde, stumm nieder, betete und ging weiter.

Das Schutzversprechen unseres HERRN: «Wer euch antastet, der tastet seinen Augapfel an» (Sacharja 2,12), erfüllte sich innerhalb von zwei Wochen.

Mein Großvater verlor auf einmal komplett den Verstand, fing an, unablässig vor sich hin zu plappern, durch die Straßen des Dorfes zu laufen und sich unter die Bäume am Wegrand zu legen. Er befand sich in einem sehr bemitleidenswerten Zustand. Man mied seine Nähe. Seine Eltern gaben in einem verzweifelten, aber vergeblichen Bestreben ein Vermögen dafür aus, Heilung für ihn zu finden, doch sein Zustand verschlechterte sich von Tag zu Tag.

Nachdem die Eltern irgendwann jede Hoffnung in die traditionelle Medizin verloren hatten, suchten sie Zuflucht in der Hexerei, mit dem Ergebnis, dass sich der mentale Zustand ihres Sohnes nur noch verschlechterte.

Sein Martyrium schritt unweigerlich zwei weitere Jahre voran, bis zu dem Tag, an dem er wieder einmal unter einem Baum saß und urplötzlich eine Vision hatte. Jesus Christus erschien ihm in weißen Gewändern und berührte ihn sanft. Augenblicklich war er geheilt!

Von diesem Wunder überrumpelt, widmete er sein Leben von nun an dem HERRN als dessen wahrer Zeuge.

Auf einmal war sein Leben wie verwandelt. Er änderte seinen Namen zu *Arulsagayam,* um sich immer daran zu erinnern, dass er durch die Gnade und Barmherzigkeit des HERRN Jesus Christus geheilt worden war. Seinen alten Namen wollte er nie wieder benutzen oder erwähnen.

Er selbst war auch nicht mehr der gleiche arrogante, intolerante Mann, der er gewesen war. Jetzt haftete ihm der Ruf eines weisen Mannes an, der oft für die Dorfbewohner betete und ihnen half, ihre Streitigkeiten beizulegen.

Nach und nach gewann er den Respekt des Volkes und erhielt eine Ehrenstellung im Dorf. Seine Familie wurde liebevoll «Familie der Problemlöser» genannt. Er spielte eine Schlüsselrolle in der Bekehrung vieler Dorfbewohner, die Jesus Christus als ihren Herrn und Heiland annahmen. Heute wird das Dorf «Jerusalem» genannt. Eine wunderschöne Kirche erhebt sich darin als Zeugnis ihres Glaubens.

Einige Jahre nach meinem Diensteintritt wurde ich eingeladen, im Dorf meines Großvaters bei einer dreitägigen Erweckungsveranstaltung zu predigen. Ich war hocherfreut darüber, denn dies war ein wahrhaft großes Privileg. Noch heute erinnere ich mich daran, wie stolz mein Vater war, dass ich eingeladen wurde, in der dortigen Kirche zu predigen!

Großvater starb plötzlich und unerwartet. Er hinterließ seine Frau, Annammal Arulsagayam, und acht kleine Kinder.

Die Herkunft der Großmutter väterlicherseits

Großmutter stammte aus einem Dorf namens Sebathaiyapuram im Distrikt Tuticorin[1] (*sebam* [Jebam] bedeutet «Gebet» in der tamilischen Umgangssprache). Das Dorf, das eigentlich für seine Anhänger «Shivas», einer Hindu-Gottheit, berühmt ist, hatte einst den Namen Sivathaiyapuram getragen. Hinter dieser Namensänderung steckt eine interessante Geschichte, die man sich noch heute erzählt.

Damals schloss das Dorfoberhaupt Freundschaft mit G.U. Pope (1820–1908), einem Missionar, der in Sawyerpuram stationiert war. Eines Tages lud er G.U. Pope zu einem Fest im Shiva-Tempel ein. Der Höhepunkt des Festivals war eine Zeremonie, bei der eine Kobra, die sich um den Hals der Shiva-Statue schlängelte, von den Gläubigen dargereichte Milch trinken würde.

G.U. Pope erkannte die Gelegenheit, den Namen Jesu vor den versammelten Anhängern Shivas zu bezeugen, nahm die Einladung an und prophezeite: «Diesmal wird die Kobra plötzlich sterben, ohne vorher von der Milch zu kosten.»

Das Dorfoberhaupt begegnete dieser Herausforderung mit der Erwiderung: «Sollte dies tatsächlich geschehen, werde ich den HERRN Jesus Christus als meinen persönlichen Erlöser annehmen.»

Als der Tag des Festivals anbrach, schwoll der Eifer des Volkes zu einem Crescendo an. In Ekstase taumelten die Menschen zum Tempel, um dem Ereignis beizuwohnen.

Erfüllt von der Macht des Heiligen Geistes, erreichte auch G.U. Pope den Tempel.

Die herbeigesehnte Zeremonie begann, und die begeisterte Menge drängte sich um die Götterfigur, um einen besseren Blick auf das Geschehen zu erhaschen. Die Kobra entschlängelte sich, wand sich zum Boden hinab und begann, mit ausgebreiteter Haube hin und her zu wiegen. Plötzlich fiel sie regungslos in sich zusammen. Sie starb, noch bevor sie von der Milch kosten konnte, genau so, wie es der Missionar prophezeit hatte!

Das Dorfoberhaupt traute seinen Augen nicht. Ohne ein weiteres Wort zu sagen, akzeptierte er, dass Jesus Christus tatsächlich der HERR ist. Die versammelte Menge brach in Wut aus und sah in Pope den Verantwortlichen.

Doch das Dorfoberhaupt bezeugte seinen neugewonnenen

Glauben und sagte: «Dies ist Beweis genug, dass Jesus Christus der wahre Gott ist.»

Ein Teil der Menge akzeptierte das, während sich der Rest vehement widersetzte. Auf diese Weise hielt das Christentum Einzug in das Dorf und bewirkte die Namensänderung. Doch der Konflikt, der an jenem Tag entbrannte, dauert bis heute an.

Mein Vater

Der plötzliche Tod meines Großvaters stürzte meine Großmutter in große Trauer und tiefes Leid; sie musste acht Kinder mit der Hilfe anderer Familienmitglieder aufziehen.

Rajendran, ihr Ältester, wurde Postbeamter in Burma (heute Myanmar). Devadason, der zweite Sohn, studierte und wurde Lehrer an der TDTA-Schule (Tirunelveli Diocese Trust Association). Annakili, die erste Tochter, heiratete einen Geschäftsmann aus Sri Lanka. Das vierte Kind, ein Sohn mit Frau und zwei Kindern, erlitt einen frühen Tod.

Unglücklicherweise starben auch die anderen Kinder früh. Mein Vater Devapitchai (ein tamilischer Name, der «Almosen Gottes» bedeutet), auch A.D. David genannt, war das jüngste der acht Kinder.

Diese große, ihres Vaters beraubte Familie beschloss, in ein Dorf namens Idaikkadu zu ziehen, wo sie einige Hektar Land bewirtschaften konnte.

Von früh an war mein Vater von wahrer christlicher Hingabe und Anbetung fasziniert. Er nahm mit großer Begeisterung an den Aktivitäten der «Ceylon Pentecostal Mission» (CPM – gegenwärtig «The Pentecostal Mission», TPM) teil. Von der Scheinheiligkeit mancher Christen enttäuscht, kam er jedoch zum Schluss, sich den nationalen Streitkräften anschließen zu müssen, und wollte fortan ein diszipliniertes Leben führen.

So wurde er Mitglied der indischen Luftwaffe. Er stürzte sich in seine Ausbildung und landete schließlich in der Kommunikationsabteilung der Fallschirmspringer.

Vater erinnerte sich oft an die schwierigen Zeiten, die er im Militärdienst durchlebte, wobei ihm besonders vor Augen stand, wie die Briten (damals befand sich Indien noch unter britischer Herrschaft) während des Zweiten Weltkriegs an der Grenze zu Burma den Japanern gegenüberstanden.

Er erzählte dann, wie er wie durch ein Wunder unverletzt entkam, als er einmal in feindliches Feuer geriet, und er wurde nie müde, über den Mut, das Mitgefühl und die Kraft der Frauen von Manipur zu staunen, die verwundete Soldaten auf dem Rücken die steilen und rutschigen Berge hinauftrugen.

Mit leiser Stimme zeichnete er vor dem geistigen Auge immer wieder die fürchterlichen Schlachten nach, in denen er dienen musste. Viele Male mussten sie aus Flugzeugen springen – einmal waren es 33 Sprünge während einer einzigen Schlacht! Ein andermal öffnete sich sein Fallschirm nicht. Er stürzte in ein Gebäude und verletzte sich dabei schwer am Rücken. Doch immer betonte er das Wunder, überhaupt noch am Leben zu sein und die Gelegenheit zu haben, davon zu berichten.

Der Großvater mütterlicherseits

Thangaswamy Perinbham, der Vater meiner Mutter, kam aus dem Dorf Churandankottai und war Schuldirektor der «Saffior School» in Tirunelveli. Er war auffällig, großspurig und überhaupt sehr stolz darauf, die englische Sprache zu beherrschen.

Seiner Abstammung hatte er seinen Reichtum und sein würdevolles Benehmen zu verdanken, was ihn nicht davon abhielt, einen verschwenderischen Lebensstil anzunehmen und auch mal mit Freunden und Verwandten zu trinken und zu feiern. Als angesehenes Mitglied der Gesellschaft war er von den Briten zum Richter ernannt worden, um lokale Streitigkeiten zu schlichten.

Er wurde mit fünf Töchtern und einem Sohn gesegnet. Doch als die Kinder noch sehr klein waren, verlor er seine Frau und heiratete ein zweites Mal. Mit seiner zweiten Frau, die aus Alwarneri stammte, hatte er neun weitere Kinder! Es war in der Tat eine große Familie, die später nach Puthukulam in der Nähe von Palayamkottai zog, wo der Vater ein großes Haus baute und man sich dauerhaft niederließ.

Gottes wunderbarer Plan

Meine Mutter Joy Florinal war die jüngste der ersten fünf Töchter. Sie war schön, sehr mitteilsam und überaus lebhaft. Sie liebte es, mit anderen ihre Späße zu treiben.

Kaum ins heiratsfähige Alter gekommen, begann Großvater, nach einem geeigneten Bräutigam für sie zu suchen. Eines Abends begab sie sich mit ihren Freundinnen zu einem nahegelegenen kleinen See, um dort zu baden. Die Frauen erspähten dort eine Gruppe junger Männer, die am Ufer entlanggingen.

Meine Mutter machte einen jungen Mann mit einer Fackel aus und ließ sich sogleich zu einer sarkastischen Bemerkung hinreißen, die dieser unweigerlich hören musste: «Kanghiekku lottery; kaielay battery!» (Was auf Deutsch etwa so viel heißt wie: «Nagt der mit der Fackel am Hungertuch, oder was?»)

Als sie nach Hause kam, stellte sie mit Schrecken fest, dass derselbe junge Mann bei ihren Eltern zu Gast war, und verfiel gar in Schockstarre, als sie erfuhr, dass er ein Heiratsanwärter war!

Der junge Mann war mindestens genauso peinlich berührt und überrascht und machte sich mit den Worten «Ich will keine Frau mit einer derart scharfen Zunge!» geschwind aus dem Staub.

Großvater war außer sich, als er von dem Zwischenfall erfuhr. Er arrangierte ihre Hochzeit nun auf die Schnelle mit einem Mann, den sie überhaupt nicht ausstehen konnte. Sie bekam kein Mitspracherecht. Sie flehte ihn um Vergebung an und weinte bitterlich vor ihm, doch ihre Worte stießen auf taube Ohren. Großvater war unnachgiebig und weigerte sich, seine Entscheidung zu überdenken.

Die Hochzeitsvorbereitungen liefen wie geplant weiter, und kurz darauf feierte man ihre Vermählung mit der traditionellen Lesung der Hochzeitsaufgebote. Alles schien verloren.

Doch dann der Paukenschlag: Der älteste Schwager meiner Mutter, D.N. Abraham, schritt zu ihrer großen Erleichterung als ihr Retter ein. Er unterbrach die Hochzeit gerade noch rechtzeitig mit dem Ende der Lesungen und nahm offiziell die Bürde auf sich, einen angemessenen Bräutigam für sie zu finden.

Dieser Schwager war als Lehrer tätig, diente nebenbei aber noch als Katechet. Er war einer von Devadasons Kollegen, des ältesten Bruders meines Vaters. Sie steckten ihre Köpfe zusammen und fanden einen ihrer Glaubensbrüder, der perfekt zu meiner Mutter passte.

Mein späterer Vater nutzte seinen Urlaub bei der Luftwaffe, um seine zukünftige Braut zu besuchen. Großvater testete dessen Tauglichkeit, indem er ihn mehrmals auf und ab marschieren ließ, bevor er ihn als würdig befand, mit seiner Tochter den Bund der Ehe einzugehen.

Meine Eltern lassen sich nieder

Frischvermählt zogen meine Eltern nach Sawyerpuram, wo sie ein Grundstück erwarben und sogleich ein Haus darauf bauen ließen. Das Dorf ist nach Mister Sawyer benannt, einem christlichen Geschäftsmann, dem große Teile des umliegenden Landes gehörten. Er bot verfolgten Christen Zuflucht und erlaubte ihnen, sich auf seinem Land niederzulassen.

Im Laufe der Zeit entwickelte sich die Ortschaft zu einer blühenden Kolonie mit sorgsam geplanten Straßen und jeder Menge Dienstleistungen. Zentral im Dorf erhebt sich aus dem Boden eine wunderschöne Kirche. G.U. Pope und spätere Missionare bauten hier außerdem ein Krankenhaus und eine Schule auf.

Mein Vater, durch und durch Familienmensch, gelangte in dieser Zeit zu der Einsicht, dass er seiner Rolle als Haupt der Familie nicht gerecht werden könne, solange er Militärdienst leistete. Deshalb begann er, sich nach einem anderen Arbeitsplatz umzusehen.

Es sollte allerdings am besten eine Regierungsstelle sein, denn die Arbeitssicherheit hatte für ihn absolute Priorität – auch wenn der Lohn nur ein «Quarter Thuttu» wäre (anderthalb Paise[2], ein Hundertstel einer Rupie; ein sehr kleiner Betrag).

Da er für die Kommunikations- und Informationsabteilung im Militär gearbeitet und auf diesem Gebiet Erfahrungen gesammelt hatte, bewarb er sich für einen Posten im Ministerium für Telekommunikation. Es gab zu jenem Zeitpunkt jedoch keine geeignete unbesetzte Stelle, also musste er sich mit einer Position niederen Ranges bei der Post zufriedengeben. Die Stelle wurde seinen Qualifikationen nicht gerecht, und trotzdem beschloss er, sie anzunehmen, da es eine Regierungsstelle mit Aussicht auf Beförderung war.

So brachte Gott meinen Vater und meine Mutter zusammen, um mich dann irgendwann auf die Welt zu schicken. Es ist wundervoll, wie Gott einen Menschen noch vor der Erschaffung der Welt vorherbestimmt. Wie er ihn beschützt und ihm ein familiäres Umfeld bietet, um ihn zu leiten und für die göttliche Bestimmung seines Lebens vorzubereiten.

Frühe Einflüsse

Das Singen, das Tanzen, das Lauschen der Predigt, das Wiedersehen mit den Geschwistern – ich liebte von Anfang an einfach alles am Gottesdienst in der Kirche von Sawyerpuram. Fast könnte man sagen, ich war für den Gottesdienstbesuch regelrecht vorherbestimmt.

Mein Status als einziger Sohn bedeutete für mich in der Familie keine Spezialbehandlung, eher im Gegenteil: Meine Mutter war durch und durch Lehrmeisterin. Sie «impfte» mir das Bibellesen ein, als ich gerade dreieinhalb Jahre alt war!

Ab meinem fünften Lebensjahr erhielt ich kein Frühstück, solange ich nicht ein Kapitel im Wort Gottes gelesen hatte. Ab meinem siebten Geburtstag erwartete sie von mir, dass ich ihr eine Zusammenfassung der Sonntagspredigt lieferte. Jeden Sonntag musste ich ein kurzes Gebet aus dem Gebetbuch und ein Kapitel der Heiligen Schrift auswendig lernen und aufsagen!

Der HERR gab mir in diesen jungen Jahren ein hingegebenes Herz, um ihn mit Demut und Eifer anzubeten. Seit ich denken kann, hatte ich den Wunsch, regelmäßig in die Kirche zu gehen, was dazu führte, dass ich bereits ab einem sehr jungen Alter nie auch nur einen Gottesdienst verpasste.

Wir waren eine prinzipientreue christliche Familie, die immer zu ihren christlichen Werten und Tugenden stand und diese verteidigte. Obwohl ich es damals als lästig empfand, verstehe ich heute, wie ungeheuer nützlich dies für meine Charakterbildung und meine Missionarstätigkeit gewesen ist.

Da die Tätigkeit meines Vaters nicht an einen festen Ort gebunden war, wurde er oft in entlegene Regionen versetzt. Die Entfernung zwischen Arbeitsstelle und Wohnort war in den meisten Fällen aber so groß, dass er das Wochenende nicht mit uns verbringen konnte.

Meine Schwester Anne Regina Violet wurde geboren, als ich drei Jahre alt war. Wenige Monate nach ihrer Geburt zogen wir nach Paneerkulam in der Nähe von Kadambur, wo mein Vater stationiert war.

Was wir bei unserem Umzug nicht wussten: In diesem Dorf schwelte ein gewaltbereiter Konflikt. Anfangs ließen die Dorfbewohner Mutter beim Wasserschöpfen am Dorfbrunnen noch in Ruhe. Doch als sie erfuhren, zu welcher Kaste sie gehörte, stießen sie ihren Wasserkrug um und vertrieben sie. Sie erlaubten ihr von da an nicht mehr, Wasser zu holen. Ich selbst war zu dem Zeitpunkt zwar erst dreieinhalb Jahre alt, aber ich konnte den Fanatismus und den Fluch des Kastensystems deutlich spüren.

Doch es lag nicht in der Natur meiner Eltern, in so einer Situation nachzugeben. Sie stürzten sich in einen langen und harten Kampf, um die trennende Macht des Kastensystems zu durchbrechen. Sie durchwachten viele Nächte und schrieben Briefe an den ehemaligen Chief Minister von Tamil Nadu, K. Kamaraj, und an Arul, den Generalinspektor der Polizei.

Mein Vater mobilisierte einige hingebungsvolle junge Männer und arbeitete ohne Unterlass für Gerechtigkeit, auch wenn er dabei sein Leben riskierte. Für den Verteidigungsfall trug er immer eine Sichel in seiner Posttasche mit sich. Es war gefährlich, sich nachts hinauszuwagen. Die Erinnerung an diese fürchterlichen Tage ist bei mir immer noch frisch.

Sehr gut erinnere ich mich vor allem an eine Nacht. Ich war etwa dreieinhalb Jahre alt. Wir waren spät mit dem Zug in Kadambur eingetroffen. Vater trug mich auf seinen Schultern, und Mutter hatte meine halbjährige Schwester in den Armen. Wir mussten in der Dunkelheit und völlig schutzlos nach Hause laufen, da keine anderen Transportmittel zur Verfügung standen. Unsere Angespanntheit auf dem Nachhauseweg war quasi greifbar. Es war eine nervenaufreibende Erfahrung, und man kann nur dankbar sein, dass nichts passiert ist.

Ein anderes Ereignis sticht aus meiner Erinnerung ebenso hervor. Es war wieder eine Nacht. Vater verließ gegen 21 Uhr das Haus in Richtung Pfarrhaus, das nicht allzu weit von uns entfernt lag. Kaum war er weg, tauchten wie aus dem Nichts mehrere Männer auf, bewarfen unser Haus mit Steinen und fügten so unserem Dach schwere Schäden zu.

Mutter war von dem Angriff bis ins Mark verängstigt, aber sie schaffte es trotzdem, nicht regungslos zu verharren, sondern reagierte. Sie legte meine kleine Schwester in die Wiege, stellte mich neben ein Fenster und begann aus vollem Halse durch ein offenes Fenster hinauszuschreien – noch heute kann ich diesen Schrei hören! Es gelang ihr, die Aufmerksamkeit einiger Polizisten auf sich zu ziehen, die uns in letzter Minute vor den Angreifern retteten.

Als Kind wurde ich Zeuge vieler solcher Ungeheuerlichkeiten, die durch dieses bösartige Kastensystem verursacht wurden. Ich musste mit ansehen, wie Fanatismus Hass und Rachegefühle hervorbrachte und den Frieden in der Gesellschaft zerstörte. Diese Erfahrungen pflanzten den Samen des missionarischen Eifers in mein kleines Herz. Ich beschloss, die Unterdrückten mit dem Evangelium der Liebe unseres HERRN Jesus Christus zu erreichen.

Im Lauf der Zeit brach das Kastensystem in unserem Dorf zusammen, und die Menschen lernten, freundschaftlich miteinander umzugehen.

Das Evangelium ist die Lösung für die unzähligen Probleme

der vom Kastensystem dominierten Gesellschaften unserer Nation! Es greift an der Wurzel der trennenden Kräfte an und vereint die streitenden Fraktionen in einem einzigen Pferch, mit einem einzigen Hirten. Es zerstört Hass und Feindschaft. Das Evangelium besitzt die Macht, friedliche, veränderte und fortschrittliche Gesellschaften zu erschaffen. Lasst uns die Pläne des Teufels durchkreuzen, der den Frieden, die Harmonie und die Einigkeit in unserem Land zerstören will, indem wir das Kastensystem verbannen!

Als Nächstes zogen wir aufgrund einer weiteren Versetzung meines Vaters in die Stadt Tuticorin (heute Thoothukudi). Da ich sehr wissbegierig war und darauf brannte, in die Schule zu gehen, schulten mich meine Eltern ein Jahr früher als vorgesehen ein. Ich schloss das erste Schuljahr an der «Martin Primary School» ab. Wenn mich jemand fragte, was mein Berufswunsch sei, antwortete ich, dass ich Medizin studieren und Arzt werden wolle. So sehr war ich von Dr. Pandyan, einem damals sehr berühmten Arzt, beeindruckt. Ich wollte genauso wie er Leben retten.

Wir waren irgendwann ohne meinen Vater wieder zurück nach Sawyerpuram gezogen. Für meinen Vater wurde das Pendeln aber bald zu viel. Oft hatte er nicht einmal Zeit, um seine Mahlzeiten in Ruhe einzunehmen. Also hieß es für uns: zurück nach Tuticorin. Hier kam dann kurz darauf meine zweite Schwester Indra auf die Welt, während ich meine Schulausbildung an der «Patrick Middle School» in Tuticorin fortsetzte.

Zur selben Zeit verkaufte der von Hexerei verfolgte Vater meiner Mutter sein ansehnliches Haus in Puthukulam zu einem Schleuderpreis und zog nach Tuticorin. Dies bedeutete für unsere Familie eine zusätzliche finanzielle Belastung, da wir nun auch *seine* Familie unterstützen mussten. Zudem wurde von meinen Eltern erwartet, dass sie auch meinen Cousins bei der Ausbildung finanziell unter die Arme griffen.

Um die Last zu lindern, begann meine Mutter, Privatstunden zu geben, was allerdings nicht zur erhofften Erleichterung führte. Wir waren gezwungen, unseren Lebensstandard herunterzuschrauben.

Der HERR begleitete uns auf diesem schmalen Pfad des Altruismus und brachte uns bei, den Notleidenden leidenschaftlich zu dienen – auch wenn dies bedeutete, unsere eigenen Bedürfnisse hintanzustellen.

Als sich Mose, der mit der ganzen Weisheit Ägyptens erzogen worden war und sein ganzes Leben in Luxus verbracht hatte, unvorbereitet in der Wüste von Midian wiederfand, sorgte Gott für ihn und gab ihm die Weisheit und die Kraft zum Überleben. Derselbe Gott bereitete auch uns durch unseren alltäglichen Mangel für seinen Dienst vor.

Meine Mutter versuchte weiterhin, zusätzliche Finanzen einzutreiben, und bewarb sich an der «Elathur School» auf eine Lehrstelle. Die Schulleitung sagte ihr diese tatsächlich zu, vorausgesetzt, sie schaffe es, vierzig Kindern aus dem Dorf die Grundlagen innerhalb von drei Monaten beizubringen und sie auf den Eintritt ins zweite Schuljahr vorzubereiten. Mutter nahm die Herausforderung an, bewältigte die Aufgabe innerhalb der gesetzten Frist mit Erfolg und erhielt die Stelle.

Bald meldete auch ich mich an dieser Schule an. Es war die Zeit, in der meine dritte Schwester Jabakani auf die Welt kam. Sie war ein sehr schwaches Kind und so krank, dass wir oft während des Familiengebets den HERRN baten, sie von uns zu nehmen und von ihrem Leid zu erlösen.

Unterdessen hatte mein Vater noch einen ganz anderen Kampf auszutragen, nur diesmal mit der Schule, an der meine Mutter arbeitete. Die Verwaltung der «Elathur School» hatte irrsinnige Regeln, die sie mithilfe des Rektors durchsetzte. Dagegen lehnte sich mein Vater entschieden auf.

Der Konflikt zwischen diesen beiden Parteien kulminierte während der Festlichkeiten des Jahrestages. Das Programm begann um 18 Uhr, doch schien man vergessen zu haben, dass es irgendwann auch einmal beendet werden müsste. Es begann mit den Reden der Mitglieder der Schulkommission, die so sehr in den Klang ihrer eigenen Stimme verliebt waren, dass sie vergaßen, das Mikrofon weiterzureichen. So zogen sich die Reden endlos hin ...

Als mein Vater an besagtem Abend spät von der Arbeit nach Hause kam, stellte er umgehend fest, dass meine Mutter, meine kleine kranke Schwester und ich noch nicht zurückgekommen waren. Er wartete eine kurze Weile und machte sich dann auf die Suche nach uns. Als er in der Schule eintraf, waren die Festlichkeiten noch in vollem Gang, und niemand schien einen Gedanken an die armen Schüler oder Eltern zu verschwenden, die zu diesem Zeitpunkt bereits zu müde oder zu gelangweilt waren, um sich aufzuregen.

Erzürnt arbeitete sich mein Vater bis zur Bühne vor, erklomm das Podium und stellte die Verantwortlichen zur Rede. Das Programm fand ein abruptes Ende, und die Gäste machten sich auf den Heimweg, doch Mutter sollte dafür später bitter bezahlen müssen. Die Schule machte ihr von nun an das Leben schwer.

Mein Vater war aber nicht der Typ, der klein beigab. Er kämpfte unermüdlich für Gerechtigkeit – Seite an Seite mit seinen Freunden Vinayagam und Murugan, die ebenfalls unter der Ungerechtigkeit der Schulverwaltung gelitten hatten. Etliche Jahre zog sich dieser Konflikt hin und endete schließlich mit der Schließung der Schule.

Das hatte zur Folge, dass ich die Schule wechseln und meine Ausbildung auf der Sekundarstufe an einer «Bishop-Caldwell-Schule» fortsetzen musste. Da ich ein höflicher Schüler und etwas klein für mein Alter war, wurde ich der gemischten Sektion zugewiesen. Dort war ich schnell Klassenbester. Meine Leistungen und mein gutes Verhalten beeindruckten meine Klassenkameraden sehr. Dies machte mich auch zum Liebling der Lehrer und half mit, mir einen guten Ruf zu erwerben.

Ich war wirklich ein hervorragender Schüler, mit einer Leidenschaft für Musik und Gesang. Trotz meines Talents fehlte es mir jedoch an Mut und Selbstvertrauen, um selbst einmal die Initiative zu ergreifen. Ich hatte große Träume und Erwartungen, doch sie schienen unerfüllbar.

Der unwahrscheinlichste Kandidat

Anders als mein großspuriger und unerschrockener Vater war ich – wie meine Mutter – ziemlich schüchtern. Doch ich besaß die Gabe, die Menschen mit kecken Sprüchen und geistreichen Bemerkungen zum Lachen zu bringen. Meine Späße konnten ziemlich grausam und unbarmherzig sein, und mehrmals verletzte ich die Gefühle anderer.

Trotzdem war ich vorsichtig genug, solche Späße nicht mit meinen Verwandten oder älteren Menschen zu treiben, da ich ja einen Ruf als «guter Junge» zu verlieren hatte. Zwar wollte ich heroisch und mutig sein wie jeder junge Mann, doch die absehbaren Folgen hielten meinen Ehrgeiz in Schranken. Meine Angst war so tief verwurzelt, dass ich mich sogar davor fürchtete, das Fahrradfahren zu lernen.

Damals war es üblich, dass man sich ein Fahrrad mietete, wenn man eines brauchte. Ein Junge aus Tuticorin, so erzählt man sich, mietete sich einmal ein Fahrrad und begann zu üben. Wie es für Jungen unseres Alters typisch war, raste er am liebsten im Zickzack durch die engen Gassen.

Zu der Zeit gab es noch keine häuslichen Wasseranschlüsse

in Tuticorin, man ging sein Wasser stattdessen an einem Brunnen holen. Aufgrund einer Wasserknappheit hatten die Anwohner an diesem Tag ihre Keramikkrüge vorsorglich in einer dieser Gassen aufgereiht und warteten darauf, dass das Wasser endlich zum Heraufholen freigegeben würde.

Nichtsahnend schoss also der Junge mit hoher Geschwindigkeit in diese Gasse, verlor beim Bremsversuch die Kontrolle über das Fahrrad und krachte durch alle Krüge hindurch, wobei er eine Spur von Tonscherben hinter sich herzog. Es ist nicht schwer, sich die Reaktion der Stadtbewohner vorzustellen. Sie packten ihn am Kragen und ließen ihn für jeden zerstörten Krug teuer bezahlen.

Dieser Vorfall versetzte mich derart in Panik, dass ich meinen ersten Versuch, ein Fahrrad zu besteigen, auf den Beginn meines Studiums an der Universität vertagte.

Wir befanden uns ständig in finanziellen Nöten. Die Unterstützung, die wir unseren Verwandten leisteten, ließ uns oft ohne die Mittel zurück, um unsere eigenen Bedürfnisse zu befriedigen.

Die alten, ausgewaschenen Uniformen meines Vaters mussten als Schuluniformen für mich herhalten, obgleich Farben und Muster nicht dem Schulstandard entsprachen. Auch wenn ich es als demütigend empfand, gab es nichts, was ich dagegen hätte tun können.

Der Umstand, einziger Sohn unter fünf Kindern zu sein, trug mir keine Privilegien ein. Die Geburtstage hoben sich von normalen Tagen kaum ab. Das einzige Geschenk zum Geburtstag war meist ein billiges Kleidungsstück, das die Eltern bei einem Straßenverkäufer erstehen konnten.

Auf Vaters Beförderung folgte seine Versetzung in die Telekommunikationsabteilung mit Stationierung in Pondicherry (heute: Puducherry).

Unterdessen stellten sich die Verwandten, die wir mit großer Selbstaufopferung unterstützt hatten, wie aus heiterem Himmel und ohne jede Spur von Dankbarkeit gegen uns. Im darauffolgenden Rechtsstreit verloren wir alles – unser Geld, unseren Schmuck, unser Land und sogar das Haus.

Es war Gott, der uns in dieser Zeit die Kraft gab, den tiefen Schmerz zu ertragen, den der Verrat und der Mangel an Dankbarkeit in uns ausgelöst hatten. Trotzdem fragte ich mich manchmal, ob all die Opfer, die wir auf uns genommen hatten, der Mühe wert gewesen waren.

Erst viel später, als ich in Bihar als Missionar arbeitete, erkannte ich, wie wertvoll und nützlich jene Lektionen waren. Ich war auf die Undankbarkeit der Menschen vorbereitet und war in der Lage, ohne jegliche Erwartungen zu dienen. Dies half mir, all meine Energie in die Verkündigung des Evangeliums und in die Unterstützung der Menschen zu investieren, ohne mich um deren Reaktionen oder um einen etwaigen Lohn zu sorgen. Ich konnte mich ganz darauf konzentrieren, das zu tun, was in den Augen Gottes richtig war.

Mein Vater hatte sein geistliches Leben eine Weile lang schleifen lassen, und so war eine Veranstaltung von Billy Graham in Palayamkottai nötig, damit er sich wieder mehr auf spirituelle Dinge konzentrierte. Er ermutigte einen Bruder im HERRN, jeden Abend eine Gebetsversammlung in unserem Haus zu leiten. Dieser Mann erzählte biblische Geschichten und geisterfüllte Storys, die er darstellerisch verpackte und mit Musik untermalte (eine Kunstform, die bei uns als «Katha Kalkshepa» bekannt ist).

Ich war von seinem Stil fasziniert und versuchte, ihn bei kleinen Treffen mit meinen Freunden nachzuahmen. Was zu unserem Vergnügen angefangen hatte, taten wir bald auf höchstem Niveau. Wir riefen Kinder zusammen, lasen aus dem Andachtsbuch und predigten mit Begeisterung vor unserem kleinen Publikum.

Im gleichen Maße faszinierten mich die Vorträge der Politiker auf Wahlveranstaltungen (vor allem der Partei «Dravida Munnetra Kazhagam», DMK) und zwar so sehr, dass mein Freund, Brother Samraj, und ich einmal zweihundert Kinder zusammenriefen und mitten auf der Straße eine Wahlversammlung abhielten.

Neben diesen Dingen nährte ich auch den innigen Wunsch, Schriftsteller zu werden. Ich besuchte Bibliotheken, las viele Zeitungen und Zeitschriften und sammelte eine Menge Informationen. Es war ein riesiger Spaß! Als ich die Oberstufe abschloss, hatte sich mein Traum, Arzt zu werden, bereits in Luft aufgelöst. Dafür war der Wunsch, mich an einer Universität weiterzubilden, viel stärker geworden. Nun hegte ich die Absicht, Ingenieur zu werden.

Als ich sechzehn Jahre alt war, kam meine Schwester Viji auf die Welt, und während der dreimonatigen Schulferien fiel mir der Job zu, für das Baby zu sorgen. Ich erfüllte pflichtgetreu sämtliche Aufgaben eines Babysitters und nahm meiner berufstätigen Mutter damit eine große Bürde ab.

Kurz nach der Geburt meiner Schwester kauften wir ein Haus in der Nähe der Schule, in der meine Mutter arbeitete. Es war eine gefährliche Nachbarschaft, die für viele Morde berüchtigt war. Die Namen Aandi und Komban ließen die Anwohner wie Espenlaub erzittern, und wie hätte es auch anders sein können: Genau diese beiden waren unsere unmittelbaren Nachbarn!

Unzählige Male fragte ich mich, warum Gott es zugelassen hatte, dass wir uns in einer derart unsicheren Gegend niederließen. Rückblickend wurde mir klar, wie wertvoll diese Erfahrungen für meine Begegnungen mit gefährlichen Kriminellen später in Bihar waren.

Als Vorbereitung für mein Studium entschloss ich mich, einen Englischkurs für Fortgeschrittene am «V.O.C. College» zu machen. Einige meiner Klassenkameraden begleiteten mich. Die Schule war für ihren weitläufigen Campus mindestens so berühmt, wie sie für die Respektlosigkeit ihrer Schüler berüchtigt war.

Irgendwie schaffte ich es, das erste Kursjahr erfolgreich abzuschließen, wodurch mein Wunsch, Ingenieur zu werden, nur noch stärker angespornt wurde. Allerdings gab es damals nur wenige Schulen mit Lehrgängen für Ingenieure, was die Aussicht auf einen Studienplatz trübte. Unsere finanzielle Situation war auch keine Hilfe.

Als mir einige Freunde meines Vaters versprachen, mir zu einem Studienplatz zu verhelfen, sah ich mich plötzlich doch auf der Siegerstraße. Doch dann verlor meine Mutter ihre Stelle, gerade als ich meinen Englischkurs abgeschlossen hatte. Die Regierung hatte der Schule, in der sie arbeitete, die Bewilligung entzogen, und so sah diese sich gezwungen, ihren Betrieb einzustellen.

Jetzt musste unsere siebenköpfige Familie mit dem Gehalt unseres Vaters auskommen. Nicht einmal in unseren wildesten Träumen konnten wir auch nur daran denken, die Gebühren eines Ingenieursstudiums zu zahlen.

Während ich meinen Traum eines Ingenieursstudiums also zerplatzen sah, beschloss ich, anderweitig auf Arbeitssuche zu gehen. Meine Eltern wollten immer noch, dass ich eine höhere Schulausbildung verfolgte, und waren erschüttert, als ich darauf bestand, mir eine Stelle zu suchen.

Einer unserer Verwandten, der am «Sankar Polytechnic College» arbeitete, riet mir zu einem Kurs an einer technischen Hochschule: «Du kannst später, wenn du dann eine erste Anstellung hast, noch immer Ingenieur werden», sagte er.

Auch die übrigen Familienmitglieder rieten mir, an die technische Hochschule zu gehen. Widerwillig, aber aus Respekt vor ihnen, ließ ich mich überzeugen.

Nie werde ich den Tag vergessen, an dem ich mich am «Sankar Polytechnic College» einschrieb. Es war ein Tag, der in mir heute noch herzerwärmende Erinnerungen an meinen irdischen Vater zutage fördert.

Der Weg zur Hochschule bestand aus einem 4-Kilometer-Marsch in der glühenden Hitze. Von Schuldgefühlen geplagt – weil er nicht in der Lage war, mein Ingenieursstudium zu bezahlen –, bestand Vater darauf, meine gesamten Bücher zu schleppen. Ich durfte ihm nicht einmal ein Heft abnehmen.

Er raunte nur: «Ich kann dich nicht auf eine Ingenieursschule schicken, also lass mich wenigstens dies für dich tun.»

Jedes Mal, wenn ich mich an diese liebevolle Geste erinnere, kommen mir Tränen der Rührung. Das war mein Vater. Seine Liebe äußerte sich nie überschwänglich, sondern immer auf subtile Art und Weise.

Er war eine sehr liebevolle und fürsorgliche Person, auch wenn sein Temperament mitunter mit ihm durchging. Wenn er zornig war, pflegte er in absolutes Schweigen zu verfallen, und alle übrigen hatten es ihm gleichzutun. Dieses auferlegte Schweigen konnte Tage andauern, während im Haus absolute Stille herrschte. Vielleicht war es seine militärische Ausbildung gewesen, die aus ihm einen derart strengen Vater gemacht hatte.

Andererseits jedoch war er immer einer der Ersten, die ihre Hilfe anboten, wenn Not am Mann war. Er war diszipliniert und äußerst pflichtbewusst. Er ruhte nicht, bevor nicht die Arbeit getan war. Der Angestelltenverband der Post- und Telekommunikationsabteilung in Tuticorin folgt noch heute seinem Arbeitsmodell.

Während meiner höheren Ausbildung verpasste ich keinen einzigen Freitags- und Sonntagsgottesdienst, auch wenn ich bei meinen Verwandten wohnte. Duraipandiyan, der Katechet, leitete den Freitagsgottesdienst. Er wiederholte seine Predigten oft, doch das hielt mich nicht davon ab, daran teilzunehmen, denn ich liebte es, zu singen und sowieso täglich im Wort Gottes zu lesen.

Ich hatte jedoch noch nicht die Erfahrung meiner persönlichen Errettung gemacht und war nicht anders als die anderen Jugendlichen meines Alters. Ich war nicht frei von jugendlichen Versuchungen und Begierden – wie etwa meiner Schwäche für Kinomusik, um nur ein Beispiel zu nennen.

Auch unsere Verwandten waren eine ziemlich weltlich orientierte Crew. Sie unterschieden sich in nichts von Nichtchristen. Sie besuchten die Kirche zwar regelmäßig und beteiligten sich aktiv am Gemeindeleben, doch sie schauten hochnäsig auf christliche Lebensideale herab.

Der Gedanke an Reue, Errettung oder eine gerechte Lebensführung diente ihnen lediglich als Anlass zu Hohn und Spott. Nie äußerten sie ihre Liebe zu Gott oder seinen Lehren, ebenso wenig war der Wunsch vorhanden, ein tieferes Verständnis des christlichen Glaubens zu erlangen. Sie gaben sich mit regelmäßigem Gottesdienstbesuch und mit der Teilnahme an den Gemeinde-Aktivitäten zufrieden. Sie nährten eine große Leidenschaft für den Ort der Anbetung, die Kirche, zeigten aber kaum Respekt für Gott, der all unseres Lobes und unserer Anbetung würdig ist.

An der Hochschule hatte ich mit einer anderen Art von Problemen zu kämpfen. Obwohl ich gute Noten hatte, schienen mich einige der Dozenten ohne ersichtlichen Grund zu hassen. Sie gaben mir absichtlich schlechtere Noten. Das machte mir schwer zu schaffen, doch positives Denken half mir, damit umzugehen.

Während meines Studiums betrug das Taschengeld, das ich von meinem Vater erhielt, magere fünf Rupien. Damit musste ich alle meine Auslagen für Hygieneartikel, Schreibmaterial und sonstige Bedürfnisse bestreiten. Ich lernte, sparsam zu leben und mit meinen Ausgaben äußerst vorsichtig zu sein.

Trotz meiner monatlichen Ausgaben gelang es mir nicht nur, damit meine vierteljährlichen Besuche bei meinen Eltern zu zahlen, sondern auch noch zweieinhalb Rupien monatlich auf die Seite zu legen – fünfzig Prozent meines Taschengeldes also! Und an Weihnachten überreichte ich dieses Ersparte pflichtbewusst meinen Eltern, um bei den Ausgaben für das Weihnachtsfest zu helfen.

Meine Eltern waren unglaublich stolz auf mich und gaben oft damit an, wie sparsam und verantwortungsvoll ihr Sohn geworden war.

Nachdem ich das dreijährige Studium beendet hatte, brannte ich darauf, endlich Arbeit zu suchen, und wartete ungeduldig auf meine Abschlussnoten. Als der Tag endlich kam, eilte ich ins College, um mein Zeugnis entgegenzunehmen. Einige Studenten waren bereits vor mir eingetroffen und hatten sich um den Lehrer versammelt, der die Noten bekanntgab.

Zu meinem Entsetzen war es einer jener Dozenten, die mich am meisten hassten. Doch ich befand mich außerhalb seines Sichtfeldes. Ich hörte ihn verkünden, dass ein Student namens Appavu die besten Noten bekommen hatte.

Daraufhin arbeitete ich mich zu ihm vor und bat ihn um mein Zeugnis.

Ohne aufzuschauen, ging er die Liste durch und überprüfte ein letztes Mal sorgfältig die Noten. Zu seiner großen Überraschung musste er feststellen, dass *ich* die besten Noten erreicht hatte!

Ohne zu zögern, erhob er sich von seinem Stuhl, umarmte mich und sagte: «Augustine, du bist unser bester Student!»

Innerlich hörte ich, wie eine Stimme sagte: «Du hast das Haus des HERRN nicht vernachlässigt; du hast während deines Studiums ungeachtet der Umstände regelmäßig an den Gottesdiensten teilgenommen; jetzt habe ich dich geehrt.»

Es war, als spräche Gott zu mir. Obwohl ich damals regelmäßig die Kirche besuchte und Gott aufrichtig anbetete und verehrte, kannte ich ihn noch nicht als meinen persönlichen Heiland und hatte keine innige Beziehung zu ihm.

Doch er blieb seinem Versprechen treu: «Wer mich ehrt, den will auch ich ehren» (1. Samuel 2,30).

2. Kapitel
Der Ruf

Meine herausragenden Noten machten meine Familie sehr stolz, vor allem aber meine Eltern, die es natürlich der ganzen Welt erzählen mussten. Mein gutes Abschneiden im College verschaffte mir Zugang zu einer sechsmonatigen, von der Regierung finanzierten Lehre in einer angesehenen Firma namens «Metal Box India Ltd.» in Tondiarpet, einem Stadtbezirk von Chennai, der Hauptstadt des Bundesstaats Tamil Nadu.[3]

Während meines dortigen Aufenthalts hatte ich ein schönes Zimmer mit Meerblick, das ich mit drei anderen jungen Männern teilte, die weltanschaulicher nicht unterschiedlicher hätten sein können – ein Hindu, ein Muslim und ein Christ!

Kaum hatte ich mich eingerichtet, machte ich mich auf die Suche nach einer Kirche. Nach einiger Zeit fand ich eine und begann, regelmäßig deren Gottesdienste zu besuchen. Auch setzte ich meine tägliche Lektüre im Wort Gottes fort. Ich tat dies mit großer Hingabe und ließ keinen Tag aus. Doch es war nur eine Gewohnheit, nicht mehr. Ich spürte in mir keinen Wunsch, Gottes Stimme zu hören oder ihm zu gehorchen.

Mein Leben war ruhelos. Oft beobachtete ich das Hin und Her der Wellen und verglich es mit meinem Leben. Es war genauso aufgewühlt wie das Meer. Obwohl mich die sechs Monate, die ich in Chennai verbrachte, viel lehrten, entzog sich mir diese Riesenstadt komplett. Sie blieb mir ein großes Rätsel.

Eine nagende Leere

Während meines zweiten Jahres an der technischen Schule hatte eine angesehene Firma, die «English Electric Co.»[4] (EEC) mit Sitz in Pallavaram, einer Stadt in einem südwestlichen Bezirk von Chennai, freie Stellen ausgeschrieben und Interessierte um die Einsendung ihrer Lebensläufe gebeten. Die meisten Studenten reagierten mit Begeisterung.

Ich war etwas skeptisch, da ich nicht daran glaubte, dass Kandidaten aus einer so kleinen Stadt wie Tirunelveli es in eine so angesehene Firma schaffen würden. Also schickte ich keine Bewerbung ab und verspottete die anderen sogar für ihre übertriebenen Hoffnungen.

Nachdem ich meine Lehre abgeschlossen hatte und auf der Suche nach einer Arbeitsstelle in Chennai die Zeitungen überflog, stieß ich auf eine Anzeige ebendieser Firma: EEC. Nach wie vor war ich der Meinung, dass die Chancen, dort eine Stelle zu bekommen, nicht besonders gut waren. Dennoch bewarb ich mich diesmal. Ich war so halbherzig bei der Sache, dass ich meine Unterlagen mit der normalen Post einschickte und mich nicht weiter darum kümmerte.

Innerhalb weniger Tage erhielt ich einen Briefumschlag von der EEC. Zu meiner großen Überraschung – und Freude! – handelte es sich um die Einladung zu einem Vorstellungsgespräch.

Insgesamt waren 33 Kandidaten eingeladen worden, und die Interviews begannen mit mir. Mit Ausnahme einiger anderer Schulabgänger waren die meisten erfahrene Bewerber, die von anderen Firmen kamen. Das Ergebnis sollte noch am Abend desselben Tages bekanntgegeben werden, was für mich ein langes und leidvolles Warten bedeutete.

Während der Tag sich hinzog, wuchsen meine Zweifel und meine Anspannung: War ich gut genug? Würde die Firma auf einen Anfänger wie mich setzen? War ich im Gespräch zu zurückhaltend gewesen? Hatte ich einen guten Eindruck hinterlassen? Würden sie sich überhaupt an das erste Gespräch dieses Tages erinnern?

Ich betete, um mich zu beruhigen. Obwohl ich kein wiedergeborener Christ war, wusste ich, wie man betete. Mein Gebet war sehr einfach und kurz: «Oh, HERR, mein Gott, wenn dies in Deinen Augen die richtige Arbeitsstelle für mich ist, gib sie mir.»

Dann wartete ich voller Ungeduld auf das Resultat. Am Abend, als die Auswahl endlich bekanntgegeben wurde, traute ich meinen Ohren nicht: Ich sollte mich sofort zur Arbeit melden! Obwohl ich Gott nicht persönlich kannte, war er so gnädig gewesen, auf meine Gebete zu antworten.

Nachdem ich von der Firma angestellt worden war, zog ich sofort nach Pallavaram. Wieder begann eine verzweifelte Suche nach einer Kirche. Ich hatte schon von einer römisch-katholischen Kirche gehört und erfuhr später von vier anderen Kirchen – einer syrisch-orthodoxen Kirche und drei Malayami-Kirchen. Sie alle befanden sich in Tambaram, einem Vorort im Osten von Chennai. Sie kamen nicht in Frage, da die Gottesdienste auf Malayalam gehalten wurden; einer Sprache, die ich nicht beherrschte.

So setzte ich meine Suche fort. Ich war verzweifelt, da ich nun schon seit einigen Monaten keinen Gottesdienst mehr besucht hatte. Eines Tages liefen mir einige Fußgänger über den Weg, die Bibeln in den Händen hielten. Ich rannte auf sie zu und fragte sie, wohin sie gingen. Diese eine Frage führte mich zur «Church of South India» (C.S.I.), die in Militärbaracken untergebracht war.

Sehnsüchtig erwartete ich den Sonntag. Für mich war der Gottesdienstbesuch von äußerster Wichtigkeit, doch noch war ich nicht bereit, mein Leben Gott zu übergeben. Ich empfand den Wunsch nicht, eine innige Beziehung mit ihm zu haben.

Als der Sonntag schließlich kam, war ich der Erste, der die Kirche betrat. Wobei «Kirche» in diesem Fall arg beschönigend ist. Es handelte sich in Wahrheit um einen alten Pferdestall, der so hergerichtet worden war, dass er den Anschein eines Kirchengebäudes erweckte.

Brother Selwyn, einer meiner Firmenkollegen, war zufällig auch Mitglied dieser Kirche. Ich mischte mich unter die Mitglieder, doch schien keiner sonderlich an mir interessiert zu sein. Im Laufe der Zeit engagierte ich mich bei den kirchlichen Aktivitäten wie der Sonntagsschule, der Jugendarbeit und dem Chor. Doch obwohl ich mich diesen Dingen von ganzem Herzen hingab, fand ich keinen Frieden in meinem Herzen.

Ich hatte alles, was man sich nur wünschen konnte – eine gute Arbeitsstelle, ein gutes Gehalt und eine gute Familie –, doch irgendetwas fehlte. Manchmal überwältigte mich dieses Gefühl mit solcher Wucht, dass ich mich in meinem Zimmer einschloss und bitterlich weinte. Doch die Leere in meinem Herzen verschwand nicht.

An einem Feiertag fand ich mich in großer Verzweiflung wieder. Einmal mehr schloss ich mich in meinem Zimmer ein, weinte bitterlich und schüttete stundenlang mein Herz aus. Ich war auf der Suche nach Antworten auf Fragen, die ich niemandem stellen konnte:

Warum habe ich keinen Frieden? Warum scheint mir alles so sinnlos zu sein? Warum bin ich so unglücklich? Tausend Tode habe ich schon durchlitten, weil ich keinen Frieden habe.

Den ganzen Tag lang zerriss es mir das Herz. Gegen Abend hörte ich ein Flüstern in meinem Ohr:

Die Gottlosen haben keinen Frieden.

Es traf mich wie ein Schlag. Ich konnte dieses Urteil über mich nicht akzeptieren und begann mich zu verteidigen: *Ich rauche nicht und trinke keinen Alkohol. Ich mache nicht mit Mädchen rum. Ich lebe nicht auf großem Fuß. Ich verwende keine Schimpfwörter – wie, bitte, soll ich dann gottlos sein?*

Während ich mich so verteidigte, hatte ich eine Vision. Es war, als spielte sich ein Film vor meinem inneren Auge ab. Ich sah jeden hässlichen und geheimen Gedanken vor mir, der mir je durch den Kopf gegangen war. Neunzehn Jahre Schmutz zogen vor mir vorbei – seit ich zweieinhalb Jahre alt gewesen war. Was ich sah, erschütterte mich zutiefst. Ich hatte nie geglaubt, dass meine Gedanken derart unrein waren. Jetzt gab ich meine Verteidigungslinie auf und betrachtete mich selbst voller Ekel.

Ich erkannte, wie schmutzig und erbärmlich ich war. Von Schuldgefühlen geplagt, fühlte ich mich so wertlos, dass ich innerlich aufschrie: *Was für ein elender Sünder ich doch bin, der es nicht verdient zu leben!* Als ich meine Hand erhob, um mich zu züchtigen, erschien eine weitere Vision. Ich sah den HERRN Jesus Christus am Kreuz, und er sprach zu mir:

«Ich habe dir alle deine Sünden am Kreuz abgenommen. Vertrau mir und nimm mich an. Ich gebe dir meinen Frieden, einen Frieden, den dir die Welt nicht geben kann.»

Der HERR bot mir den Frieden an, nach dem ich mich sehnte.

Doch ich hüpfte nicht vor Freude. Es war voller Ironie: Eine Sekunde zuvor war ich wegen der Verzweiflung in meinem Herzen noch bereit gewesen, mein Leben aufzugeben, doch jetzt, als ich die Chance hatte, diese Verzweiflung zu heilen, zögerte ich.

Weshalb? Das Angebot Jesu anzunehmen würde bedeuten, dass ich Opfer bringen müsste. Ich stellte mir all die Dinge vor, die ich würde aufgeben müssen, falls ich Christus annahm. Ich würde die Freuden der Jugend aufgeben müssen! Irgendwie war ich nicht bereit, all dies loszulassen.

Ich dachte an meine Großmutter, die mit ihren 95 Jahren noch immer gesund und robust war und so gesunde Zähne hatte, dass sie mühelos an einem Knochen mit Fleisch nagen konnte. Gewiss hatte ich einige ihrer Gene geerbt, so dass ich hoffen konnte, mindestens das 60. Lebensjahr zu erreichen.

Als erfahrener Geschäftsmann und Verhandlungsstratege, der ich war, schlug ich dem HERRN vor, dass ich ihm mit 55 mein Leben widmen würde, um ihm danach für den Rest meines Lebens zu dienen.

Nur hatte er das letzte Wort: *Was, wenn dein Leben heute zu Ende geht?*

Instinktiv wusste ich, dass ich zu schweigen hatte. Ich wusste, dass er der allmächtige Gott war.

Das war der Tag meiner vollständigen Hingabe. In dem Moment, in dem ich mich ihm unterwarf, strömte der Friede Gottes in mein Herz!

Welche Freude! Welche Freude! Christus, der König, hat mir all meine Sünden vergeben!

Gefangen in seiner Liebe

Am nächsten Morgen erstrahlte alles in hellem und wundervollem Licht. Meine Perspektive hatte sich um 180 Grad gedreht. Ich war erfüllt von dem aufrichtigen Wunsch, aller Welt von Jesus zu erzählen.

Eines Morgens sah ich im Gebet plötzlich die herzzerreißende Szene im Garten Gethsemane vor mir. Die Agonie Jesu brach mir das Herz. Während sich meine Augen mit Tränen füllten, begriff ich seine geradezu bedingungslose Liebe für Sünder wie mich. Sein Leiden und sein Tod am Kreuz für mein Heil überstiegen mein Verständnis.

Der tiefe Wunsch, die Befreiung von der Sklaverei der Sünde mit anderen zu teilen, erfüllte mich. In meiner Seele erklang ein neues Lied der Errettung, während Freudentränen meine Wangen nässten. In meinem Inneren löste sich etwas; der Drang, öffentlich zu reden, war nicht mehr länger zurückzuhalten. Ich musste doch etwas für meinen Erlöser tun!

So schnell ich konnte, rannte ich zu meinem Kollegen Brother Selwyn und erzählte ihm alles. Als Malayali verstand er die tamilische Sprache zwar nicht, aber er war begeistert. Wir wurden sofort Kollegen in Sachen Mission.

Doch als die Idee, das Evangelium zu verkündigen, Wirklichkeit wurde, fühlten wir uns miserabel, wenn nicht sogar unvorbereitet. Egal, ob unsere Zielgruppe die Gebildeten oder die Ungebildeten waren, wir fühlten uns in keiner Weise in der Lage, auf mögliche Fragen zu antworten.

Angesichts dieser Ausgangslage schlug ich vor, mit Kindern zu beginnen. Brother Selwyn kannte einen Steinbruch in Tirusulam, der sich ganz in der Nähe unserer Firma in Pallavaram befand. Er schlug vor, dass wir die Kinder der Steinbrucharbeiter versammeln sollten, um ihnen von Jesus zu erzählen.

Am folgenden Tag, einem Samstag, traten wir nach inbrünstigem Gebet und gründlicher Vorbereitung in die Pedale unserer Fahrräder. Unser erklärtes Ziel: der Steinbruch.

Entgegen unseren Erwartungen gelang es uns auf Anhieb, 200 Kinder zu versammeln! Brother Selwyn brachte ihnen ein einfaches Lied bei, das sie mit größter Hingabe sangen.

Dann begannen wir, mithilfe eines Buches über Himmel und Hölle zu sprechen. Wir erzählten ihnen, dass Jesus Christus der einzige Weg ist, der in den Himmel führt, und dass nur jene dorthin gelangen würden, deren Namen im Buch des Lebens eingetragen sind.

Viele Kinder wurden sich ihrer Sünden bewusst und bekannten sich schuldig, unanständige Ausdrücke gebraucht, gelogen, gestohlen, gestritten und sich geprügelt zu haben. Sie bekannten ihre Sünden und flehten Gott um Vergebung an.

Ein sechsjähriges Mädchen namens Arun berührte uns besonders. In ihrer Schlichtheit bat sie Gott, ihren Namen in das Buch des Lebens einzutragen, und buchstabierte ihm jeden einzeln vor – A, R, U, N –, damit er ja keinen Fehler machte!

Es war unglaublich. Was der HERR an jenem Tag unter diesen Kindern bewirkte, hätten wir uns nie vorzustellen gewagt.

Nachdem wir den Kindern versprochen hatten, sie ab sofort wöchentlich zu besuchen, und bereits im Begriff waren, unsere

Sachen zusammenzupacken, kam ein neunjähriges Mädchen auf mich zugerannt und ergriff meine Hand. Sie erzählte uns von den Leiden ihrer Mutter, die von einem Dämon besessen war. Sie bat mich, mit ihr nach Hause zu gehen und für ihre Mutter zu beten.

Da wir beide der anglikanischen Kirche angehörten, waren Krankengebet und Dämonenaustreibung etwas, womit wir bisher keinen Kontakt gehabt hatten.

Als sie unsere Zurückhaltung bemerkte, forderte sie uns heraus, genau das, was wir soeben gepredigt hatten, in die Praxis umzusetzen: «Weshalb fürchtet ihr euch, wenn ihr behauptet, dass Jesus heilt und in unseren Herzen wohnt?»

Zutiefst beschämt und ohne Gegenargumente wandte ich mich Brother Selwyn zu. Ich hoffte auf einige weise Worte, die uns aus dieser vertrackten Situation befreien könnten.

Doch er hatte schon eine Entschuldigung parat: Er war kein Malayali und sprach kein Tamilisch!

Dann blieb wohl nur noch ich allein. Ich wollte mich herausreden, indem ich versprach, sie nächste Woche zu begleiten. Immerhin war es schon spät, und es dämmerte bereits.

«Was, wenn meine Mutter nächste Woche nicht mehr am Leben ist?», fragte das Mädchen.

Es blieb uns nichts anderes übrig, als mit ihr zu gehen. Wir fassten uns an den Händen und folgten ihr durch die Dunkelheit, bis wir ihr Haus erreichten.

Es war eine winzige Hütte mit einer Tür, die kaum höher als 1,20 Meter war.

Brother Selwyn, der gute fünfzehn Zentimeter größer war als ich, nutzte die Gelegenheit, um draußen zu bleiben.

Ich zögerte.

Das Mädchen ignorierte meine Angst, nahm mich an der Hand und zog mich hinein. Eine unheimliche Atmosphäre, wie die eines Horror-Films, beherrschte das Innere der Hütte, in der eine improvisierte Kerosin-Lampe in einer Ecke flackerte und dunkle Schatten in den Raum warf. Der schwarze Rauch der Kerosin-Flamme hing schwer in der Luft. Eine bis aufs Skelett abgemagerte Frau lag in einer Ecke und stieß Schreie aus, die mir das Blut in den Adern gefrieren ließen.

Das Mädchen klammerte sich noch immer an mich, dann zog es plötzlich meine Hand zu sich heran und legte sie auf ihre Mutter.

Ich zitterte bereits vor Angst, und die ruckartige Bewegung erschreckte mich noch mehr, also schrie ich auf und rief Jesus an, ohne wirklich irgendetwas zu erwarten.

Was dann geschah, versetzte mich in ungläubiges Staunen: Der böse Geist entwich sofort, als er den Namen von Jesus hörte! Es war das erste Mal, dass ich die Macht des Namens Jesu mit meinen eigenen Augen erlebte. Bis zu diesem Tag hatte ich nur gehört, dass sein Name Macht besaß, hatte aber es niemals selbst gesehen.

Ich erinnerte mich an die kraftvollen Worte eines tamilischen Liedes über die Macht des Namens Jesu, in dem es heißt: «Der mächtige Name, der die Tore der Hölle eroberte; wir werden in seinem mächtigen Namen siegen.»

Die wöchentlichen Versammlungen im Steinbruch erwiesen sich als überaus fruchtbar. Wir erlebten mit, wie Unzählige geheilt wurden und ein nachhaltiger Dienst der Heilung an den Kindern begann.

Hiervon ermutigt, gründeten wir missionarische Programme an vier zusätzlichen Orten, unter anderem auch auf einem Schulgelände. Im Schnitt dienten wir wöchentlich 800 Kindern! Brother Selwyn spielte auf dem Harmonium, und seine beiden Schwestern, die sich mittlerweile zu uns gesellt hatten, sangen mit uns.

Zusammen mit einigen anderen jungen Männern der C.S.I.-

Kirche bildeten wir ein Musik-Team und organisierten Evangelisations-Veranstaltungen und Gesangstreffen. Ich war der Chorleiter, und Brother Selwyn war unser Koordinator.

Zweimal wöchentlich predigten wir frühmorgens das Wort Gottes auf der Straße und verherrlichten unseren Herrn. Wir ermutigten die Jugendlichen der «Evangelical Church of India» (ECI), der «American Advent Church» und der C.S.I.-Kirche, sich an unserem Dienst zu beteiligen.

Wir übernahmen auch eine wichtige Rolle in den Jugendlagern der C.S.I. Diese Lager gaben uns die Gelegenheit, auch die älteren Mitglieder der Kirche wie Brother Victor Sundar Raj (aus Tambaram), Sister Leela Muthiah (aus Meenambakkam) und Brother Jesudoss (aus Kodambakkam) besser kennen zu lernen.

Brother Victor Sundar Raj überzeugte mich, an den wöchentlichen Gebetsversammlungen der C.S.I. unter der Leitung von Brother Thomas Daniel teilzunehmen. Er war damals der stellvertretende Vorsitzende der «Friends Missionary Prayer Band» (FMPB) und arbeitete als Dozent am «Madras Christian College» (MCC) in Tambaram.

Es geschah während dieser Treffen, dass ich die Berufung annahm, aufrichtig für die unerreichten Menschen in den verschiedenen Staaten unseres Landes zu beten.

Die Abneigung gegen den Heiligen Geist

Einer meiner Freunde und Kollegen aus der «Apostolic Christian Church» (ACC) – ein ehemaliger Magier – erfuhr von unserem Dienst an den Kindern und Jugendlichen. Während seiner Zeit als Magier kam er einmal nach Chennai, um Werbung für seine Zauberkräfte zu machen.

Brother Paulaseer Lawrie, der damals ein großer Mann Gottes war, aber später tragischerweise vom Teufel verführt wurde und viele mit sich in den Abgrund riss, führte zu jener Zeit gerade evangelistische Versammlungen in der Stadt durch. In der bösen Absicht, mit schwarzer Magie gegen Brother Lawrie vorzugehen, besuchte der Zauberer eine der Versammlungen. Mitten in der Veranstaltung näherte er sich dem Podium und wurde im selben Moment von der Macht Gottes niedergeworfen. Drei Tage lang war er wie gelähmt und konnte sich nicht bewegen. Doch kaum hatte er den HERRN Jesus Christus als seinen persönlichen Erlöser angenommen, erholte er sich.

Als er von unserem Dienst hörte, besuchte er oft unsere Versammlungen und ermahnte uns, dass wir die Bußtaufe und die Taufe mit dem Heiligen Geist empfangen mussten, um effizienter und fruchtbarer in unserem Dienst zu sein.

So gut seine Absichten auch waren, konnten wir mit unserem anglikanischen Hintergrund seinen Rat doch nicht annehmen. Wir bombardierten ihn mit unzähligen Fragen.

Ohnehin war uns jeder suspekt, der uns zur Taufe riet. Wir verschonten nicht einmal Sister Sarah Navroji, eine Evangelistin und wunderbare Sängerin, die wir sehr bewunderten. Wir erfreuten uns an den wunderschönen, bedeutungsvollen und geisterfüllten Liedern, die sie komponierte. Keines ihrer Konzerte ließen wir uns entgehen, doch sobald sie auf die Taufe zu sprechen kam, blockten wir ab. Wir stritten auch mit vielen anderen, die uns zur Taufe rieten.

Sich dem Heiligen Geist unterwerfen

Eines Tages bereitete ich die Lektion für die Sonntagsschule vor. Der Text aus dem Wort Gottes war das zehnte Kapitel der Apostelgeschichte. Während ich es las, entstand in mir der Wunsch nach der Taufe im Heiligen Geist. Ich versprach feierlich, dass ich mich taufen ließe, wenn der Herr mich so mit seinem Geist erfüllen würde, wie er es mit dem römischen Hauptmann Kornelius getan hatte.

Es war Freitagnacht. Am folgenden Tag verspürte ich den verzweifelten Wunsch, an einer Gebetsversammlung teilzunehmen. Während ich in Erfahrung zu bringen versuchte, wo ein solches Treffen stattfand, hörte ich, dass gerade ein Fasten- und Gebetstreffen in der ACC in Ost-Tambaram abgehalten wurde.

Ich wusste weder von der Existenz der Kirche, noch kannte ich die Pastoren Dr. Freddie Macden und Sam Sundaram, die die Gebetsversammlung an jenem Tag leiteten. Ich suchte mir einen Platz auf der hintersten Bank, kniete mich schweigend nieder und begann zu beten:

Herr, salbe du mich mit deinem Geist; ich will nicht, dass irgendjemand die Hand auf mich legt.

Während ich betete, taufte mich der Herr in seinem Geist, und ich redete in Zungen! Es war ein stilles Ereignis ohne großes Trara. Das war meine Pfingsterfahrung, die ich vom Herrn erhielt.

In der folgenden Woche erfüllte ich mein Versprechen und ließ mich von Brother Freddie in einem See taufen. Danach übertrug man mir die Verantwortung für die Sonntagsschule in der ACC, die ich während vieler Jahre leitete.

Das Unglaubliche an der ganzen Sache war, dass der Pastor kein einziges Mal darauf bestand, dass ich Mitglied seiner Kirche wurde!

Unterdessen wuchs unser Dienst für die Kinder Tag für Tag, und um uns für diesen Dienst noch besser auszurüsten, nahmen wir am zehntägigen Trainingsprogramm des «Child Evangelism Fellowship» (CEF bzw. KEB) teil.

Während dieses Kurses hatte ich das Privileg, Pastor Dhayanandan kennen zu lernen, der damals für das CEF arbeitete. Er war eine sehr dynamische und energische Persönlichkeit, die für den HERRN brannte. Wenn er jemanden in Not sah, zögerte er nicht, demjenigen Hilfe zukommen zu lassen. Er war ein sehr guter Redner und zog die Menschen geradezu magnetisch an. Ich besuchte ihn oft in Tambaram. Er lieh uns immer bereitwillig sein Unterrichtsmaterial, wann immer wir es für unsere Kinderprogramme benötigten. Unsere Freundschaft wuchs von Tag zu Tag.

Um unseren Dienst weiter zu fördern und zu unterstützen, beschlossen wir, uns jeden Freitag in der C.S.I. in Tambaram zu treffen und die Nacht in Gebet und Gemeinschaft zu verbringen. Brother Victor Sundar Raj, Pastor Dhayanandan, Brother Arul Thanaga Raj und Brother Jeya Paul nahmen an dieser Gebetsgruppe unter der Leitung von Brother Thirithuvadoss teil.

Bis heute ist ihr Eifer für den HERRN nicht erkaltet, und jeder Einzelne dieser Gruppe leuchtet als helles Licht in seinem jeweiligen Dienst. Es berührt mich zutiefst, dass diese Gebetsgruppe heute noch aktiv ist und seit ihrer Gründung im Jahre 1969 nach 49 Jahren noch immer funktioniert! Unser gemeinsamer Dienst, unsere Besuche im Sanatorium und die Hunderte von Kilometern, die wir mit unseren Fahrrädern für den HERRN zurücklegten, sind mir noch immer in lebendiger Erinnerung.

Ich bin überzeugt, dass der Grund für den bis heute andauernden Erfolg dieser Gruppe darin liegt, dass sie nicht nur für die verlorenen Seelen betete, sondern sich aktiv auf die Suche nach ihnen machte.

Die Mitglieder der Gruppe lernten, ihren Leitern unter allen Umständen zu gehorchen. Sie waren wie Funken, die einen Flächenbrand für Gott entfachten. Ich erinnere mich, wie wir uns an einem verlängerten Wochenende auf unsere Fahrräder schwangen und Kilometer um Kilometer zurücklegten, um das Evangelium zu verkündigen.

Gott gab uns auch die Gnade, unseren Gruppenführer in die Taufe mit dem Heiligen Geist zu geleiten. Die Freude dieser Salbung überwältigte ihn derart, dass er sich drei Tage außerstande sah, seiner Arbeit im Büro nachzugehen.

Es war mein aufrichtiger Wunsch, die Menschen, die in meiner Nachbarschaft lebten und alle hingegebene Hindus waren, zum Herrn zu führen. Mit der Unterstützung meiner Freunde gelang es mir sogar, wöchentliche Treffen auf der Terrasse meines Hauses für sie zu organisieren. So ernst war es mir mit meinem Wunsch, dem Herrn zu dienen, dass ich selbst nach neun Stunden Arbeit in der Firma noch die Kraft besaß, weitere sechs Stunden in seinen Dienst zu investieren.

Während der Schulferien war Pastor Dhayanandan verantwortlich für die Ausbildung der Lehrer der «Vacation Bible School» (VBS), einer Ferienbibelschule der C.S.I. in Chromepet. Er leitete auch das VBS-Programm.

Die Morgenandachten erwiesen sich als großer Segen für so viele Menschen, dass er die Anfrage erhielt, wöchentliche Bibelklassen zu leiten. Obwohl er bereits unter großem Zeitdruck stand, nahm er die Herausforderung an.

Doch schon bald musste er einsehen, dass er nicht in der Lage war, sich dieser neuen Aufgabe mit der notwendigen Hingabe zu widmen. Deshalb bat er mich, die Bibelklasse alle zwei Wochen zu übernehmen.

Ich sagte sofort zu. Während dieser Stunden erfuhren viele die Taufe mit dem Heiligen Geist und beschlossen, mit Aufrichtigkeit dem Evangelium zu gehorchen.

Als die Zahl der Teilnehmer anstieg, beklagten sich einige wenige Mitglieder der Kirche bei Reverend R.T. Bhaskaran (dem späteren Bischof der Diözese von Vellore) und behaupteten, wir führten die Gemeinde auf falsche Wege.

Der Pastor glaubte ihnen und schloss manche Familien und auch einige Jugendliche, die an unserem Bibelkurs teilnahmen, vom Abendmahl aus. Als der damalige Bischof Reverend Lesslie Newbigin davon erfuhr, weigerte er sich, zu intervenieren. Er meinte, dass wir gegen die Regeln der «Church of South India» verstoßen, dabei war unsere Lehre in unseren Augen biblisch korrekt!

Ich hatte nie die Absicht gehegt, die C.S.I. zu verlassen. Man schloss mich von der Sonntagsschule, der Jugendarbeit, dem Chor und allen anderen Aktivitäten der Kirche aus, aber ich besuchte weiterhin regelmäßig den Gottesdienst.

Einige der Mitglieder des Kirchenausschusses widersetzten sich der Entscheidung der Kirche. Sie bezweifelten, dass es wirklich weise war, begeisterte junge Menschen wie mich hinauszuwerfen, während stadtbekannte Säufer weiterhin teilnehmen durften. Doch die Leitung wich nicht von ihrem Kurs ab.

Nach etwa zehn Wochen fassten die ausgeschlossenen Mitglieder der C.S.I. in Chromepet den Entschluss, einen eigenen Gottesdienst unter der Leitung von Pastor Dhayanandan in einem gemieteten Haus zu realisieren. Obwohl ich anfangs dagegen war, besuchte ich schon bald ihre Evangelisations-Veranstaltungen, die sie mit großer Motivation durchführten. Immer mehr junge Menschen nahmen an den Aktivitäten der Kirche teil.

Begeistert übernahm ich die Leitung des Evangelisationsdienstes und der Bibelstunden. Wir bildeten viele junge Menschen für den Dienst aus. Die Neuankömmlinge zeigten großes Interesse. Ihre Kenntnisse des Wortes Gottes wuchsen. Sie brannten darauf, ein Leben im Gebet zu führen.

Wir organisierten Evangelisations-Veranstaltungen an verschiedenen Orten und sahen den Dienst von Tag zu Tag wachsen. Zahlreiche Menschen übergaben ihr Leben dem Herrn. Die Kirche in Chromepet begann mit ungeheurem Eifer.

Handeln im Geist

Die Kirche hatte keinen Namen. Und trotzdem füllten begeisterte junge Menschen, die außerdem bereit waren, sich ganz dieser Arbeit zu widmen, diesen Ort. Die Freude des Herrn war hier spürbar. Wir beteten unter Tränen füreinander und für die verlorenen Seelen. Die Botschaften waren kraftvoll und bereiteten die Herzen der Menschen für den Dienst vor.

Alle unsere Aktivitäten planten wir so, dass verlorene Seelen erreicht würden. Ich war von solcher Leidenschaft zu dienen erfüllt, dass ich schon bald bei Pastor Dhayanandan in Chromepet einzog, um ihn in seinem Dienst zu unterstützen.

Meine persönliche Andachts- und Gebetszeit begann morgens um 4 Uhr und dauerte bis 6 Uhr, sehr zur Unterhaltung der Nachbarn, die in der 13. Straße wohnten und meinem frühmorgendlichen Gesang unweigerlich lauschen mussten.

Allabendlich, sobald ich meinen Arbeitsplatz um 17.15 Uhr verlassen hatte, fand man mich an irgendeiner Straßenecke oder bei einem Kindertreffen. Danach besuchte ich einige Familien und betete mit ihnen, bevor ich nach Hause ging. Einige von uns nahmen dienstags und freitags an den Gebetsnächten teil.

Zu all dem befähigte mich – nach einer intensiven neunstündigen Arbeitsschicht – der Herr allein.

Hin und wieder organisierten wir an verschiedenen Orten große evangelistische Veranstaltungen, wie zum Beispiel in Kadaperi, Guduvancheri, Perungalathur, Vandalur und Chromepet. Normalerweise dauerten diese Versammlungen drei Tage. Wir schufteten Tag und Nacht und opferten dem HERRN nicht nur unsere Zeit und Arbeit, sondern auch unseren Besitz.

Wir wollten nicht nur ihm Ruhm und Ehre, sondern auch die Freude des HERRN unter die Menschen bringen. Mit diesem Ziel vor Augen beteten wir für die Bedürfnisse der Menschen und um die Heilung von Krankheiten. Gleichzeitig bildeten wir junge Leute in der bekennenden Nachfolge aus. Viele von ihnen zögerten anfangs noch, das Evangelium kühn und mutig zu verkünden und für die Kranken zu beten. Wir ermutigten auch dazu, Zeugnis abzulegen und alles, was der HERR für sie getan hatte, bekannt zu machen.

Auf der Suche nach verlorenen Seelen

Die von Brother Morris Cerullo (einem nordamerikanischen Evangelisten) geleiteten Treffen und evangelistischen Trainingsprogramme waren uns eine wertvolle Hilfe und Ermutigung. Der Wunsch nach den Gaben des Heiligen Geistes für unseren Dienst bewegte uns dazu, mehr Gelegenheiten zur Verkündigung des Evangeliums zu suchen.

Da wir eine unabhängige Kirche waren, wollte mein Freund und Kollege Brother Selwyn mich nicht länger bei meinen Kinderprogrammen unterstützen. Ich war sehr enttäuscht, entschied mich jedoch dazu, die Arbeit alleine fortzuführen. Ich hatte die Früchte unseres Einsatzes unter den Kindern gesehen und brannte darauf, weiterhin mit ihnen zu arbeiten.

Arun, das kleine Mädchen, das ich weiter oben erwähnt hatte, war eine dieser Früchte. Sie hatte ihr Leben dem HERRN übergeben, als sie sechs Jahre alt war. Ein Jahr später, als ich von meinen zehntägigen Weihnachtsferien in Tuticorin zurückkehrte, begegnete ich ganz unerwartet ihrer Mutter, die aus Tirusulam kam. Sie teilte mir mit, dass Arun schwer erkrankt war.

Dieser kleine Floh mobilisierte regelmäßig zehn Kinder für unser wöchentliches Treffen. Sie verbrachte jeden Abend mindestens eine halbe Stunde in aufrichtigem Gebet. Samstags, noch bevor wir eintrafen, säuberte sie den Platz, rief die Kinder zusammen und wartete auf uns. Ihre Mutter war Hindu geblieben, obwohl sie damals Heilung erfahren hatte, als ich für sie betete. Sie trug weiterhin Feuer auf ihrem Kopf herum und nahm an den rituellen Tänzen im Tempel teil. Aruns Vater war Alkoholiker.

Als wir von Aruns Erkrankung erfuhren, statteten Brother Selwyn und ich ihr einen Besuch ab. Es war ein Mittwochmorgen. Wir waren nicht vorbereitet auf das, was wir zu sehen bekamen: Arun war nur noch Haut und Knochen. Wir waren entsetzt! Als wir ihren Namen riefen, öffnete sie die Augen und schenkte uns ein schwaches, aber herzliches Lächeln. Wir konnten nur für sie beten und ihr versprechen, dass wir sie am Samstag wieder besuchen würden.

Am Freitag, dem Tag vor unserem erneuten Besuch, sagte sie – wie wir später erfuhren – ihrer Mutter um die Mittagszeit: «Mama, ich gehe zu Jesus; aber falls der Onkel kommt (sie nannte mich immer Onkel), sag ihm, dass ich auf ihn warten werde, und von dir muss ich mich verabschieden!»

Die bestürzte Mutter fragte: «Warum?»

Da erzählte ihr Arun von Jesus und führte sie zum Glauben an Jesus Christus! Während sie noch beteten, kam auch der Vater nach Hause. Das Mädchen wandte sich ihm zu und sagte ihm dieselben Dinge, die sie ihrer Mutter gesagt hatte.

Auch der Vater reagierte bestürzt, bereute auf der Stelle und nahm den HERRN an!

Gegen 15 Uhr, die Hände beider Eltern fest von ihren eigenen umklammert, sagte sie: «HERR, ich komme nicht mit leeren Händen», und tat ihren letzten Atemzug.

Als wir am nächsten Tag bei ihr anklopften, erfuhren wir die herzzerreißende Nachricht von ihrem Tod. Doch inmitten aller Trauer fanden wir Grund zur Freude, als wir hörten, dass ihre Eltern nun Christen waren. Sogar in ihrem Tod hatte es dieses kleine Mädchen fertiggebracht, uns Freude zu bringen.

Dies ließ bleibende Spuren in mir zurück. Ich spürte nun die erdrückende Last und Sorge um verlorene Seelen. Ich ertappte mich dabei, wie ich mich fragte: *Wenn ein siebenjähriges Mädchen in den letzten Augenblicken seines Lebens sich derart um verlorene Seelen sorgt, was hindert mich daran, es ihm gleichzutun?*

Nun wollte ich mit noch größerer Entschlossenheit verlorene Seelen erreichen. Ich kehre oft an den Ort unserer Kinderprogramme zurück, in die wir uns vor so vielen Jahren hingegeben haben, und es erfüllt mich jedes Mal mit riesiger Freude, heute dort das Gebäude einer Pfingstgemeinde zu sehen. Die enorme Anstrengung, die wir in jenen Tagen unternahmen, um die christliche Jugend zu motivieren und zu ermutigen, wird unvergessen bleiben.

Ich möchte hier nur eine von vielen Geschichten erzählen: Pastor Dhayanandan und ich bildeten drei junge Männer, namentlich die Brüder D.E.M. Raja, Jeya Paul und Dharmasagayam, für die Verkündigung des Wortes auf der Straße aus. Auch wenn wir die Verkündigung äußerst ernst nahmen, gab es dennoch auch immer viele herzliche Momente, in denen wir die Freude Jesu erlebten und selbst über die vielen Missgeschicke lachen konnten.

Pastor Dhayanandan und ich beschlossen, unsere jungen Schüler mit einem überraschenden Ereignis in die Geheimnisse der Evangelisation einzuweihen. Wir wollten, dass sie an einer dreitägigen Open-Air-Evangelisations-Veranstaltung in Vandalur, einer Vorstadt von Chennai, als Redner auftraten.

Ohne ihr Wissen druckten wir Handzettel, die sie als Referenten anpriesen, und sandten ihnen dann eine offizielle Einladung, als Redner bei diesem Event zu dienen.

Nachdem sie sich vom ersten Schock erholt hatten, nahmen sie die Herausforderung an und bereiteten sich mit großem Ernst und Eifer auf ihren Einsatz vor. Sie fasteten, beteten und baten um Gottes Hilfe. Auch die Kirche blieb wachsam und versammelte sich, um gezielt für die Versammlungen und ihre Referenten zu beten.

Als der erste Tag der Versammlungen anbrach, waren wir alle sehr aufgeregt. Wir zweifelten nicht daran, dass Gott diese Veranstaltungen gesegnet hatte, doch als die erste begann, öffneten sich die Himmel, und ein starker Regen brach über uns herein. Bald stand das Gelände zwanzig Zentimeter unter Wasser. Der Regen legte unsere Beleuchtungsanlage und unsere Verstärker lahm.

Doch wir gaben nicht auf. Wir ermutigten die jungen Männer, die sich intensiv vorbereitet hatten, sich nicht beirren zu lassen und zu predigen. Da unsere Lautsprecheranlage vom Regen in Mitleidenschaft gezogen worden war, wurden die Redner nicht von allen Menschen, die gekommen waren, gehört. Ich wiederholte jeden ihrer Sätze, so laut ich konnte.

Drei Tage lang ging das so weiter. Der Regen dauerte an. Doch wir ließen uns nicht entmutigen. Wir wussten, dass der HERR alles unter Kontrolle hatte. Und wir wussten, dass uns *alle Dinge zum Besten dienen.* So dankten wir dem HERRN für seine Hilfe und machten weiter.

Eine Woche später erfuhren wir, dass zwölf junge Männer, die sich auf der Suche nach Schutz vor dem Regen auf unser Gelände verirrt hatten, die Botschaften der jungen Redner gehört hatten. Tief berührt übergaben sie ihr Leben Jesus Christus.

Sie begannen, sich auf demselben Gelände, auf dem wir die Versammlungen abgehalten hatten, zum gemeinsamen Gebet zu treffen. Sie alle waren vorher hingegebene Hindus, denen das Privileg zukam, den Karren mit dem Götzenbild während eines jährlichen Tempelfests zu ziehen. In dem Jahr zog niemand den Wagen mit dem Götzenbild, da der HERR diese jungen Männer gerettet hatte.

Wie groß ist doch unser Gott!

Dhasarathan, einer von ihnen, wurde später Missionar auf den Andamanen, einer indischen Inselgruppe südlich von Myanmar. Heute steht dort, wo er dem HERRN gedient hat, eine Kirche.

Ereignisse wie dieses ermutigten uns und stärkten unser Vertrauen in den HERRN.

In der Gunst Gottes

Wir beteiligten uns auch an den Evangelisations-Veranstaltungen, die die «Tambaram Prayer Fellowship» in entfernten Siedlungen durchführte. Brother Thiruthuvadoss, unser Teamchef, war ein vom Heiligen Geist geleiteter Mann, dessen Anweisung wir nie zu hinterfragen wagten. Stattdessen bemühten wir uns, ihm immer Folge zu leisten – manchmal auch murrend.

Eines Tages – genau genommen während drei aufeinanderfolgenden Feiertagen – radelten sieben von uns nach Tiruttani in Andhra Pradesh. Einer unserer Kollegen mit ausgeprägtem Drang nach Essbarem hatte zwei Taschen voller Snacks mitgebracht. Wir waren alle jung und besaßen einen gesunden Appetit, so dass wir innerhalb von zwei Tagen den gesamten Vorrat verzehrt hatten.

Am dritten Tag weckte uns unser Teamleiter um 4 Uhr in der Frühe, um uns auf den Tag vorzubereiten. Nach Dusche und

Morgengebet machten wir uns um 6 Uhr auf den Weg zu einem entfernten Dorf. Dort angekommen, führte uns unser Leiter zu einem Teehaus, wo wir ein mageres Frühstück einnahmen und eine Tasse Tee tranken. Dann teilte er uns mit, dass wir zehn Dörfer besuchen würden, bevor wir auch nur an Essen denken könnten.

Wir stöhnten alle auf, da wir nach zwei Tagen harter Arbeit müde und ausgelaugt waren. Der Freund, der immer wieder etwas knabbern musste, war auf der Stelle niedergeschlagen.

Um 11 Uhr hatten wir erst sechs Dörfer besucht. Unsere Kraftreserven waren aufgebraucht, und wir hatten einen Bärenhunger. Unsere knurrenden Mägen waren weithin zu hören. Während wir eine Straße entlangfuhren, meinte unser Leiter plötzlich, der Heilige Geist habe ihn angewiesen, ein Dorf zu besuchen, das vier Kilometer entfernt war!

Einmal mehr folgten wir ihm murrend und stöhnend in Richtung dieses Dorfes.

Der besagte Freund hielt es nicht länger aus und seufzte: «Was werden wir in dem Dorf denn zu essen kriegen? Würden wir weiter der Straße folgen, hätten wir eine bessere Chance, etwas Essbares zu finden. Weiß das der Heilige Geist denn nicht?»

Doch wir hatten keine Wahl. Wir folgten unserem Teamchef, denn das Wort Gottes lehrt uns, unseren Leitern zu gehorchen.

Sobald wir das Dorf erreicht hatten, vergaßen wir unser Elend und begannen mit Inbrunst auf Tamilisch zu singen: «Komm zu Jesus Christus, der dich ruft, denn dies ist der günstigste Zeitpunkt.»

Plötzlich tauchten aus dem Nichts fünfzehn junge Männer auf und gingen mit Knüppeln auf uns los. Sie beschimpften uns und nannten uns «Christenhunde». Sie befahlen uns zu verschwinden und verfolgten uns.

Wir schwangen uns auf unsere Fahrräder und traten mit der

uns verbliebenen Kraft in die Pedale, während die Männer uns dicht auf den Fersen waren. Obwohl sie uns nicht einholen konnten, verfolgten sie uns weiter. Bei dem Versuch, einen sicheren Abstand zu gewinnen, verpassten wir eine Abzweigung, so dass wir in einem anderen Dorf landeten.

Wir waren alle zu Tode erschrocken, aber unser Freund hatte weder seinen Appetit noch seinen Humor verloren. Stattdessen meinte er: «Würden sie uns wenigstens in Richtung Hauptstraße jagen, dann bestünde die Aussicht auf etwas Essbares. In diesem winzigen Dorf aber wird sich sicher nichts finden lassen.»

Wir verfielen in Gelächter, während wir auf das Dorf zufuhren, das immer noch ungefähr zwei Kilometer entfernt war. Erst als wir uns dem Dorf näherten, gaben unsere Verfolger endlich auf.

Im Ort angekommen, erblickten wir einen Mann, der auf seinem Feld hinterm Haus arbeitete. Er begrüßte uns zu unserer Verwunderung wie seit langem vermisste Brüder: «Der HERR sei gelobt, Brüder», rief er. «Seid willkommen!» Und fügte hinzu: «Ich wusste, dass ihr kommen würdet.»

Ungläubig fragten wir ihn, wie er das hatte wissen können.

Also erzählte er uns seine Geschichte: «Auch ich komme aus dem Tirunelveli-Distrikt. Meine Frau und ich kamen vor einigen Jahren als Lehrer in dieses Dorf und ließen uns hier nieder. Wir kauften ein Grundstück und ein Haus. Wir haben nur eine Tochter, die jetzt in heiratsfähigem Alter ist. Heute hätte eine fünfzehnköpfige Gruppe die Braut begutachten sollen. Doch um etwa 11 Uhr morgens ließ man uns wissen, dass diese Gruppe erst nächste Woche kommen würde. Doch da war es schon zu spät. Meine Frau hatte bereits eine reiche Mahlzeit für fünfzehn Personen zubereitet. Sie ist seit 4 Uhr in der Frühe auf den Beinen, um dieses Festessen zu kochen, und ist jetzt natürlich sehr aufgebracht. Der Gedanke, dass ihre ganze

Mühe vergeblich gewesen sein soll, ist ihr unerträglich. Ich beruhigte sie und versprach ihr, andere Personen als Ersatz zu finden. Als ich euch sah, wusste ich sofort, dass ihr Diener Gottes seid. Nun bin ich glücklich, da ich weiß, dass Gott dieses spezielle Festessen für euch geplant hat.»

Da wurde uns allen klar, dass wir dieses Fest verpasst hätten, hätten uns unsere Verfolger nicht in Richtung dieses Dorfes gejagt. Er bestand darauf, dass wir uns an seinen Tisch setzten.

Was folgte, war ein Liebesfest. Es gab *biryani* (ein mit verschiedenen indischen Gewürzen gekochter Reis mit gegartem Fleisch), sieben verschiedene Gemüsesorten und *payasam* (ein Dessert). Dies alles wurde uns auf großen Bananenblättern serviert (die in Südindien traditionell als Teller verwendet werden).

Wir waren sprachlos. Unser hungriger Freund stammelte glücklich: «Die Wege des Heiligen Geistes sind wahrlich wunderbar!»

Jener Tag diente uns als wichtige Lektion: Wenn wir uns ganz der Führung des Heiligen Geistes anvertrauen, belohnt er uns mit der Fülle des Lebens. Viele Erfahrungen dieser Art haben uns ermutigt und unseren verzagten Geist mit erneuertem Glauben und Eifer für den HERRN neu belebt. Auch unsere Familien begannen, diese Wahrheit zu begreifen.

Als ich meinen Eltern von meiner ersten persönlichen Erfahrung mit Gott schrieb, antworteten sie mir, dass sie sich für mich freuten, doch im selben Atemzug warnten sie mich davor, der Pfingstbewegung beizutreten. Einer meiner Arbeitskollegen, ein Brahmane, hatte meinen Eltern einen Besuch abgestattet und nebenbei die Bemerkung fallen lassen, dass ich derart auf den Dienst fixiert war, dass ich in der Firma nie Überstunden machte. Dies beunruhigte meine Eltern ein bisschen, denn sie befürchteten noch immer, dass ich Pfingstler werden könnte. Sie hatten wohl unangenehme Erfahrungen mit den Pfingstlern gemacht.

Der Dienst wuchs, und so nahm auch die Zeit zu, die ich mit Fasten und im Gebet verbrachte. Ich fastete und betete viele Tage auf dem Hügel von Pallavaram (im Südwesten von Chennai), wo ich alleine mit Gott rang.

Ich achtete sehr darauf, dass weltliche Begierden und Vergnügen mich nicht beherrschten. Dabei nährte ich den aufrichtigen Wunsch, dieselben Erfahrungen zu machen, die viele Heilige und Missionare der Vergangenheit gemacht hatten. Ich wollte für den HERRN arbeiten.

In mir brannten der Wunsch nach Heiligkeit, ein Eifer nach dynamischem Handeln, der Wunsch, ein Vorbild für andere zu sein, ein Hunger, in Übereinstimmung mit dem Wort Gottes zu leben, und ein Wunsch, andere zu inspirieren und zu motivieren. Mein ganzes Leben war davon bestimmt. Nichts war mir wichtiger als der Wunsch, Gott zu gefallen und andere zu ihm zu führen.

Das Wort Gottes war mein wertvollstes Gut, und ich hatte es immer bei mir. Dies machte mich zum Gespött meiner Kollegen. Während meiner Schulzeit hatte man mich schon «Mann Gottes» genannt, und dasselbe geschah nun auch in der Firma.

Am Ende der 13. Cross Street in Chromepet befand sich ein unbebautes Grundstück am Ufer eines Sees. Es gehörte einem Ingenieur, der für das städtische Hoch- und Tiefbauamt arbeitete. Da das Grundstück sehr weitläufig war, eignete es sich hervorragend für evangelistische Großveranstaltungen. Wir erhielten eine Baugenehmigung und arbeiteten Tag und Nacht, damit die ersten Versammlungen mit den Pastoren Henry Joseph und Joseph Balachandran erfolgreich durchgeführt werden konnten.

Nach diesen Veranstaltungen kehrten Pastor Dhayanandan, Brother D.E.M. Raja und ich jeden Abend an diesen Ort zurück, um gemeinsam zu beten. In jenen Tagen kam auch Brother D.G.S. Dhinakaran, ein bekannter indischer Evangelist, nach Chennai. Er befand sich auf der Suche nach einem verlässlichen jungen Mann für eine vakante Stelle in seiner Bank.

Pastor Dhayanandan empfahl Brother D.E.M. Raja, der soeben sein Studium abgeschlossen hatte. Brother D.G.S. interviewte den Kandidaten, und so bekam Brother D.E.M. Raja eine Anstellung bei der «State Bank of India» (SBI).

Jetzt wollte der Ingenieur, dessen Grundstück wir regelmäßig nutzten, das Land verkaufen. Er hatte das Stück Land in kleinere Einheiten aufgeteilt, um diese an Einzelpersonen zu verkaufen. Vor allem Christen sollten vom Verkauf profitierten. Er bot ihnen die Grundstücke deshalb nicht nur zu einem günstigeren Preis, sondern auch zu niedrigeren Ratenzahlungen an.

Viele Christen nutzten diese Gelegenheit und ließen sich hier nieder. Der Ingenieur vermachte uns schließlich ein Grundstück für ein Gotteshaus, wo unsere Kirche in Chromepet auch heute noch steht.

Vom Himmel gejagt

An einem Dienstagabend, an dem unsere Gebetsgruppe speziell für unser Land betete, zeigte mir der HERR die Landkarte des Bundesstaats Bihar.

Ich war verwirrt und fragte: «HERR, willst du, dass ich für Bihar bete?»

Er antwortete: «Nein, kündige deinen Arbeitsvertrag und gehe nach Bihar.»

Ich war wie vor den Kopf gestoßen, lachte innerlich auf und begann, mit ihm zu diskutieren: «Das geht doch nicht. Ich bin der einzige Sohn meiner Eltern. Ich habe vier jüngere Schwestern, und mir obliegt die Pflicht, sie zu verheiraten. Außerdem beherrsche ich Hindi nicht, die Sprache, die in Bihar gesprochen wird. Ich diene dir doch jetzt schon sechs Stunden täglich, und alles, was ich über Bihar weiß, ist, dass man es den ‹Missionarsfriedhof› nennt. Ansonsten weiß ich nichts über den Staat.»

Doch ich behielt diese Diskussion mit Gott für mich und sprach mit niemandem darüber.

Pastor Dhayanandan sprach oft davon, wie sehr ihm Rajasthan am Herzen lag, und war der Überzeugung, dort eines Tages als Missionar zu arbeiten. Er pflegte immer wieder die Stelle aus 5. Mose 8,9 über dem Bundesstaat auszusprechen: «[Es ist] ein Land, in dessen Steinen Eisen ist, wo du Kupfererz aus den Bergen haust.»

Seine Frau Chandra war ihrer Wesensart nach das pure Gegenteil von ihm. Sie war eine schüchterne Person und arbeitete als Schneidermeisterin. Doch er bereitete auch sie auf die Missionsarbeit vor. Nach einem dreimonatigen Missionseinsatz im Distrikt Dungarpur nahm er auf seine nächste Missionsreise seine Frau mit.

Als Pastor Dhayanandan dann seinem Ruf nach Rajasthan endgültig folgte, wurde ich von Pastor Sundaram (ACA) auf der jährlichen Maranatha-Konferenz zum Hilfspastor der Kirche in Chromepet ordiniert.

Die meisten Mitglieder der «Tambaram Prayer Group» dienten dem HERRN bei der Arbeit und in ihrer Freizeit. Sie trafen sich oft zum Gebet auf dem Hügel von Pallavaram, am Ufer des Flüsschens Thirupathur oder in den Gärten von Padapai.

Während einem dieser Treffen prophezeiten Pastor Augustine und Brother Victor Sundar Raj (der für den «Madras Port Trust» arbeitete und in seiner Freizeit in Tambaram dem HERRN diente), dass Gott mich nach Bihar senden wollte. Die Prophezeiungen von Pastor Augustine waren immer sehr präzise.

Er war kein gebildeter Mensch und hatte früher illegal mit alkoholischen Getränken gehandelt. Als er gerettet wurde, begann er, dem HERRN zu dienen, und wurde von Gott im Dienst auf wunderbare Weise gesegnet. Zum Zeitpunkt dieser Prophezeiung war er als Pastor der «Madras Pentecostal Assembly» (MPA) tätig.

Obwohl ich es gewohnt war, dass Gott mir seine Pläne und Absichten durch solche Prophezeiungen kundtat, zögerte ich noch.

Der Kampf zwischen Gott, der mich nach Bihar entsenden wollte, und mir, der sich dem entgegenstellte, dauerte an. Er war in der Tat zu einem täglichen Konflikt geworden. Die Landkarte Bihars erschien laufend vor meinen Augen, und wann immer ich zu beten oder in Gottes Wort zu lesen versuchte – und selbst wenn ich mich an meinem Arbeitsplatz über das Zeichenbrett beugte (ich arbeitete als Werkzeugentwickler) –, tauchte das Bild vor mir auf.

Angst erfasste mich, dass Gott mich nach Bihar verfrachten würde, und ich begann, mich sogar vor dem Gebet zu fürchten.

Dieser tägliche Kampf mit dem HERRN laugte mich aus. Irgendwann glaubte ich, eine zündende Idee bekommen zu haben, und unterbreitete Gott meinen Vorschlag: «HERR, ich bin bereit, zwei Missionare zu unterstützen, die an meiner Stelle gehen können. Bitte verschone mich.»

Doch Gott wollte davon nichts wissen.

Während ich noch mit dem HERRN rang, nahm ich im Januar 1972 (während der Pongal-Feiertage) am ersten «Blesso»-Treffen («Blessing Revival Camp») der «Full Gospel Young Men Association» (FGYMA – heute «Blessing Youth Mission», BYM) in Thanjavur teil. Gott schenkte mir die Gnade, während der Hin- und Rückreise im Bus viele Teilnehmer in die Taufe mit dem Heiligen Geist zu führen. Auf der Rückfahrt mussten wir einen Zwischenhalt einlegen, da einer von uns unter an Magenbeschwerden litt. Es war eine dunkle Nacht auf einer Straße ohne jegliche Beleuchtung.

Plötzlich kam Brother Glady Eshwararaj, der mit uns reiste, auf mich zu, legte mir seine Hand auf den Kopf und sagte: «Gott hat dich nach Bihar gerufen. Weshalb bist du noch hier?»

Gott war an Beharrlichkeit wirklich nicht zu übertreffen! Immer wieder sprach er durch seine Diener zu mir.

Eines Tages begleitete ich Reverend John Prentice zum Bahnhof von Chromepet.

Auf dem Weg dorthin nutzte ich die Gelegenheit für ein Gespräch unter vier Augen: «Gott will, dass ich nach Bihar gehe. Sie haben zwei Jahre in Allahabad gelebt. Kennen Sie jemanden in Bihar? Ich möchte einen einmonatigen Urlaub nehmen, Bihar kennen lernen und dann eine Entscheidung treffen.»

Er sagte mir, dass er zwei ältere Frauen in Bihar kannte, und versprach, ihnen zu schreiben und meinen Besuch anzukündigen. Dabei verschwieg er mir, dass es sich um zwei Missionarinnen seiner eigenen Missionsorganisation, der «Elim Pentecostal Church», handelte.

Als ich erfuhr, dass er mir das während unseres Gesprächs verschwiegen hatte, wurde mein Widerstand gegen einen Einsatz in Bihar nur noch stärker.

3. Kapitel
Der Berufung folgen

Mein Schlachtfeld – Bihar

Wir feierten die Hochzeit meiner ältesten Schwester. Hier griff ich meinen Eltern finanziell unter die Arme, indem ich einen Vorschuss aus meinem Sparvertrag bezog. Bei meinem darauffolgenden Weihnachtsbesuch rieten mir sämtliche Freunde meiner Eltern, mich nicht zu sehr im vollzeitlichen Dienst zu engagieren. Schließlich sei ich der einzige Sohn und hätte viele Verantwortlichkeiten zu schultern.

Es war die Wiederholung derselben Zurechtweisung, die ich schon bei der Hochzeit meiner anderen Schwester erhalten hatte. Die Angst, ich könnte mich ganz dem Gemeindedienst widmen, stellte eine große Sorge für sie dar. Vielleicht waren sie sich der Gefahr bewusst, dass Gott mich nach Bihar führen könnte.

Als ich Reverend John Prentice wiedersah, sagte er mir: «Die Missionarinnen sind begeistert. Sie sind bereit, für deine Reisekosten und deinen Unterhalt während der vier Wochen aufzukommen.»

Doch im Gebet beharrte Gott darauf, dass ich meinen Wohnsitz definitiv nach Bihar verlegen sollte. Er gab mir auch zu verstehen, dass ich nur die Hinfahrt buchen sollte.

Und dennoch war ich zu unsicher, um den Plan umzusetzen. Meine Freunde waren mir in dieser Phase leider auch keine große Hilfe. Als sie von meinem Vorhaben erfuhren, den November des Jahres 1972 in Bihar zu verbringen, glaubten sie, ich hätte den Verstand verloren. Ich war angespannt.

Dehri-on-Sone, oder auch nur Dehri – so hieß der Ort, an den ich reisen sollte –, ist eine Stadt im indischen Bundesstaat

Bihar mit heute knapp 140.000 Einwohnern. Sie befindet sich am Ufer des Sone (dt. meist Son), einem Nebenfluss des Ganges. Das Flussbett des an manchen Stellen knapp drei Kilometer breiten Stromes hatte vor dem Bau eines Staudamms viele Bengalen angezogen, die sich ein Sommerhaus am Flussufer bauen wollten.

Die Stadt selbst befindet sich in strategischer Lage. Sowohl die nationale Autobahn, die Kalkutta mit Delhi verbindet, als auch eine wichtige Bahnlinie (die «Grand Chord») führen durch sie hindurch. Kalkstein, Zuckerrohr, Bambus und Pflanzenöle werden hier produziert.

Die industrielle Entwicklung der Stadt begann noch vor Indiens Unabhängigkeit, als der Industrielle A.K. Jain hier die «Rohtas Industries» gründete, ein Unternehmen, das Zement, Papier, *vanaspati* (ungesättigtes Pflanzenöl), Zucker, Kekse, Weicheisen, Fiberglas und Asbest herstellte.

Sister Roopavathi Ghosh, eine gläubige Witwe, war mit ihren drei Söhnen nach Dehri-on-Sone gezogen, um dort Arbeit zu suchen und damit ihren Lebensunterhalt zu bestreiten. Als einer ihrer Söhne starb, fand sie keinen christlichen Pastor, der ihm ein würdiges Begräbnis hätte gestalten können. Es blieb ihr nichts anderes übrig, als ihren Hindu-Nachbarn zu erlauben, seinen Körper nach Hindu-Riten zu verbrennen.

Am Boden zerstört, machte sie sich auf die Suche nach einem Missionar, der hier einen missionarischen Dienst beginnen könnte. Sie lernte Caroline Paint kennen, eine englische Pflegefachkraft der «Elim Missionary Society», die ihr Leben dem Dienst in Nordindien gewidmet hatte. Diese folgte Roopavathis aufrichtigem Ruf und begann mit Unterstützung von Sylvia Beardwell, einer weiteren Fachkraft, in einem angemieteten Gebäude ihr medizinisch-missionarisches Werk. Bald gesellte sich auch Roopavathi als feste Mitarbeiterin zu dem Missionswerk.

Die industrielle Entwicklung brachte Menschen aus unterschiedlichen Staaten nach Dehri-on-Sone, die in Dalmianagar, dem Industriebezirk der Stadt, Arbeit suchten. Unter ihnen befanden sich auch viele Christen verschiedener Denominationen. Die «Elim Missionary Society» unternahm große Anstrengungen, um alle Christen in einem gemeinsamen Gottesdienst zusammenzubringen, doch nur wenige folgten dem Aufruf.

Davon so unbeeindruckt wie unbeirrt, erwarben die Missionarinnen ein Grundstück, auf dem sie eine Kirche mit Pfarrhaus bauen wollten. Sie beriefen Pastor Samuel, der mit großer Hingabe und Begeisterung seinen Dienst begann. Sein Enthusiasmus war jedoch schon bald verebbt, und später wurde er aus disziplinarischen Gründen entlassen.

Mister Sharma, ein bekehrter Brahmane und Mitglied der Methodisten, nahm seinen Platz ein. Die Missionsorganisation setzte ihre gute Arbeit fort und gründete eine bengalische Grundschule, durch die sie mit Mrs. Padmavathy, der Rektorin, weitere Unterstützung erfuhr.

Die «Elim Missionary Society» baute ihre Dienste abermals aus und eröffnete einen neuen Missionszweig in Ramanuganj im benachbarten Bundesstaat Madhya Pradesh. Reverend D.C. Lewis übernahm die Verantwortung dafür. Unterdessen handelte sich auch Pastor Sharma in Dehri-on-Sone disziplinarischen Ärger ein und musste entlassen werden.

Neben den Schwierigkeiten mit ihren Pastoren hatten die Missionarinnen auch noch mit anderen Problemen zu kämpfen: Sie mussten sich um eine Gemeinde kümmern, der es an Motivation und Begeisterung fehlte, die Gesundheit machte ihnen zu schaffen, es fehlte ihnen an grundlegenden Einrichtungen, und die extremen klimatischen Bedingungen zehrten an ihren Kräften. Im Laufe der Zeit erkrankten Sister Caroline, Sister Sylvia und Sister Roopavathi nacheinander an Krebs.

Mehr als hundert Menschen kamen täglich in den Genuss der medizinischen Versorgung, die von der Missionsgesellschaft geleistet wurde. Die Bevölkerung nutzte sie gerne, doch vom Evangelium wollte niemand etwas wissen.

Im Jahr 1963 feierte die Missionsgesellschaft die Einweihung einer wunderschönen Kirche, doch die Gemeinde unter der Leitung des Evangelisten Samuel Johnson besaß weder authentische Christen noch aufrichtig nach der Wahrheit fragende Besucher.

Derweil verschlechterte sich der Zustand von Sister Caroline Paint weiter und zwang sie schließlich zur Rückkehr nach England.

Olive Jarvis, die damals in Dudhi in Uttar Pradesh arbeitete, wurde nach Dehri-on-Sone versetzt, um Sylvia Beardwell in ihrem Dienst zu unterstützen.

Unterdessen erlag Sister Roopavathi ihrem Krebsleiden. Die Schwestern aus England hatten über 26 Jahre lang unter der Bevölkerung von Dehri-on-Sone gearbeitet und immer noch keine Früchte ihrer Arbeit gesehen. Sie wollten zumindest noch erleben, wie eine einzige Person das Evangelium hörte und daraufhin Christus als ihren Herrn und Heiland annahm.

Es bekümmerte sie zusehends, dass die Kirchenleitung jegliche Leidenschaft vermissen ließ. Und so beteten und schrien sie eines Tages zu Gott, dass er ihnen einen jungen Visionär mit Feuer für die verlorenen Seelen und mit Liebe für die Menschen schicken möge. In ihrem Tagebuch hatten sie folgende Gebetspunkte festgehalten:

Der Missionar sollte …

- Kinder lieben und in der Lage sein, mit ihnen Kontakt aufzunehmen,
- die Fähigkeit besitzen, die Jugendarbeit zu leiten,

- an Evangelisations-Einsätzen interessiert sein,
- gut singen können und
- eine verantwortungsvolle Führungspersönlichkeit sein.

Es schien mir unglaublich und zugleich Ehrfurcht einflößend, dass ich als Antwort auf die tränenreichen Gebete zweier wundervoller Dienerinnen des HERRN aus einer Entfernung von 2500 Kilometern nach Bihar gerufen wurde.

Und das war noch nicht alles: Es verschlug mir die Sprache, als ich herausfand, dass der Tag, an dem die Schwestern zu beten angefangen hatten, derselbe Tag war, an dem der HERR mir die Landkarte von Bihar gezeigt hatte! Ich konnte es nicht glauben. Gott schaffte es immer wieder, mich zu verblüffen.

Als Reverend John Prentice die zwei Missionarinnen über mein Interesse an ihrer Arbeit informierte, waren sie begeistert. Sie zweifelten nicht eine Sekunde daran, dass ich die Antwort auf ihre Gebete war, sondern antworteten vielmehr sofort mit dem Versprechen, für meine Unkosten aufzukommen. Wir tauschten sogar Informationen darüber aus, welche Kleidung ich bei meiner Ankunft tragen würde, damit sie mich schnell und problemlos identifizieren könnten.

Ich teilte ihnen mit, dass ich einen Anstecker mit den Worten «Jesus lebt» tragen würde. Hier bereitete ich mich also für eine einmonatige Erkundungsreise vor, während Gott dort in Bihar schon ein Heim für mich vorbereitete!

Vorbereitungen für die Schlacht

Im September des Jahres 1972 gab die «Friends Missionary Prayer Band» (FMPB) bei einer Konferenz bekannt, dass ihrer Organisation mindestens 440 Missionare in 220 Distrikten fehlten. Unser Team aus Tambaram übernahm bei der Veranstaltung das Catering, was mir leider die Chance nahm, auch nur an einem der Meetings teilzunehmen.

Am Ende des zweiten Konferenztages machte ich spätabends einen Spaziergang, um mich von den anstrengenden Tagen ein wenig zu erholen. Einige der Teilnehmer schliefen bereits, andere beteten. Vor mich hin trottend, schaute ich in den Nachthimmel hinauf und sah auf einmal den Schriftzug «13. Oktober» in riesigen, hellen Buchstaben am dunklen Firmament stehen. Wie hypnotisiert blickte ich auf das Datum und fragte mich, was es wohl zu bedeuten hätte.

Da hörte ich plötzlich eine Stimme, die mir befahl: «Kündige deinen Arbeitsplatz, und mach dich auf nach Bihar.»

Überrumpelt von dieser Szene begann ich, halb lachend, halb stotternd, Ausreden vorzutragen: «Meine Firma lässt mich nicht gehen. Unser Chef-Ingenieur, der meine Familie kennt, wird mich auch niemals gehen lassen. Und meine Familie wird dem ebenfalls nicht zustimmen», argumentierte ich.

Gott hörte sich alle meine Ausreden geduldig an. Dann sagte er: «Ich werde mich um alles kümmern.»

Darauf wusste ich nichts mehr zu antworten, doch dies bedeutete nicht, dass er mich überzeugt hätte.

Noch immer etwas verwirrt, hörte ich, wie eine laute, aber traurige Stimme sagte: «Sohn, wenn du nicht gehst, habe ich sonst keinen, den ich schicken könnte.»

Wieder blickte ich auf, und diesmal sah ich zwei wunderschöne Augen – nie wieder habe ich so schöne Augen gesehen –, in denen Tränen standen. Die Tränen fielen auf mich herab.

Es brach mir das Herz, den Herrn weinen zu sehen. Von der Last der Eindrücke fast zerdrückt, warf ich mich auf den Boden und sagte: «Hier bin ich, Herr!»

Endlich gab ich auf, bereit, jedem seiner Befehle zu gehorchen. Fast zwanzig Monate lang hatte ich mit dem Herrn gerungen und konnte nicht anders, als ehrfurchtsvoll zu staunen über seine Geduld und seine Liebe für die Verlorenen. Endlich plagten mich keine Zweifel mehr.

Am nächsten Morgen traf ich Brother Emil Jebasingh, den damaligen Generalsekretär der FMPB in Tuticorin. Ich bat ihn um zwei Gefallen: Zum einen, mich nach Bihar zu senden, da ich von Gott klar und unmissverständlich dorthin gerufen worden war, und zum anderen, dass er mit meinen Eltern sprechen und sie von meinem Ruf überzeugen möge.

Er verweigerte mir beides. Seiner Meinung nach sollte ich bereit sein, dorthin zu gehen, wohin mich der Missionsausschuss der FMPB senden würde. Außerdem läge es allein in meiner Verantwortung, meine Eltern zu überzeugen.

Manchmal ist es schlichtweg wundervoll, wie Gott in unserem Leben wirkt. Hätte er an jenem Tag meinen Wünschen nachgegeben, wäre die «Gospel Echoing Missionary Society» (GEMS) nie aus der Taufe gehoben worden. Ich wäre wahrscheinlich noch heute Missionar der FMPB!

In dem Moment, in dem ich endlich Gottes Ruf folgte und ihm gehorchte, öffnete er mein Verständnis für sein Timing. Ich begann, Informationen für meinen Missionseinsatz zu sammeln, und bekam dabei nur wohlmeinende Warnungen zu hören, die mir jedoch in keiner Weise weiterhalfen.

Man versuchte mir weiszumachen, dass die Menschen in Bihar feindselig, arrogant, fanatisch, sittenlos und noch vieles mehr seien, dass der Ort überhaupt ein Friedhof für Missionare sei, das Klima extrem und das Land rau, eine einzige große Wildnis voller Mörder und Gauner.

Doch anstatt mich zu entmutigen, bekräftigten mich diese Warnungen in meinem Entschluss. Kalebs Worte ermutigten und trieben mich an:

«... und [sie] sprachen zu der ganzen Gemeinde der Israeliten: Das Land, das wir durchzogen haben, um es zu erkunden, ist sehr gut. Wenn der HERR uns gnädig ist, so wird er uns in dies Land bringen und es uns geben, ein Land, darin Milch und Honig fließt. Fallt nur nicht ab vom HERRN und fürchtet euch vor dem Volk dieses Landes nicht, denn wir wollen sie fressen wie Brot. Es ist ihr Schutz von ihnen gewichen, der HERR aber ist mit uns. Fürchtet euch nicht vor ihnen!» (4. Mose 14,7–9).

Und die Worte Gottes über Kaleb gaben mir weiteren Zuspruch: «Nur meinen Knecht Kaleb, weil ein anderer Geist in ihm ist und er mir treu nachgefolgt ist, den will ich in das Land bringen, in das er gekommen ist, und seine Nachkommen sollen es einnehmen» (4. Mose 14,24).

Ich übergab mich ganz demselben allmächtigen Gott, der Serubbabel versichert hatte: «Es soll nicht durch Heer oder Kraft, sondern durch meinen Geist geschehen, spricht der HERR Zebaoth» (Sacharja 4,6).

Nach der Konferenz kehrte ich in die Firma zurück und führte alle noch offenen Aufträge aus. In der Zwischenzeit näherte sich der Tag, den der HERR für meine Kündigung ausgewählt hatte. Ich nahm meine verbliebenen Urlaubstage und kehrte nicht mehr zur Firma zurück; stattdessen sandte ich mein Kündigungsschreiben per Post an meinen Vorgesetzten. Ich wollte es ihm aus Furcht vor seiner Reaktion nicht persönlich überreichen.

Die nächste große Aufgabe bestand darin, meine Eltern über meine Entscheidung zu informieren. In einem langen Brief setzte ich sie über alles bis ins letzte Detail ins Bild. Ich versprach, dass ich nicht nach Bihar aufbrechen würde, ohne sie vorher besucht zu haben, und bat sie, guten Mutes zu sein. Aber ich wusste, dass es Telegramme und Telefonate regnen würde, sobald sie meinen Brief erhielten.

Es kam wie erwartet. In jedem Telefonanruf jammerte man

mir die Ohren voll: «Komm bald. Seit er deinen Brief erhalten hat, liegt Vater im Bett.» Und: «Mutter befindet sich in einem Schockzustand», und so weiter und so fort …

So machte ich mich auf die vierzehnstündige Busreise von Chennai nach Tuticorin, um mich von meinen Eltern und Schwestern zu verabschieden. Während der ganzen Fahrt betete ich unablässig. Der Heilige Geist gab mir dabei die ganze Zeit die richtigen Worte für meine Gebete ein.

Als ich den ersten Fuß ins Haus setzte, begannen mein Vater, meine Mutter und meine Schwestern zu weinen und zu heulen, als hätten wir ein geliebtes Familienmitglied verloren! Die Nachbarn hörten das Geschrei und eilten herbei, um zu erfahren, was geschehen war.

Noch nie in meinem Leben hatte ich meinen Vater – der immerhin im Militär gedient hatte – so weinen sehen. Ich wartete still und ruhig und führte meine Familie im Gebet. Ich wiederholte das Gebet, das der Heilige Geist mir während der Fahrt beigebracht hatte. Das Wort Gottes sagt, dass Jesus, bevor er Lazarus von den Toten erweckte, vor den Ohren derer, die bei ihm waren, laut zum Vater betete, damit diese an ihn glaubten, obwohl der Vater ihn bereits erhört hatte.[5]

Mein Gebet war ähnlich.

Als ich mit einem «Amen» schloss, sagte mein Vater zu meiner großen Überraschung: «Sohn, jetzt verstehe ich, dass dies der Wille Gottes ist. Ich werde dir nicht im Wege stehen.»

Ich konnte es nicht fassen!

Und er fügte noch hinzu: «Du kannst gehen, wohin der Herr dich ruft. Ich segne dich von ganzem Herzen.»

Meine Mutter flehte mich an, etwas länger zu bleiben, doch mein Vater überzeugte sie davon, mich gehen zu lassen. Er rief all unsere Verwandten an und versammelte sie in unserem

Haus, damit sie noch für mich beteten, bevor ich kurz darauf aufbrechen würde, um dem HERRN zu dienen.

Sie kamen in Scharen. Einige freuten sich, andere waren verstimmt. Einige schimpften mich sogar einen verantwortungslosen Sohn. Doch Vater besänftigte sie alle. Ich war sehr erleichtert, zu sehen, wie sich alles entwickelt hatte.

Als ich nach Chennai zurückkehrte, erwarteten mich weitere Überraschungen. Wenige Tage vor meiner Kündigung hatte die indische Regierung ein Sozialprogramm für Arbeitnehmer aufgesetzt. Es besagte, dass alle, die fünf Jahre oder länger gearbeitet hatten, eine Sonderzulage beanspruchen könnten.

Mit diesem Geld beglich ich alle meine Schulden, und es blieb sogar noch etwas übrig, um die Auslagen für meine Reise zu bestreiten. Ich war der allererste Angestellte der «English Electric Co.», der in den Genuss dieser Gratifikation kam, und so interpretierte ich dies als direktes Zeichen Gottes sowie als Belohnung für meinen Gehorsam. Gott hatte zu meinen Gunsten sogar ein Gesetz erlassen!

4. Kapitel
In Seine Hände

Im Vertrauen auf die Verheißungen Gottes

Der Preis, den wir für den Gehorsam zahlen, ist groß;
doch der Segen, den er bringt, ist größer.
Er, der die Tür öffnet und schließt, wenn er dich ruft,
und du, der du ein kleines Opfer bringst und folgst,
auch wenn der Weg, auf dem er dich führt, steinig ist:
Wenn du ihm bedingungslos folgst,
wird ewige Freude dir sicher sein.
Gibst du jedoch auf, bist du verloren.

Als den Gemeindemitgliedern und den Freunden klar wurde, dass meine Familie mich gehen lassen würde und dass auch meine Firma die Kündigung akzeptiert hatte, verstanden sie, dass es tatsächlich Gott war, der mich rief.

Viele zeigten sich bewegt und zu Tränen gerührt, weil sie den Verlust eines Menschen empfanden, der sich aktiv für die Kirche eingesetzt hatte. Einige sorgten sich um die Schwierigkeiten, denen ich in meinem Zusammenleben mit der rückständigen Bevölkerung von Bihar begegnen würde, während andere Zweifel äußerten wegen meiner fehlenden Sprachkenntnisse.

Die Kirche organisierte einen Abschieds- und Sendungsgottesdienst mit Pastor Bhaskar Dawson aus Tambaram als Prediger. Fast zweihundert Freunde und Arbeitskollegen hatten sich im Gotteshaus eingefunden und hörten eine kraftvolle Predigt mit dem Titel «Gott hat dir Kalebs Geist gegeben». Ich war angenehm überrascht; Pastor Bhaskars Botschaft bestätigte die Verheißungen, die der Herr mir bereits gegeben hatte.

Während des Schlussgebets kamen uns kollektiv die Tränen, und man spürte, dass sich viele Herzen die Frage stellten: *Herr, werden wir unseren Bruder jemals wiedersehen?*

Es war ein rührender Anblick; es war, als schluchzten selbst die Kirchenmauern. Ich erinnerte mich an die ägyptischen Mütter, die um ihre Erstgeborenen trauerten. Einige meiner Arbeitskollegen – die keine Christen waren – waren tief beeindruckt von der Intensität der hier gezeigten Gefühle.

Es kam der Tag meiner Abreise. In der Nacht des 19. Oktobers 1972, einem Donnerstag, versammelte sich eine große Menschenmenge am Chennai Central, dem größten Bahnhof von Chennai.

Ein älterer Herr namens Alfred umarmte mich und sagte mit Tränen in den Augen: «Gott hat mich auch gerufen, als ich jung war. Doch ich habe es ignoriert und weiter als Manager einer Mine gearbeitet. So habe ich die Tage meines Lebens verschwendet.»

Als der Zug abfuhr, war ich nach langer Zeit endlich mal wieder für mich. Meine Reise nach Bihar hatte begonnen. Doch so ruhig es äußerlich um mich wurde, so aufgewühlt war ich innerlich. Gedanken stürzten auf mich ein: Wie sollte ich Gottes Werk in einer so fremden Region verwirklichen? Wie sollte ich ihm unter fremden Menschen dienen und sein Wort in einer fremden Sprache verkündigen?

Plötzlich fühlte ich mich in einer Sackgasse gefangen. Und so sehr ich mich auch bemühte, ich fand keinen Schlaf.

Während ich mich auf dem Bett in meinem Zugabteil hin und her drehte, lenkte der Herr meine Gedanken auf Abraham und einige andere Verheißungen in seinem Wort:

- «Schaut Abraham an, euren Vater, und Sara, von der ihr geboren seid. Denn als einen Einzelnen berief ich ihn, um ihn zu segnen und zu mehren. Ja, der HERR tröstet Zion, er tröstet alle ihre Trümmer und macht ihre Wüste wie Eden und ihr dürres Land wie den Garten des HERRN, dass man Wonne und Freude darin findet, Dank und Lobgesang» (Jesaja 51,2–3).

- «Aus dem Kleinsten sollen tausend werden und aus dem Geringsten ein mächtiges Volk. Ich, der HERR, will es zu seiner Zeit eilends ausrichten» (Jesaja 60,22).
- «Denn ich bin mit dir, und niemand soll sich unterstehen, dir zu schaden; denn ich habe ein großes Volk in dieser Stadt» (Apostelgeschichte 18,10).
- «Habe ich dir nicht geboten: Sei getrost und unverzagt? Lass dir nicht grauen und entsetze dich nicht; denn der HERR, dein Gott, ist mit dir in allem, was du tun wirst» (Josua 1,9).

Diese Verheißungen waren wie Balsam für mein verzagtes Herz.

Gleichzeitig jedoch warnte mich der HERR: «Ich sende dich zu einem undankbaren Volk. Erwarte nichts von niemandem. Ich bin dein einziger Lohn.» Und dann ermutigte er mich liebevoll und sagte: «Sei guten Mutes. Menschen werden sich im Süden und im Norden erheben. Tausende werden dir beistehen und dein Werk unterstützen.»

Mein Herz brannte lichterloh.

Nachdem Gott mir diese Verheißungen gegeben hatte, traf ich Entscheidungen, nach denen ich noch heute mein Leben ausrichte.

- Ich werde nie mit jemandem direkt oder indirekt über meine persönlichen Bedürfnisse oder die Bedürfnisse des Dienstes reden und diese auch nicht zum Gegenstand meiner Gebete machen.

- Ich werde nie Schulden machen, egal wofür und egal in welcher Form, auch wenn ich dafür mit meinem Leben bezahlen muss.
- Ich werde nie Geld, das für einen spezifischen Zweck bestimmt ist, für etwas anderes verwenden.
- Ich werde nicht nach Tamil Nadu zurückkehren, bevor ich nicht einige Menschen getauft und eine Kirche gegründet habe.
- Ich werde ein einfaches Leben in Demut und Opferbereitschaft führen.
- Ich werde in der Nachahmung Christi leben und wie Paulus dienen.
- Ich werde nichts tun, um das Ansehen der Menschen zu gewinnen.
- Ich werde die Wahrheit auch im Angesicht des Todes nicht verändern, verzerren oder verwässern.
- Ich werde nicht zurückweichen, selbst wenn ich im Kampf gegen die Sünde sterben muss.
- Ich werde nicht zulassen, dass meine Liebe für verlorene Seelen kleiner wird, unter welchen Umständen auch immer.
- Ich werde keinen Dienst annehmen, zu dem Gott mich nicht berufen hat.
- Ich werde denen, die mit mir arbeiten, ein offenes Buch sein.

Die Schlacht beginnt

Am Morgen des 21. Oktobers fuhr der Zug in der «Howrah Railway Station» in Kalkutta ein. Die Sprachbarriere hing schwer über meinem Haupt. Irgendwie gelang es mir, ein Taxi zu bekommen, das mich zum Bahnhof «Sealdah Station» fuhr, von wo ich nach Dehri-on-Sone weiterfahren würde.

Der Zug nach Dehri würde erst gegen Mittag abfahren, genug

Zeit also, mich darauf einzustellen, mit der offenen Abteilung Vorlieb zu nehmen, da ich keine Fahrkarte reserviert hatte.

Der Bahnsteig war jetzt schon zum Bersten gefüllt. Wie sollte ich mir da einen Sitzplatz für die lange und ermüdende Reise sichern können? Zu meinem Elend schien auch niemand Englisch zu sprechen. Auf meine Fragen (auf Englisch) nach der Toilette erhielt ich nur verstörte Blicke, aber keine Antwort.

Ich hatte Hunger und wollte nach etwas Essbarem suchen, aber was sollte ich mit meinem Gepäck tun? Ich konnte es doch nicht einfach stehen lassen! Während ich überlegte, was ich tun sollte, erinnerte ich mich an ein Zeugnis, das ich über einen Prediger in Kerala namens Maman Prasangi (*maman* heißt zu Deutsch «Onkel», *prasangi* «Prediger») gehört hatte.

Vor seinen Reisen pflegte er Frau und Kinder zu versammeln und sie zu fragen: «Ist alles in Ordnung?», um dann mit ihnen zu beten. Wenn er zurückkam, wiederholte sich dasselbe Ritual. Er blieb vor der Haustür stehen und rief: «Ist alles in Ordnung?» Erst wenn ihm versichert worden war, dass alles bestens war, betrat er das Haus.

Eines Tages jedoch antwortete ihm seine Frau: «Es geht uns allen gut, aber jemand hat uns ein Büschel Bananen aus dem Garten gestohlen.»

Daraufhin bat er seine Frau und Kinder herauszukommen und betete mit Vollmacht: «Michael [gemeint war damit der Erzengel], wo warst du, während ich fort war, um Gott zu dienen? Warum hast du mein Haus nicht beschützt?»

Kaum hatte er sein Gebet beendet, da kam ein Mann mit Bananen in den Händen angerannt und flehte: «Herr, hören Sie bitte auf. Jemand geißelt mich. Es tut mir leid. Ich habe die Bananen gestohlen. Bitte vergeben Sie mir.»

Von diesem Zeugnis ermutigt, sprach ich ein kurzes Gebet, ließ mein gesamtes Gepäck unbeaufsichtigt auf dem Bahnsteig stehen und machte mich auf die Suche nach etwas Essbarem.

Ich war fast 45 Minuten lang weg. Als ich zurückkam, fand ich mein Gepäck unversehrt an derselben Stelle. Wenn wir uns auf Hebräer 1,14 berufen («Sind sie nicht allesamt dienstbare Geister, ausgesandt zum Dienst um derer willen, die ererben sollen die Seligkeit?»), sind solche Dinge möglich – sogar auf einem Bahnhof in Kalkutta, der dafür berüchtigt ist, dass sich dort Gegenstände plötzlich in Luft auflösen!

Mit Handgesten gelang es mir, einem Gepäckträger zu signalisieren, dass ich seine Hilfe brauchte, um meine Sachen in den Zug zu verladen. Er nickte zustimmend, um dann spurlos zu verschwinden.

Ich blieb kopfschüttelnd zurück und bezweifelte, dass er etwas verstanden hatte.

Doch als der Zug einfuhr, war er wie aus dem Nichts wieder da und hob mich und mein Gepäck durch ein Fenster in den Zug. So gelang es mir tatsächlich, einen Sitzplatz zu ergattern!

Es war die Zeit des «Durga Puja», eines wichtigen Hindu-Feiertags in Westbengalen, worin der Grund dafür bestand, dass der Zug so hoffnungslos überladen war. Überall waren Menschen und Koffer. Auch nur einen Fuß auf den Boden setzen zu können, wäre einem Wunder gleichgekommen, und jetzt saß ich hier gemütlich auf einem Sitz ganz für mich!

Doch dieses Glück sollte nicht lange anhalten. Am nächsten Bahnhof sah ich eine muslimische Familie mit fünf Kindern den Zug besteigen und rätselte, ob sie es überhaupt *in* den Zug schaffen würden. Zu meinem Entsetzen ließ sich die Frau auf meinen Schoß fallen, während die Kinder sich an sie klammerten. Meine Beine schmerzten.

Ich war damals 25 Jahre alt und besaß nicht den Mut, der Frau zu sagen, dass sie dort nicht bleiben könnte. Die Tatsache, dass ich die Sprache nicht beherrschte, machte meine Lage noch aussichtsloser. Während diesen elfeinhalb Stunden im

Zug konnte ich keinen Schluck Wasser zu mir nehmen, geschweige denn irgendetwas essen.

Um 23 Uhr fuhr der Zug in Dehri-on-Sone ein. Der Waggon, in dem ich mich befand, hielt einige Meter hinter dem Bahnsteig. Ich bedeutete dem muslimischen Ehemann, dass ich aussteigen wollte. Er nickte und hob mich prompt durch das Fenster aus dem Zug. Nun war ich endlich frei – wie Paulus im Neuen Testament! So landete ich in Bihar.

Pastor Samuel Johnson war gekommen, um mich willkommen zu heißen, aber nicht nur das – er hatte ein ganzes Begrüßungskomitee dabei: Deepak und Naveen, heutige E.C.I.-Pastoren in Varanasi, und Brother Mathew, der Englisch sprach und damals als Stenograph bei der Firma «Pragati Power Corporation Limited» (PPCL) arbeitete.

Ihnen stand die Enttäuschung bei meinem Anblick sofort ins Gesicht geschrieben: Nein, einen so einfach gekleideten jungen Mann, der trotz seiner 25 Jahre aussah wie ein 18-Jähriger, hatten sie nicht erwartet. Sie hatten mit einen Missionar von beeindruckender Statur und im Anzug gerechnet!

Das war also mein erster Tag als Missionar.

Die Ärmel hochkrempeln

Der Pastor der lokalen Kirche hatte angeboten, mich für einen Monat zu beherbergen. (Alle glaubten, ich würde nur einen Monat bleiben; niemand wusste, dass Gott mich längerfristig nach Bihar geschickt hatte!)

Der Tag nach meiner Ankunft war ein Sonntag, also nahm er mich mit in seine Kirche. Mit Ernüchterung stellte ich fest, dass zum Gottesdienst nicht einmal zehn Leute auftauchten.

Die englischen Missionarinnen zumindest waren aber hocherfreut, mich zu sehen. Sie waren überzeugt, dass ich Gottes Antwort auf ihre Gebete war. Außer ihnen schien sich allerdings niemand für meine Anwesenheit zu interessieren. Der Gottesdienst war langweilig und glanzlos, abgesehen davon, dass ich die Sprache nicht verstand.

Im Haus des Pastors war ich zwar untergebracht, aber so etwas wie Wärme und Gemeinschaft entstand zwischen uns leider nicht. Er gesellte sich nie zu mir, wenn ich betete. So war die einzige Gemeinschaft, die ich genießen konnte, die wöchentliche Gebetsversammlung im Haus der englischen Missionarinnen. Dass ich keine Gebetspartner finden konnte, war eine große Enttäuschung, da ich es gewohnt war, in Gruppen zu beten und aus ihnen heraus Missionseinsätze durchzuführen.

Die Situation war ziemlich deprimierend, doch ich klammerte mich an die Verheißungen, die Gott mir gegeben hatte. Ich wusste: Diese Probleme waren vorübergehend, denn seinen Verheißungen konnte ich vertrauen.

Ich verbrachte eine komplette Woche in Tränen. Nicht, weil ich Familie, Verwandte, Freunde, Arbeitsplatz und Annehmlichkeiten zurückgelassen hatte, sondern wegen der Dinge, die ich hier sah und hörte.

Um die nächste Kirche zu finden, musste man mindestens 120 Kilometer zurücklegen – und traf sie höchstwahrscheinlich leer an. Die geistliche Wüste voller verlorener Seelen betrübte mich zutiefst. Fast dreißig Jahre lang hatten die zwei bereits ins Alter gekommenen englischen Missionarinnen geschuftet, ohne je zu sehen, wie auch nur eine einzige Seele gerettet wurde.

Obwohl in mir der Wunsch, das Evangelium zu verkünden, lichterloh brannte, erwiesen sich meine fehlenden Sprachkenntnisse als Flaschenhals. Ich versuchte mit allen Mitteln Hindi zu lernen, doch ich scheiterte kläglich.

Manchmal begleitete ich den Pastor, wenn er evangelistische Bücher auf den Straßen verkaufte, und alles, was ich herausbrachte, war *das paise* und *paccīs paise* («zehn Paise», respektive «25 Paise»), der Preis der Bücher! Fragen beantwortete ich mit Gesten, die klarmachten, dass ich kein Hindi sprach. Es war über die Maßen frustrierend.

Schließlich erklärte sich Gloria Shaw, die Rektorin einer Schule und selbst Christin, bereit, mir täglich eine Stunde Hindi-Unterricht zu geben.

Sie und ihr Mann A.C. Shaw, ein einfacher Mann mit hervorragendem Charakter, waren Namenschristen; sie hatten keine persönliche Beziehung zu Gott. Er war pensionierter Chef-Ingenieur des «UP Electricity Board» und arbeitete jetzt für die «Dalmia Company». Sie gaben mir die Gelegenheit, in ihrem Haus eine Gebetsgruppe zu beginnen.

Und siehe da, an diesen Treffen nahmen Menschen teil, die Englisch sprachen! Viele von ihnen kamen aus dem südwestindischen Bundesstaat Kerala.

Im Laufe meines Unterrichts bei Frau Shaw brachte ich ihr mehr über das Wort Gottes bei, während sie mir Sprachkenntnisse vermittelte! Ich war sehr glücklich, dass sie Jesus bald als ihren persönlichen Heiland annahm und die Taufe mit dem Heiligen Geist erhielt.

Die Shaws hatten zwei Kinder. Ihr Sohn war Ingenieur, ihre Tochter Zeenat aber hatte aufgrund einer Pockenerkrankung in ihrer Kindheit das Augenlicht verloren. Wundersamerweise fiel ihre Behinderung aber kaum auf. Sie war eine sehr intelligente Frau, hatte Englisch studiert und arbeitete jetzt als Englischlehrerin. Auch sie nahm letztendlich Christus an!

Der Herr half mir danach, ihre Hochzeit mit einem Major zu arrangieren und so meine Schuld bei dieser Familie zu begleichen. Hindi erwies sich allerdings weiterhin als Stolperstein. Ich machte kaum Fortschritte, obwohl ich vierzehn Stunden täglich damit verbrachte, diese Sprache zu erlernen!

Während der ersten Novemberhälfte, es war der Beginn des

Winters, fand in der benachbarten Stadt Dev eine *mela* («Messe») statt. Mela war ein großes Fest für die Menschen der Region, Tausende kamen hierfür am Tempel des Sonnengottes zusammen.

Die Regierung hatte jedoch keinerlei Bemühungen unternommen, die sanitären Bedürfnisse zu befriedigen. Es gab noch nicht einmal eine Toilette, was dazu führte, dass man seinen Fuß nicht auf den Boden setzen konnte, ohne in Unrat zu versinken, so dreckig war es.

Trotz dieser widrigen Bedingungen planten wir an dem Ort ein evangelistisches Lager. Wir stellten ein Zelt auf (ein Zwei-Mann-Zelt, in dem wir zu viert schlafen sollten!) und richteten uns dort für eine ganze Woche ein, um mit verschiedensten Pilgern über Jesus zu reden. Wir hatten Kisten voller Traktate und Verpflegung für unseren Aufenthalt mitgebracht.

Zu der Zeit waren unglaubliche 82 Prozent der Bevölkerung von Bihar Analphabeten. Über 90 Prozent derer, die an dieser Mela teilnahmen, konnten nicht lesen. Ihre Begeisterung war allerdings mehr als ansteckend! Zwar konnten sie weder schreiben noch lesen, kauften aber unsere Bücher und raunten uns dann zu, es gäbe schließlich zwei Leute in ihrem Dorf, die lesen könnten. Diese würden ihnen dann sagen, was in den Büchern stehe.

Sie kannten Christus nicht. Für sie war das Christentum eine Religion der Engländer, die es ihnen erlaubte, Rindfleisch zu essen (der Hinduismus verbietet den Verzehr von Rindfleisch) und ein freizügiges Leben zu führen.

Trotz dieser erschwerten Bedingungen lohnte sich insgesamt die Mühe, denn wir konnten den Menschen weitersagen von der Macht Jesu, die sie von aller Unreinheit und Unwissenheit reinigt.

Ich habe Traktate an zahlreichen Melas in Städten wie Sonepur und Arrah verteilt. Während dieser Melas habe ich Menschen gesehen, die vor Sonnenaufgang in beißender Kälte im eisigen Flusswasser badeten, sich danach auf den Boden warfen und dann in Richtung des Tempels des Sonnengottes krochen, um den Eingang noch vor Sonnenaufgang zu erreichen – und die glaubten, dies sei der einzige Weg, um sich von der Schuld ihrer Sünden zu befreien.

Solche Szenen brachen mir das Herz. Ihr Kampf rührte mich immer wieder zu Tränen. Beim Anblick solch riesiger Menschenmengen, die auf diese Weise ihr Heil zu erlangen suchten, wurde ich regelmäßig ins Gebet gedrängt und rang vor Gott um ihre Errettung.

Ich litt derart um sie, dass ich einmal an einem einzigen Tag 30.000 Traktate verteilte! Doch meine Anstrengungen schienen nicht mehr als ein Tropfen in einem unendlichen Ozean zu sein. Ein ganzes Meer von verlorenen Menschen wartete darauf, die Frohe Botschaft zu hören!

Zwei Monate waren seit meiner Ankunft in Bihar bereits vergangen, und die Weihnachtszeit brach an. Es gab nur eine einzige Kirche im ganzen Distrikt, in der etwa einhundert Namenschristen an der Weihnachtsfeier teilnahmen. Man rauchte dabei Betelpfeffer und Betelnüsse oder kaute Tabak – und einige rauchten sogar auf dem Kirchengelände.

Es war ein ziemlich undisziplinierter, respektloser Haufen, und es erfüllte mein Herz mit Schmerz und Traurigkeit, ein solches Verhalten unter sogenannten «Christen» zu finden. Als sie mir «Frohe Weihnachten» wünschten, fühlte es sich an, als hätte mir jemand mit der Faust ins Gesicht geschlagen.

Das neue Jahr begann schmerzhaft. Es war viel kälter, als ich erwartet hatte, und meine Nase blutete oft wegen der bitteren Kälte. Auch hatte ich mich noch nicht daran gewöhnt, auf einem Holzherd zu kochen. Trotz all dieser Schwierigkeiten war der Drang, das Evangelium irgendwie unter die Leute zu bringen, so stark, dass ich mich auf ein geliehenes Fahrrad schwang und mich auf die Suche nach ihnen machte.

Ich lernte Hindi-Lieder auswendig, schrieb einige Verse der Heiligen Schrift auf ein großes Blatt Papier, stellte mich damit in die Mitte eines Dorfes und sang die auswendig gelernten Lieder, um die Aufmerksamkeit der Menschen auf mich zu ziehen.

Es gibt ungefähr 45.000 Dörfer in Bihar. Wenn sich die Menschen um mich herum versammelten, las ich die Verse laut vor. Ich sprach kein Hindi, aber ich hatte gelernt, es zu lesen und zu schreiben. Dann verteilte ich Traktate und versuchte, Bücher zu verkaufen.

An vielen Orten sah ich, wie die Menschen die Traktate verkehrt herum hielten. In einigen Dörfern fand ich nicht einen einzigen Menschen, der lesen konnte. Deshalb waren die Dorflehrer sehr angesehen. Sie wurden ehrwürdig mit *guruji* («Lehrer») angesprochen, und alles, was sie sagten, galt als sakrosankt.

Eine bitterböse Enttäuschung

Eines Tages kam ein junger Mann namens Rajesh Shyam während der Gebetszeit auf mich zu. Die Missionarinnen kannten ihn gut und meinten, er sei offen für das Evangelium. Dieser Mann hatte eine Sprachschule für Englisch in Nasriganj, einem Ort ca. 25 km nordöstlich von Dehri-on-Sone, gegründet und erfolgreich viele Kinder reicher Familien zu sich gelotst.

Als der einzige Lehrer, ein junger Anglo-Inder, den ertragreichen Kurs des Schulleiters erkannte, wollte er auch von der Schule profitieren und zettelte einen Streit an. Rajesh Shyam klagte nun vor mir, dass wegen dieses Konflikts all seine Anstrengungen und Investitionen vergeblich gewesen waren. Er erzählte mir auch, dass ihn seine Familie verstoßen hatte, als er ein Jünger Christi geworden war. Es gäbe niemanden, den er um Hilfe bitten konnte.

Mitten im Gespräch begann er zu weinen. Dann bot er mir auf einmal an, als Englischlehrer für ihn zu arbeiten.

Da ich immer auf der Suche nach verlorenen Seelen war, kam mir diese Gelegenheit, viele Menschen kennen zu lernen, eigentlich recht. Also nahm ich sein Angebot an, an der Schule als Englischlehrer zu arbeiten. Später sollte ich jedoch leider erfahren, dass er mich angelogen hatte …

Ich hatte zwar nie Englisch studiert, doch beherrschte ich die Sprache gut genug, um sie unterrichten zu können, und im Gemeindedienst hatte ich ja schon mit Kindern gearbeitet. Mit diesen Qualifikationen begann ich also, 150 Kindern die englische Sprache beizubringen. Ich brachte ihnen zum Beispiel einfache Reime wie «Twinkle, twinkle, little star» bei.

Man schien in der Stadt ganz zufrieden damit zu sein, dass eine englischsprachige Person aus Südindien gekommen war, um die hiesigen Kinder zu unterrichten.

Am zweiten Tag brachte Rajesh zwei Mädchen aus Ranchi, der Hauptstadt des Bundesstaates Jharkhand. Anfangs glaubte ich, dass sie ebenfalls unterrichten würden, doch bald schon stellte sich heraus, dass sie kein einziges Wort Englisch verstanden.

Nach dem Unterricht gingen wir alle zu dem Haus, in dem wir Lehrer untergebracht waren. Es war recht klein, mit einem einzigen Zimmer und einer Veranda, und befand sich zudem etwas abseits im Wald. In der ersten Nacht hatten wir Heu auf dem Boden verteilt und darauf geschlafen, da es sehr kalt war. Ich fragte mich, wo die Mädchen wohl schlafen würden.

Als ich Rajesh darauf ansprach, antwortete er ohne zu zögern, dass sie das Zimmer mit uns teilen würden.

«Im selben Zimmer? Wir sind zwei junge Männer. Was werden die Leute denken, wenn sie erfahren, dass zwei junge

Frauen mit uns in ein und demselben Zimmer geschlafen haben? Die Bevölkerung hat jetzt schon keine positive Einstellung gegenüber den Christen, und wenn das ans Licht kommt, werden wir sie darin bestätigen», entgegnete ich entsetzt.

Unsere Diskussion ging hin und her. Ich redete auf Englisch auf ihn ein, er antwortete mir auf Hindi, und dazwischen versuchten die Mädchen – nachdem sie begriffen hatten, worum es eigentlich ging –, irgendwie klarzumachen, dass sie mir zustimmten.

Nach einer fast zweistündigen Diskussion gab er auf einmal zu, dass sie in Wahrheit seine Schwestern waren. Ich war geschockt! Er hatte mich also nur benutzt, um sich zu bereichern?! Es war eine freche Lüge gewesen, dass seine Familie ihn verlassen hatte, weil er sich zu Christus bekehrt hatte. Ich fühlte mich betrogen und ausgenutzt. Enttäuscht, wie ich war, kündigte ich sofort.

Keiner, der schnell aufgibt

Einige Tage später suchte mich ein Brahmane mit einer ähnlich rührseligen Geschichte auf. Er erzählte mir, dass er das Traktat von mir gelesen und Jesus angenommen habe. Jetzt wolle ihn seine Familie töten, schluchzte er. Auf meine Frage, was ich für ihn tun könne, flehte er mich an, ihn an einen sicheren Ort zu bringen, an dem er mehr über Christus erfahren könnte.

Ich dachte sofort an ein Team der Missionsorganisation «Operation Mobilisation» (OM) in Ranchi, mit dem ich Traktate an den Melas verteilt hatte. Als ich mit dem OM-Team Kontakt aufnahm, erklärte man sich dort sofort bereit, ihm eine Unterkunft anzubieten.

Es war Winter, und er besaß nur die Kleider, die er auf dem Leib trug, also gab ich ihm all meine Wäsche, Koffer, Laken und

Decken und begleitete ihn nach Ranchi. Bevor ich mich von ihm verabschiedete, bat ich die OM-Mitarbeiter noch, sich gut um ihn zu kümmern. Glücklich machte ich mich auf den Heimweg und dankte Gott für diesen neuen Bruder.

Doch innerhalb einer Woche kam er zurück, hatte gestohlenes Geld und Bücher der OM dabei, log mich an und verschwand auch gleich wieder. Ich war schon wieder enttäuscht worden. Nun besaß ich nicht einmal mehr genügend Kleider! In meinem Kampf um Seelen hatte ich all meinen mageren Besitz verloren.

Nach diesen Misserfolgen beschloss ich, eine neue Taktik anzuwenden. Ich mietete einen Laden in einem mehrheitlich muslimischen Stadtviertel, um dort einen Leseraum einzurichten. Dies würde es mir ermöglichen – so glaubte ich –, sowohl die einfachen jungen Leute als auch die Gebildeten zu erreichen. Nachdem ich den Raum hergerichtet hatte, weihte ich ihn feierlich ein, hieß jeden, der kam, herzlich willkommen und versuchte, über das Evangelium ins Gespräch zu kommen.

Dabei lernte ich Mathan und Jitendar, zwei Studenten der Universität, kennen. Sie nahmen Jesus als ihren persönlichen Heiland an und ließen sich von mir beibringen, wie man vier bis sechs Stunden im Gebet verbringt. Wir beteten am Flussufer und in der Kirche. Es war sehr bewegend zu sehen, wie sie ihr Herz ausschütteten und mit Tränen in den Augen für ihr Volk eintraten. Doch wieder wurde ich enttäuscht, als sie nach drei Monaten in ihr altes Leben zurückglitten. Der Widerstand ihrer Familien war zu stark für sie gewesen. Ich war ein weiteres Mal am Boden zerstört.

Fünf Monate vergingen. Die englischen Missionarinnen zeigten sich angesichts meiner Begeisterung und meiner Bemühungen sehr zufrieden. Ja, sie liebten mich sehr. Sie sahen sich jedoch außerstande, mir finanziell zu helfen, und dies betrübte sie zutiefst; so sehr, dass sie fürchteten, ich könnte Bihar verlassen. Eigentlich hätten sie sich keine Sorgen machen müssen, arbeitete ich doch nicht für Menschen, sondern für Gott, der mich auch nach Bihar gebracht hatte.

Ich war des Hindi noch immer nicht mächtig, was mich zunehmend frustrierte. Eines Nachts packte ich alle meine Sachen, fiel weinend auf die Knie und sagte: «HERR, Filmstars wie Vijaiyanthimala und Padmini (Schauspielerinnen aus Tamil Nadu) sprechen fließend Hindi. Weshalb gelingt das nicht auch mir? Ich bin hierhergekommen, nur weil du mich gerufen hast, um den Menschen vom lebendigen Gott zu erzählen. Ich schlafe nur wenige Stunden täglich. Ich verbringe jede wache Stunde damit, die Sprache zu lernen. Warum hilfst du mir nicht?»

Ich betete bis zwei Uhr morgens.

Dann hörte ich eine Stimme, die zu mir sprach: «Es dient dir zum Besten.»

Danach schlief ich in Frieden ein. Als ich am nächsten Morgen aufwachte, sprach ich fließend Hindi! Später fiel mir die Verantwortung zu, anderen Leuten Hindi beizubringen, und ich verstand, warum Gott mich diesem schwierigen Pfad hatte folgen lassen.

Alle Möglichkeiten ausloten

Nachdem ich die bittere Kälte des Winters in Bihar erlebt hatte, war nun die Zeit gekommen, die glühende Sommerhitze zu überstehen. Nicht selten steigt hier das Thermometer auf 52 Grad Celsius. Es wurde gelegentlich so heiß, dass ich Menschen an Bahnhöfen und Bushaltestellen vor meinen Augen tot umfallen sah.

Doch mein Eifer für den HERRN litt selbst unter diesen erschwerten Umständen nie. Er wuchs stattdessen nur noch mehr. Selbst wenn meine Nase wegen der unglaublichen Hitze blutete, bekümmerte mich einzig und allein meine Unfähigkeit, mehr Menschen schneller zu erreichen. Viele Male vergoss ich deshalb Tränen, doch ich gab nie auf. Auch wenn ich den Eindruck hatte, keine Fortschritte zu machen, wusste ich, dass Gott mich hierhergebracht hatte und dass er seine Absichten verwirklichen würde, egal, wie lange es dauerte.

Bei dem Versuch, meine Sprachkenntnisse zu verbessern, versuchte ich, zwei Fliegen mit einer Klappe zu schlagen. Kinder sind die besten Lehrer, und so gründete ich einen Gute-Nachricht-Klub für die Nachbarschaftskinder. Ich stellte mir vor, dass ich ihnen vom Evangelium erzählen würde und sie mir dabei helfen würden, mein Hindi nochmals zu verbessern.

Am ersten Tag gelang es mir, 32 Kinder zusammenzutrommeln. Nachdem sie sich gesetzt hatten, erklärte ich ihnen das Evangelium mit der Hilfe von Flanellfiguren. Wir tauschten Lehrer- und Schülerrollen: Ich zeigte ihnen ein Bild und bat sie, ein Objekt darin zu benennen. Die Kinder brachten mir so bei, wie der Gegenstand auf Hindi hieß.

Ich wusste, dass ich die Aufmerksamkeit der Kinder nur gewinnen konnte, wenn ich für sie betete. Also schrieb ich all ihre Namen auf einen Zettel. Zu meinem Entsetzen drehte sich gleich der erste Junge, den ich um seinen Namen bat, fragend zu seinem Freund um, da er seinen eigenen Namen nicht kannte! Die Kinder, die in meine Bibelschule kamen, kannten nicht einmal ihren eigenen Namen …

Mit Flanellbildern zu arbeiten, schien ein nützliches Mittel auch für den Dienst in den Dörfern zu sein, also bastelte ich eine faltbare Flanelltafel, die ich immer mitnahm, wenn ich irgendwo predigte.

Einige Menschen fühlten sich vor den Kopf gestoßen, als ich die Bilder der Kreuzigung Jesu zeigte. Sie sagten: «Wir brauchen keinen halbnackten Gott!», und jagten mich davon. Trotz dieser Ereignisse schien die Arbeit mit Flanellbildern gut geeignet, das Interesse der Menschen zu wecken.

Um eine größtmögliche Zahl an Menschen auf effiziente Art und Weise zu erreichen, erwog ich verschiedene Alternativen, mein Vorgehen zu verbessern. Ich verglich mein Leben mit dem von Sadhu Sundar Singh (einem bekannten indischen Evangelisten) und dem von Paulus.

Ich hatte beobachtet, dass ein *sadhu* – oder ein *sannyasin,* ein Sadhu, der enthaltsam lebt; heilige Männer in Indien – in den Dörfern von den Menschen geliebt und geachtet wurden. Also kam ich auf die Idee, mich wie ein Sadhu zu kleiden, um das Vertrauen der Menschen zu gewinnen. Ich hatte keinerlei Hemmungen, meine Kleidung anzupassen, wenn dies mehr Menschen dazu bringen würde, das Evangelium zu hören. Mein oberstes Ziel bestand darin, die Gute Nachricht unter die Leute zu bringen. Ich war zu allem bereit.

Ein safranfarbenes Gewand für Christus

Man hatte mir von einem benachbarten Dorf erzählt, das keinen einzigen alphabetisierten Bewohner besaß. Musste jemand einen Brief lesen oder schreiben, war dieser gezwungen, zehn Kilometer ins nächstgelegene Dorf zu laufen oder zu fahren, um einen Menschen mit Schulbildung ausfindig zu machen.

Ich wollte das Evangelium unbedingt in dieses Dorf bringen! Doch mein Plan war, ein Dorf nach dem anderen zu evangelisieren, weshalb ich mich zunächst auf mein eigenes Dorf konzentrierte.

Eines Tages brach jemand während meiner Abwesenheit in mein Zimmer ein und stahl all mein Hab und Gut. Die Idee, mich wie ein Sannyasin zu kleiden und ein einfaches Leben ohne Ersatzkleider zu führen, hatte mich schon eine Weile beschäftigt und wurde jetzt zwangsläufig Wirklichkeit.

Ich kaufte das typische safranfarbene Gewand eines Sannyasin und verschenkte den kleinen Rest der Dinge, die mir noch geblieben waren. Von nun an lebte ich vegetarisch und nahm nur zweimal am Tag eine kleine Mahlzeit zu mir. Ich beschloss außerdem, zweimal wöchentlich zwei Tage lang zu fasten.

Meine Kleidung bewirkte eine dramatische Veränderung in der Art und Weise, wie die Dorfbewohner mich wahrnahmen. Jetzt empfingen sie mich herzlich. Sobald sie aber erfuhren, dass ich Christus predigte, wandten sich einige gegen mich und jagten mich aus ihrem Dorf.

Der einzige Haken an der Sannyasin-Kleidung war, dass sich die Anhänger der Ananda-Marga-Organisation sehr ähnlich kleideten. Es war eine böse und gewalttätige Anhäufung von Fanatikern, die am liebsten einfach nur Panik verbreiteten. Ihr «Schädeltanz» ließ die Bevölkerung zutiefst erschaudern. Viele glaubten jetzt, ich sei einer von ihnen, und als ob das nicht genug sei, machte zudem das Gerücht die Runde, dass einige ihrer Anhänger sich als Sannyasins verkleideten. Daraus entstand eine überaus heikle Situation für mich. Doch meistens zeigte man mir gegenüber großen Respekt und bot mir Essen und Unterkunft an.

Neue Herausforderungen, neue Lektionen

In jenen Tagen besuchte Reverend Henry Joseph die Inselgruppe der Andamanen, um die dortigen Missionsdienste seiner Maranatha-Organisation zu stärken. Auf seiner Rückreise kam er nach Dehri-on-Sone, um die englischen Missionarinnen zu besuchen, da er auch Beziehungen zur «Elim Missionary Society» unterhielt. Er kam bei dieser Gelegenheit auch auf ein Gespräch bei mir vorbei.

Für 1974 plante man eine große Evangelisations-Veranstaltung in Port Blair, dem Hauptort der Andamanen. Reverend Henry Joseph fragte mich, ob ich bei den Vorbereitungen helfen könnte. Während wir die Pläne besprachen, schlug ich ihm vor, auch eine Evangelisations-Veranstaltung in meiner Stadt durchzuführen.

Er erklärte sich sofort dazu bereit und versprach, im Dezember 1973 zurückzukehren, um die Missionarinnen zu ermutigen und den Event zu organisieren.

Der Pastor unserer Kirche und einige andere versuchten zwar, mich davon abzubringen, doch ich beharrte darauf, dass wir das Volk nur durch eine große Open-Air-Veranstaltung erreichen könnten.

Ich holte die notwendigen Genehmigungen von den Behörden ein, da wir beabsichtigten, öffentlichen Grund zu benutzen. Außerdem musste ich ein Zelt organisieren, das winterfest war. Was wir nicht auftreiben konnten, waren Kirchenbänke, und so mussten wir sie jeden Tag zum Versammlungsort und wieder zurück schleppen.

Der Reverend predigte, und der pensionierte Ingenieur A.C. Shaw übersetzte. Ich leitete den Chor mit den Kindern der Sonntagsschule.

Die Versammlungen waren nicht so erfolgreich, wie ich erwartet hatte, aber ich lernte viele wertvolle Lektionen. Jetzt war ich auf alle Probleme und Schwierigkeiten vorbereitet, die bei solchen Open-Air-Veranstaltungen auftauchen können, und wusste, wie sie in Zukunft vermieden werden konnten.

Ein Wermutstropfen waren die Gemeindemitglieder, die diese Versammlungen äußerst merkwürdig fanden, und die Stadtbewohner, die mit Unverständnis auf uns reagierten. Es war einfach alles sehr ungewohnt für sie.

Auf in unbekannte Gebiete

Seit meiner Bekehrung nagte eine Frage ununterbrochen an mir: Wenn schon so viele Menschen auf der Welt existieren, warum hatte Gott ausgerechnet mich in meinem Zimmer besucht? Sechs Monate lang betete ich jeden Morgen und Abend und bat Gott um eine Antwort auf diese Frage.

Dann schenkte Gott mir zwei Visionen. In der ersten zeigte er mir einen tiefen Brunnen. Ich wusste, dass der Brunnen Wasser führte, doch man konnte es in der dunklen Tiefe des Brunnen-Schachtes nicht sehen. Der einzige Weg, die Anwesenheit von Wasser zu belegen, bestand darin, einen Eimer hinunterzulassen und Wasser zu schöpfen. Und tatsächlich war da ein Eimer mit einem Seil.

Gott fuhr fort: «Ich werde dich als Eimer gebrauchen, um Menschen aus der Dunkelheit ins Licht zu ziehen. Aber dies wird nur möglich sein, wenn du an mich gebunden bleibst, wie auch das Seil am Eimer befestigt ist. Alleine wirst du es nicht schaffen.»

In der zweiten Vision sah ich einen großen Kalkofen mit einem riesigen Blasebalg.

Gott sagte: «An einigen Orten werde ich dich gebrauchen, um ein großes Feuer zu entfachen, wo jetzt nur ein kleiner Funken ist, aber nur (und er zeigte mir ein Antriebsrad, das mit dem Blasebalg verbunden war), wenn du mit dem Rad verbunden bleibst. Ohne meine Hilfe wirst du nichts ausrichten.»

Damals verstand ich die Visionen nicht, doch später enthüllte sich mir ihr Sinn: Gott hatte mich in eine Pionierarbeit und zum Erweckungsdienst berufen. Mit Gottes Hilfe durfte ich erleben, wie diese Verheißungen sich erfüllten. Ich habe immer mit Aufrichtigkeit und Ehrlichkeit gedient und immer darauf geachtet, dass ich mit ihm verbunden blieb. Ich durfte eine ständig wachsende Gnade und Salbung in meinem Leben und meinem Dienst erleben.

Eines Tages, als ich auf dem Marktplatz einer Stadt namens Akbarpur predigte, kam ein junger Mann aggressiven Schrittes auf mich zu, entriss mir die Traktate, zerfetzte sie und warf sie mir an den Kopf. Dann zeigte er auf einen nahegelegenen Hügel und schrie: «Warum predigst du nicht dort drüben?»

Ich fragte ihn, ob da Menschen lebten.

Vierhundert Dörfer gäbe es dort oben, antwortete er.

Wie wunderbar sind die Wege Gottes! Er führt uns und versetzt unsere Grenzen mit der Hilfe unserer Feinde!

Nun war meine Neugierde geweckt. Ich wollte mehr über jene hügelige Region namens Rohtas erfahren, einem Distrikt im Bundesstaat Bihar. Schnell fand ich heraus, dass dort drei Stämme ansässig waren – die Uravanen, die Karwaren und die Cheros. Auch einige Menschen aus der Ebene hatten in den Hügeln ihr Heim gebaut.

Das vergessene Volk

Die Uravanen waren die Eingeborenen. Einige von ihnen hatten sich in Ranchi niedergelassen, nachdem sie aus ihrem Land vertrieben worden waren. Es handelt sich um Draviden, deren Sprache durchmischt ist mit Kannada, der Sprache, die im indischen Bundesstaat Karnataka gesprochen wird.

Viele dieser Stammesmitglieder, die sich in Ranchi niedergelassen hatten, konnten dank ausländischer Missionare eine Schulausbildung erhalten. Jene aber, die in den Hügeln von Rohtas oder Kaimur geblieben waren, wurden in allen Lebensbereichen abgehängt. Immerhin hatten christliche Organisationen Lieder in ihrer Sprache auf Schallplatten aufgenommen, und auch das Neue Testament war schon in die Sprache der Uravanen übersetzt worden.

Die Karwaren waren ein gewalttätiger und sehr abergläubischer Stamm. Während des jährlichen *Karma*-Fests im April wurden einige Menschen von einer merkwürdigen Krankheit befallen: Ihr Kopf drehte sich auf eine Seite und blieb wie eingefroren in dieser Position. Es ging der Glaube um, man könne jemandem den Kopf abschlagen und diesen in einem Feld begraben, damit die anderen sich von ihrer Krankheit erholen würden. Mindestens fünfzehn Menschen kostete dieser Aberglaube in jenem Jahr das Leben.

Die Cheros waren ein kleiner Stamm. Sie hingen von auswärtiger Hilfe ab und lebten im dichten Wald der Hügellandschaft.

Der Weg hinauf nach Rohtas zog sich an Bambuswäldern vorbei, die der Papierfabrik «Dalmia» als Rohmaterial dienten. Kalkstein von guter Qualität wurde hier u. a. für die Produktion von Zement und Düngemitteln genutzt.

Die Regierung hatte am Fuß der Hügel eine Düngerfabrik errichtet. Eine Schmalspurbahn, erbaut von den Briten, verband diese Region mit der anderen Seite des Sone-Flusses. Sie diente dem Transport von Kalkstein zu einer Zementfabrik, die damals in Japla im Bundesstaat Jharkhand situiert war.

Obwohl verschiedene Fabriken hier ansässig waren und die Hügel von den historischen Festungen Mon Singh und Akbar (historische Persönlichkeiten Indiens) umringt waren, hatten die Menschen hier nicht davon profitiert. Im Gegenteil: Sie führten vielmehr eine darbende Existenz.

Dichte Wälder boten Banditen gute Verstecke. Mohan Bind, ein berühmt-berüchtigter Brigant, bewegte sich mit seinen Kohorten frei in diesem Gebiet. Sie waren dafür berüchtigt, die Reichen zu überfallen und die Beute den Armen zu geben. Als Bind getötet wurde und seine Bande sich auflöste, nahmen die Naxaliten (extremistische Kommunisten) ihren Platz ein.

Zurück in Dehri-on-Sone gelang es mir, den elfjährigen Deepak und den zwölfjährigen Ashok (zwei meiner Sonntagsschüler) für einen Missionstrip in die Hügel von Rohtas zu rekrutieren. Sie waren begeistert und konnten das Abenteuer kaum erwarten!

Da wir nichts über die Gegend wussten, nahmen wir Verpflegung für zehn Tage mit. Dazu packten wir auch viele Bibeln ein, einen Plattenspieler und Schallplatten in der Sprache der Uravanen.

Dann schleppten wir uns mit dem schweren Gepäck die Hügel hinauf. Ich trug sechzehn Kilogramm auf dem Rücken, jeder der Jungen weitere zwölf Kilogramm. Wir hatten keine Ahnung, wohin wir gehen sollten; einen Führer hatten wir nicht. Wir folgten einfach einem ausgetretenen Pfad in der Hoffnung, dass er uns irgendwohin führen würde. Oft verschwand der Pfad im dichten Blattwerk, um dann plötzlich wieder aufzutauchen.

Am ersten Tag legten wir trotz des schweren Gepäcks und dem schwierigen Gelände stattliche 32 Kilometer zurück. Erst gegen sieben Uhr abends erreichten wir – mit jeder Menge Blasen an den Füßen – ein Dorf namens Rehal.

In Rehal machten wir ein Regierungsgebäude aus. Wir klopften an die Tür, und wer öffnete uns? Niemand anderes als ein Verwandter von Deepak, der hier Beamter war. Er war überrascht, uns zu sehen, vor allem mit so viel Gepäck!

«Nicht einmal die Menschen, die hier leben, schaffen es, so viel Gepäck zu schleppen. Wie habt ihr das bloß hinbekommen?», fragte er verblüfft.

Nachdem ich ihm unsere Mission erörtert hatte, sagte er: «Es ist wunderbar, dass ihr den weiten Weg von Tamil Nadu mit so viel Liebe für uns gekommen seid.» Er behandelte unsere Füße mit Ölen und bot uns Tee an. Todmüde fielen wir bald in einen tiefen Schlaf. Um 22 Uhr weckte er uns und bot uns Curryhuhn und *chapatis* an (indisches Fladenbrot aus Weizenvollkornmehl). Seine Fürsorge war rührend; er war wie ein von Gott gesandter Engel.

Am nächsten Morgen verbrachten wir – erfrischt und gestärkt – einige Zeit damit, Informationen über die Dörfer und ihre Bewohner zu sammeln. Während unseren Gesprächen wurde mir klar, wie schrecklich die Bedingungen waren, unter denen die Bevölkerung täglich litt. Wir hörten auch von einigen schrecklichen Ereignissen, die sich hier zugetragen hatten. Ich war entsetzt, doch verstand ich schon bald, dass der Grund für diese Gräuel darin lag, dass das Evangelium dieses Gebiet noch nicht erreicht hatte. Ich weinte und betete für diese Menschen.

Nachdem ich sämtliche mir vorliegenden Informationen über die Gegend ausgewertet hatte, erkannte ich in erster Linie drei Übel, die diese Menschen unterdrückten: Alkoholismus, schwarze Magie und Unzucht beziehungsweise Ehebruch.

In den Hügeln von Kaimur, das bis 1991 ein Teil des Distrikts von Rohtas war, heute aber einen eigenen Bezirk bildet, hatte sich eine Gruppe auf Raub und Mord spezialisiert, eine andere praktizierte dieselben Gräuel, doch mit noch größerer Brutalität, da sie mit Politikern unter einer Decke steckten und somit mehr Macht besaßen.

Eine weitere Gruppe setzte den Menschen zu: die berüchtigten Geldleiher. Sie liehen Menschen in Not kleine Geldbeträge, ließen diese ein weißes Blatt Papier unterschreiben und setzten dann eine horrende Summe als Schuld darauf. Diese armen Menschen, die vorwiegend Analphabeten waren, konnten nicht wissen, wie viel sie dieser Bande schuldeten. Auch besaßen sie die Mittel nicht, um das Geld zurückzuzahlen. So verloren sie ihr Land, blieben im Teufelskreis von Verschuldung und Armut gefangen und hatten keine Möglichkeit, sich daraus je wieder zu befreien. Sie führten ein jämmerliches Leben, in dem sie von allen Seiten ausgenommen und ausgebeutet wurden.

Die Gegenden, die wir erkundeten, waren den beiden Jungen genauso unbekannt wie mir. Auch verstanden wir den hiesigen Dialekt nicht, was es praktisch unmöglich machte, uns mit den Menschen zu verständigen. Aber wir hatten ja Bilderbücher, einen vier bis fünf Kilogramm schweren Plattenspieler und Schallplatten mit christlichen Liedern die Hügel hochgeschleppt. Mit diesen Hilfsmitteln versuchten wir, ihnen das Evangelium zu verkündigen.

Doch trotz all unserer Anstrengungen waren die Menschen mehr vom Plattenspieler als vom Evangelium begeistert. Die singenden schwarzen Platten faszinierten sie so sehr, dass sie nicht auf die Botschaft der Lieder achteten. Es war frustrierend.

Wir zeigten ihnen auch die Bilder, doch wir konnten ihnen wegen der Sprachbarriere nicht erklären, was sie bedeuteten. So sehr wollte ich die Botschaft der Liebe Gottes mit ihnen teilen, dass ich vor Verzweiflung weinte.

Für die kleine Menschenmenge und auch für die beiden Jungen, die mich begleitet hatten, war das alles sehr lustig. Sie konnten sich nicht vorstellen, weshalb mir die Tränen kamen.

Schluchzend verkroch ich mich in einer Ecke und klagte: «HERR, verstehst wenigstens du mich?»

Und weiter geht's

Dessen ungeachtet setzten wir unsere Mission fort und besuchten weitere Dörfer. Wir waren uns im Klaren darüber, dass die ganze Mühe umsonst sein könnte, doch wir wollten nicht zurückkehren, ohne es wenigstens versucht zu haben!

Enttäuscht setzten wir uns unter einen Baum in der Nähe einer öffentlichen Schule. Zwei Lehrer kamen auf uns zu. Die beiden waren keine Einheimischen, sondern von der Regierung hierher versetzt worden. Ich war mir sicher, dass diese Männer lesen konnten, also klaubte ich zwei Bücher aus meiner Tasche. Ich begrüßte sie herzlich und überreichte ihnen die Schriftstücke, worauf meine beiden jungen Begleiter bemerkten, dass die Bücher tatsächlich «Leben spenden» …

Und das kam so: Die Lehrer blätterten zwischen den Seiten und merkten rasch, dass es sich um christliche Literatur handelte. Die Stimmung kippte. Wütend begannen sie, uns zu beschimpfen. Einer stürzte auf uns zu, als wollte er uns schlagen. Ich glaubte, sie würden uns beim Kragen packen und hochkant aus dem Dorf werfen, doch es blieb bei verbalen Attacken.

Mir war bewusst, dass sie sich beleidigt fühlten, aber wegen der Sprachbarriere verstand ich den Grund dafür nicht. Hilflos blieb ich stehen und sah mit an, wie sie zehn Minuten lang Dampf abließen.

Als sie sich etwas beruhigt hatten, sagten ihnen die Jungen, dass ich kein einziges Wort verstanden hätte.

Das machte sie noch wütender, und sie ließen ihrem Zorn freien Lauf, indem sie uns anspuckten. Dann verschwanden sie.

Ich war am Boden zerstört. Nicht, weil ich derart schändlich behandelt worden war, sondern weil wir in unserer Mission nicht vorwärtskamen. Ich verstand einfach nicht, weshalb Gott stumm blieb. Hätte er sie nicht wenigstens dazu bewegen können, die Bücher anzunehmen, die ich ihnen geschenkt hatte? Sah er meinen Eifer, meine Leidenschaft, meinen Wunsch und die Mühen nicht, die ich auf mich genommen hatte, um das Evangelium an diesen entfernten Ort zu bringen?

Ich brauchte Antworten. Also schüttete ich ihm mein Herz aus.

Schließlich antwortete er; aber nicht so, wie ich es erwartet hatte: «Wenn du am Tag des Widerstands zerbrichst, hast du keine Kraft.»

Ich verstand jetzt, dass er mich für härtere Herausforderungen vorbereitete, und spürte eine tiefe Dankbarkeit.

Die Jungen hingegen hatten die Reise natürlich genossen. Für sie war es ein einziges großes Abenteuer. Und auch wenn bei mir die Enttäuschung überwog, war das Unternehmen nicht ganz umsonst gewesen. Wir hatten in einer Woche 33 Dörfer besucht, hatten die Gegend und die Pfade kennen gelernt und überhaupt viel über die Menschen und ihren Lebensstil erfahren.

Hinterher erfuhr ich, dass jene zwei Lehrer, die uns beschimpft hatten, von einem Kollegen zurechtgewiesen wurden, als sie ihm von uns erzählten. Er war empört darüber, dass sie hilflose Fremde derart schlecht behandelt hatten.

Drei Monate später beschloss ich, die Hügel nochmals zu besuchen. Diesmal ging ich alleine. Ich folgte einem anderen Pfad und verlief mich prompt. Doch damit nicht genug: Es begann auch noch zu regnen, die Nässe ließ den Pfad rutschig werden, und ich glitt mehrere Male aus und fiel der Länge nach hin. Mein ganzes Gepäck inklusive mir war durchnässt. Trocken blieb einzig das Getreidemehl, das ich in einer Büchse mitgebracht hatte.

Ohne die geringste Ahnung zu haben, wo ich mich befand, lief ich irgendwann im Kreis. Ich war ausgehungert, und meine Beine schmerzten. Da erinnerte ich mich an die Verheißung: «Wenn du durch das Wasser gehst, will ich bei dir sein.» Also überquerte ich einen Fluss.

Es war schon dunkel geworden, doch noch konnte ich keinerlei Zeichen von Zivilisation erkennen. Der Hunger hatte mich geschwächt; ich sah mich außerstande, auch nur einen weiteren Schritt zu tun. Also setzte ich mich an das Flussufer und trank etwas Wasser.

Ich überprüfte meine Vorräte. Das einzig Essbare war das

Getreidemehl. Ich stopfte mir eine Handvoll davon in den Mund. Sofort verwandelte es sich darin in eine klebrige Masse, an der ich fast erstickte. Im Glauben, etwas Wasser würde mir das Schlucken erleichtern, trank ich ein bisschen davon, was die Sache aber nur noch schlimmer machte. Das Mehl verwandelte sich in einen zähen Teig und nahm mir komplett die Luft! Verzweifelt hob ich einen Ast auf und stach ein Loch durch den Teig.

Während ich so um mein Leben rang, kam auf einmal einer der Lehrer vorbei, die mich beschimpft hatten. Er erkannte mich an meinem Gewand und nahm mich kurzerhand mit zu sich nach Hause.

Dort gab er mir trockene Wäsche und setzte mir eine warme Mahlzeit vor. Dann wies er mir ein Zimmer für die Nacht zu. Das Dach des Hauses war nicht dicht, und die schmale Matratze war von Wanzen verseucht. Wasser tropfte durch das Dach, und meine Kleider wärmten mich nicht. Obwohl ich todmüde war, war an Schlaf nicht zu denken. Doch ich war dankbar für das Essen, die trockenen Kleider und sogar für das löchrige Dach über meinem Kopf!

Meine Versuche, meine Kleider zu trocknen, waren – wie auch meine Versuche, etwas Schlaf zu finden – umsonst. Bald gab ich auf und blieb auf der Matratze sitzen. Die Wanzen leisteten mir Gesellschaft. Das Essen, das ich zu mir genommen hatte, wärmte mich. Gottes Wege sind wirklich wundersam. Mein ehemaliger Peiniger war zu meinem Schutzengel geworden!

Diesmal sammelte ich Informationen über insgesamt 29 Dörfer. Sie blieben in meinen Gedanken, während ich auf den richtigen Zeitpunkt Gottes wartete.

Allerdings schien jegliche Mühe und jegliches Leiden vergeblich, da keine einzige Seele den HERRN angenommen hatte. Einige ältere Menschen beschuldigten mich sogar, unser Land den Briten zurückgeben zu wollen. Selbst der Name «Jesus» war ihnen fremd.

Wenn ich «Yeshu Masih» («Jesus, der Gesalbte») sagte, fragten sie: «Usha Maschine?»

Sie kannten die Nähmaschine der Marke Usha, die seit einigen Jahren auf dem Markt war, aber sie wussten nicht, wer der Sohn Gottes war, der vor 2000 Jahren vom Himmel auf die Erde herabgestiegen war, um die Sünder zu retten.

Solche Begegnungen lasteten schwer auf meinem Herzen und raubten mir sogar den Schlaf. Ich hatte das Gefühl, dass meine Anstrengungen ungenügend waren. Mein Fasten, meine tränenreichen Gebete und die Gebetsunterstützung, die ich aus Südindien erhielt, schienen nicht in der Lage zu sein, die Festungen der bösen Mächte der Dunkelheit zu zerstören.

Frustriert schrie ich zum HERRN: «Wie lange, HERR, werde ich darben müssen?»

Da hörte ich eine Stimme, die zu mir sagte: «Das sei dir […] ein Zeichen: In diesem Jahr isst man, was von selber nachwächst, im nächsten Jahr, was auch dann noch wächst; im dritten Jahr sät und erntet, pflanzt Weinberge und esst ihre Früchte» (Jesaja 37,30).

Tu, was du predigst

Zurück in Dehri-on-Sone erfuhr ich von der Erkrankung einer Frau. Gemeinsam mit ihrem Mann und der Missionsärztin Olive Jarvis begleitete ich sie zum Christian Mission Hospital im zweihundert Kilometer entfernten Hazaribagh.

Nachdem die Ärzte sie untersucht hatten, empfahlen sie eine sofortige Operation. Ich bat sie, sich zu beeilen, da die Frau Mutter von drei Kindern war. Unglücklicherweise war kein Blut in der Blutbank vorhanden. Die Ärzte meinten, sie könnten die Frau operieren, wenn wir uns bereiterklärten, Blut zu spenden. Ihr Mann zögerte keinen Augenblick. Er hatte ihr versprochen, ihr in guten wie auch in schlechten Zeiten beizustehen, und gab seine Zustimmung. Es blieben die Missionarin und ich.

Die Missionarin war robust. Ich jedoch war mager und zog mich daher nicht in Betracht. Ich glaubte, dass man mich nicht um mein Blut bitten würde, da ich vier Tage pro Woche fastete und außerdem hart auf dem Missionsfeld arbeitete. Von diesen Gedanken ruhiggestellt, setzte ich mich ins Wartezimmer.

Doch als der Arzt mich sah, fragte er mich, ob ich auch Blut spenden wolle. Jetzt befand ich mich in der Zwickmühle, da ich ja die ganze Zeit über die Liebe Christi mit dem Wort Gottes in der Hand predigte. Nein zu sagen war nicht möglich. Also wurde auch ich in die Pflicht genommen.

Ich war noch nie zuvor in einem Krankenhaus gewesen. Dies war mein erster Besuch. Wir warteten vor dem Labor, wo man uns Blutproben entnahm, um die Blutgruppe zu bestimmen. Als Ingenieur verstand ich nicht viel von Medizin. Ich erinnerte mich vage daran, dass es verschiedene Blutgruppen gab und dass Menschen mit einer gewissen Blutgruppe anderen Menschen mit bestimmten Blutgruppen kein Blut spenden konnten.

Wie ein Schiffbrüchiger, der sich verzweifelt an einem Strohhalm festhält, klammerte ich mich an dieses Wissen. Irgendwann begann ich zu beten. Ich betete still, da keiner von meiner Beklemmung wissen durfte. Ich betonte meine Zerbrechlichkeit und bekräftigte meinen Glauben in Gott. Dann erinnerte ich ihn an das Wunder von Kana, bei dem Jesus Wasser in Wein verwandelte. Ich bekräftigte ihm mein Vertrauen und dass ich überzeugt war, dass er meine Blutgruppe ändern konnte, sollte sie zufällig mit derjenigen der Frau übereinstimmen.

Dann entnahm man der Missionarin eine weitere Blutprobe.

Ich war mit meinem Gebet ganz zufrieden und war überzeugt, dass Gott es erhört hatte. Ihre Blutgruppe war bestimmt mit derjenigen der Patientin kompatibel. Jetzt musste ich nur warten, bis sie zwei oder drei Blutbeutel gespendet hatte! Ich begann, Gott zu loben und anzubeten.

Mitten im Lobpreis hörte ich, wie Gott mich bat, ein bestimmtes Lied zu singen. Es ist noch heute ein populäres Hindi-Lied: *«Seva karenge pyare prabhu ki, mar be mitange pyare prabhu may»* («Ich will dem HERRN dienen und bin sogar bereit, für ihn zu sterben»).

Als ich es zu summen begann, befahl mir Gott, damit aufzuhören, und sagte, ich solle es nie wieder singen.

Ich war verunsichert.

Er sprach weiter: «Meine Tochter kämpft um ihr Leben, und du bist nicht einmal bereit, ihr einen Beutel von deinem Blut zu geben. Wie willst du dann dein Leben für mich opfern?»

Ich empfand augenblicklich tiefste Scham. Die Gefühllosigkeit, der Egoismus, die vorgetäuschte Bereitschaft, als ich meine Blutprobe abgab, all das schockierte mich zutiefst und zeigte mir, dass mein innerer Mensch noch immer geistlich furchtbar schwach war. Ich weinte.

Im Glauben, ich weine aus Sorge um seine Frau, begann der Ehemann mich zu trösten!

Es war ein äußerst unbehaglicher Moment. Er wusste nicht, dass ich selbst der Grund meines Weinens war.

Da kam der Labortechniker und sagte uns, dass wir alle spenden konnten.

Ich rannte zu ihm und fragte: «Welche Blutgruppe habe ich?», worauf er antwortete:

«Null negativ, du kannst allen spenden!» Nun war ich aufrichtig erfreut.

An jenem Tag lernte ich, dass wir die Tiefe unserer Hingabe

und unserer geistlichen Reife nur in solchen Situationen wirklich erkennen können.

Ein Tag im Leben eines Missionars

Eines Morgens beschloss ich, mit dem Fahrrad, das uns gespendet worden war, in das etwa vierzig Kilometer entfernte Daudnagar zu fahren, eine Stadt im Aurangabad-Distrikt. Ich hatte eine große Kiste Bücher dabei und beschloss, eine Abkürzung am Kanal entlang zu nehmen. Es hatte zwar zuvor geregnet, doch es war heiß und feucht. Auf dieser Strecke gab es keine Teehäuser, in denen ich mich bei einem Glas Wasser und einer Tasse Tee hätte erfrischen können.

Unterwegs entdeckte ich in der Mitte eines Dorfes eine Wasserpumpe. Sogleich fragte ich einen Dabeistehenden, ob ich einen Schluck Wasser trinken dürfe. Da in Bihar ein Kastensystem in Kraft ist, ist man gezwungen, Fragen wie «Aus welcher Stadt kommst du? Welcher Kaste gehörst du an?» zu beantworten.

Also sagte ich: «Ich komme aus Chennai und gehöre der Kaste Jesu Christi an.» Sie kannten nur Hindus und Muslime. Da sie meine Kaste nicht kennen, dürfe ich auch ihr Wasser nicht trinken. Müde und durstig schleppte ich mich zwei Kilometer weiter ins nächste Dorf.

Dort erblickte ich eine Frau, die in der Tür ihres Hauses stand. Sie mochte etwa 65 Jahre alt sein. Ich glaubte, auf das barmherzige Herz einer Mutter zählen zu können, und bat voller Hoffnung um ein Glas Wasser. Zu meinem Entsetzen fühlte sie sich jedoch beleidigt, weil ein Mann es gewagt hatte, sie anzusprechen, und knallte mir die Tür vor der Nase zu.

Vom Lärm aufgeschreckt, kam ein älterer Herr mit erhobenem Stock herbeigerannt und schrie: «Wie können Sie es wagen, meine Frau anzusprechen?»

Ich floh Hals über Kopf und erreichte das nächste Dorf. Dort stellte man mir dieselben Fragen: «Woher kommst du? Welcher Kaste gehörst du an?»

Diesmal antwortete ich: «Aus Tamil Nadu.»

Ein etwa 45-jähriger Mann fragte: «Gehörst du nicht zu denen, die schreien: ‹Nieder mit den Hindus›?» Und während er andere herbeirief, um mir eine gehörige Tracht Prügel zu verpassen, raunte er mir nur zu: «Siehst du nicht das Wasser im Kanal? Trink doch da, falls du wirklich so durstig bist!»

Das Wasser im Kanal war rot und schlammig. Ein toter Hund trieb darin. Ich war extrem durstig, und da ich keine andere Wahl hatte, trank ich davon.

Ich erinnerte mich an die Geschichte des englischen Missionars Thomas Ragland, der nach Tirunelveli gekommen war. Er musste den Reisbrei, den man ihm in seinem Hut gereicht hatte, aus denselben Gründen essen, aus denen man mir jetzt das Wasser verweigerte.

Dies ist nur eines der vielen Beispiele, die ich erlebt habe. Ich habe solches Wasser unzählige Male trinken müssen. Und ich habe hier die Gelegenheit, zu bezeugen, wie Gott mich jedes Mal wunderbar bewahrt hat. Ich zog mir nie eine Krankheit zu wegen des Wassers, das ich trinken musste.

Es war dunkel, als ich Daudnagar erreichte, und alle Läden waren bereits geschlossen. Ich war komplett ausgehungert. Unweit von mir entdeckte ich einen Shop, der gerade im Begriff war, von seinem Besitzer geschlossen zu werden. Ich hoffte, bei ihm noch eine Tasse Tee zu bekommen.

Auf meine Nachfrage schüttelte er nur den Kopf: «Tut mir leid, das Feuer ist bereits gelöscht, und Milch habe ich auch keine mehr.» Alles, was er mir anzubieten hatte, war ein von Ratten angeknabbertes Päckchen Kekse!

Ich konnte jedoch mein Fahrrad in seinem Geschäft abstellen und erhielt zudem die Erlaubnis, auf der Veranda des Ladens zu schlafen.

Die Mücken hielten mich die ganze Nacht über wach. Ich begann, über die ungeheure Aufgabe nachzudenken, das Evangelium in diese Stadt zu bringen, in der niemand Jesus kannte. Die Last der verlorenen Seelen wog schwer auf meinem Herzen.

Weinend betete ich: «HERR, wie viel Zeit wird nötig sein, um die Menschen hier mit dem Evangelium zu erreichen?» Fast die ganze Nacht verbrachte ich auf den Knien.

Dann hörte ich eine sanfte Stimme, die zu mir sprach: «Ich habe viele Menschen in dieser Stadt.»

Verdutzt von dieser Antwort hielt ich inne. «HERR, wenn dies tatsächlich deine Stimme ist, gib mir am Morgen ein Zeichen.» Dann schlief ich ein.

Am nächsten Morgen erwachte ich und hielt sehnsüchtig Ausschau nach einem Zeichen.

Ein Mann kam auf mich zu und fragte: «Bist du Christ?», was ich mit einem «Ja» erwiderte. Darauf meinte er: «Willst du, dass ich dich einer christlichen Familie vorstelle?»

Was für ein Zeichen Gottes! Später bauten wir an diesem Ort die erste Kirche des Distrikts.

Es gab hier tatsächlich eine christliche Familie – die einzige im ganzen Distrikt –, doch unterschied sie sich in nichts von den Menschen im Dorf. Einen Pastor gab es nicht. Als ich ihr Haus erreichte, begrüßte ich sie, und wir beteten zusammen. Sie waren etwas belustigt darüber, dass da ein Fremder aus dem Nichts erschienen war, um für sie zu beten. Ich verabschiedete mich mit dem Versprechen, wiederzukommen.

Ich konnte mir vergegenwärtigen, was Jesus Christus für diese Menschen empfand, denn sie waren verängstigt und zerstreut wie die Schafe, die keinen Hirten haben.

Heute kann ich mit Freude sagen, dass alle Familienmitglieder praktizierende Christen sind. Drei von ihnen (der älteste und der jüngste Sohn sowie der älteste Schwiegersohn) sind Pastoren.

Über dieser ganzen Geschichte stand tatsächlich Gottes mächtiger Plan. Bevor ich den Ort verließ, betete ich: «HERR, möge dieses Daudnagar tatsächlich dem Sohn Davids gehören.» (*Daud* bedeutet «David» auf Urdu, und *nagar* heißt «Stadt».)

Ich setzte meine Reise fort. Bis ich zu Hause ankam, verkaufte ich in den Dörfern und auf den Marktplätzen Bücher. In vier Tagen waren meine sämtlichen Bücher unter die Leute gekommen.

Ein gewaltiger Glaubensschritt

Eines Nachmittags, es war im September 1973, betete ich in meinem Zimmer. Dabei hörte ich eine Stimme, die sagte: «Gehe nach Bhabua, dort will ich meine Kirche errichten.» Es handelte sich um eine kleine Stadt, die etwa siebzig Kilometer von Dehri-on-Sone entfernt liegt, und es gab einen einzigen Bus, der diese Strecke bediente.

Ich teilte meinen Gebetspartnern in Tamil Nadu mit, was der HERR mir versprochen hatte, und sagte ihnen, dass ich in Bhabua Ende Januar eine Evangelisations-Veranstaltung durchführen würde, obwohl ich den Ort noch nicht einmal gesehen hatte.

Meine Brüder in Dehri waren skeptisch. Sie fragten sich, ob so etwas überhaupt zu verwirklichen war. Im Glauben klammerte ich mich an Gottes Wort, und Gott versorgte uns mit allem, was nötig war.

Mitte Dezember besuchte ich die Stadt zum ersten Mal. Gott hatte mir gesagt, dass er eine *Rahab* für mich vorbereitet hatte.

Ich kam frühmorgens um halb acht an, doch Gott war ganz offensichtlich schon dort und hatte alles organisiert. Ich betrat ein nahegelegenes Restaurant und fragte, ob sie irgendwelche Christen in der Region kannten.

Der Besitzer schaute den barfüßigen, bärtigen und safranfarbenen Mann, der ihm gegenüberstand, schief an und sagte: «Es gibt da eine Familie aus Orissa[6], ihr Familienname ist *Doss.*» Er war so freundlich und zeigte mir den Weg. Mit einer Heiligen Schrift in der Hand ging ich auf das Haus der Familie Doss zu.

Vor dem Haus saß ein gutgebauter Mann, der auf die Straße hinausblickte. Er nahm meine Anwesenheit mit einer Handbewegung zur Kenntnis, machte aber keinerlei Anstalten, sich zu erheben.

Ich näherte mich ihm und fragte: «Ist dies das Haus von Anil Kumar Doss?», worauf er mich zu meiner großen Überraschung mit den Worten «Gelobt sei der HERR» begrüßte und mich in sein Haus einlud.

Die Dorfbewohner nannten ihn ganz einfach «Boss». Er hatte üble Freunde und kannte Christus nicht. Eines seiner Kinder wurde gerufen, das mir eine Tasse Tee reichte.

Ich berichtete ihm, was der HERR mir über diesen Ort gesagt hatte: «Der HERR wird große Wunder in dieser Stadt tun. Ich bin hergekommen, um eine Evangelisations-Veranstaltung auf dem Dorfplatz vorzubereiten.»

Er reagierte ungläubig: «Weißt du nicht, was hier passiert ist? Vor vier Monaten kam ein katholischer Priester her. Die Leute verprügelten ihn und jagten ihn zur Stadt hinaus. Bis 1952 arbeiteten methodistische Missionare hier, doch irgendwann schrieben sie diesen Ort als ‹unfruchtbare Wüste› ab. Jetzt ist die Situation sogar noch schlimmer. Ich rate dir, dich still und leise aus dem Staub zu machen. Du bist jung. Warum solltest du dein Leben wegwerfen wollen?»

Ich versuchte, ihm Mut zu machen und ihn im Glauben aufzurichten, doch er wollte mich loswerden.

Dieses Erlebnis rief starke Zweifel in mir hervor. «Gott hat mit mir gesprochen, doch sehe ich nichts, was mich ermutigt. Wie kann ich vorwärtsgehen, wenn ich seine Stimme nicht in einem brennenden Busch vernehme? Wie kann ich weiter voranschreiten, wenn ich keine Wolke sehe, so klein sie auch sei?»

Genau in diesem Moment kam seine Frau herein und fragte mich, ob ich der Sadhu sei, den sie in ihrem Haus in Sambalpur beherbergt hatten. Als ich verneinte, meinte sie, ich sähe dem Sadhu, den sie damals in Orissa kennen gelernt habe, sehr ähnlich, und lud mich zum Frühstück ein.

Anil Kumar erzählte ihr, weshalb ich hier war, und ging dann zur Arbeit. Kaum hatte ich mich an den Tisch gesetzt, umringten mich ihre neun Kinder im Alter von einem bis dreizehn Jahren und begutachteten mich argwöhnisch.

Aber ich brauchte sie nur herzlich zu begrüßen, schon kletterten sie an mir hoch. Da ich selten eine Gelegenheit verpasste, nutzte ich die Chance, eine Sonntagsschule abzuhalten. Während ich mit den Kindern beschäftigt war, bereitete Mrs. Doss alles vor, um mich in ihrem Haus aufzunehmen.

Später sprach ich mit ihnen über Jesus. Die Mutter und die Kinder nahmen Jesus mit offenem Herzen an und sagten: «Jetzt wissen wir, dass für Jesus nichts unmöglich ist.»

Als der Familienvater von der Arbeit zurückkehrte, fand er zu seiner Überraschung ein Haus voller Freude vor. Es floss praktisch davon über! Friede hatte sich über sein Heim gelegt.

Ich hörte, wie seine Frau ihm sagte: «Er ist ein Mann Gottes, wir müssen ihm helfen.»

Das schien ihn allerdings kalt zu lassen.

Am nächsten Morgen kniete ich wie üblich zum Gebet nieder. Die Kinder warteten ungeduldig darauf, dass ich die Tür öffnete, und versuchten, durch einen Spalt zu blicken. Als ich die Tür schließlich öffnete, stürmten sie herein, setzten sich auf mein Bett und piepsten wie kleine Vögel *«chacha, chacha»* («Onkel» auf Hindi).

Diese Szene ließ Anil Kumars Herz schmelzen, und er versprach, mich bei der Organisation der Versammlungen zu unterstützen.

Ich wusste, dass er mir helfen könnte, da er ein einflussreicher Bauunternehmer war. Ich lobte Gott und dachte: *Mein Gott kann sogar ein Herz aus Stein zum Schmelzen bringen.*

Dann bat ich ihn, einen Ort für mich zu suchen, an dem ich bleiben könnte, wenn ich wiederkäme. Er versprach, mich per Post zu informieren, sobald er etwas fand. Bevor ich mich verabschiedete, betete ich noch für die Familie. Die Kinder waren sehr traurig, doch ich versprach, dass ich bald wiederkommen würde.

Zwei Wochen lang wartete ich sehnsüchtig auf einen Brief von ihm. Vergebens. Dann packte ich meine Sachen und reiste nach Bhabua, um ihn persönlich zu treffen. Keine Sekunde zweifelte ich daran, dass mein Gott ein treuer Gott war; seine Verheißungen sind immer wahr.

Als ich ankam, erfuhr ich den Grund für sein Schweigen: Seine Frau wollte, dass nicht nur ich, sondern auch alle meine Gäste in ihrem Haus unterkämen. Deshalb hatte Anil Kumar sich nicht einmal die Mühe gemacht, nach einem anderen Haus Ausschau zu halten, und es darum auch nicht für nötig erachtet, mich zu informieren.

Gott bereitet den Weg

Gott hatte alles «eingefädelt», noch bevor ich meinen Fuß in die Stadt setzte! Ich erinnerte mich an die Worte Jesu an seine Jünger: «Friede sei mit euch! Wie mich der Vater gesandt hat, so sende ich euch» (Johannes 20,21). Bevor er uns seinen Sohn sandte, bereitete der Vater im Himmel alles für ihn vor:

- Johannes, den Täufer, um den Weg vorzubereiten (Markus 1,3),
- einen Körper (Hebräer 10,5),
- eine Jungfrau (Jesaja 7,14),
- einen Fisch (Matthäus 17,27),
- einen Saal (Lukas 22,12),
- ein Eselsfohlen (Markus 11,4),
- einen Tag (Lukas 13,32),
- ein Kreuz (Johannes 19,17) und
- ein Grab (Johannes 19,41).

Er war seinem Wort treu und ist es noch immer. Keiner, der dem HERRN vertraut, ihm gehorcht und sich auf den Heiligen Geist verlässt, wird jemals enttäuscht. Doch offenbart er das, was er vorbereitet hat, nur denen, die ihn lieben.

«Wir reden, wie geschrieben steht …: ‹Was kein Auge gesehen hat und kein Ohr gehört hat und in keines Menschen Herz gekommen ist, was Gott bereitet hat denen, die ihn lieben.› Uns aber hat es Gott offenbart durch den Geist; denn der Geist erforscht alle Dinge, auch die Tiefen Gottes» (1. Korinther 2,9–10).

Als ich in Bhabua eintraf, kümmerte ich mich sofort um die Organisation der Evangelisations-Veranstaltung. Zwei Jungen waren meine Helfer und bei allem eine große Hilfe. Wir besuchten alle Dörfer im Umkreis von fünfzehn Kilometern und luden zu den Veranstaltungen ein. Ich erzählte lebhaft, wie die Versammlungen ablaufen und welche Wunder sie dort erleben würden. Ich schaffte es, so viel Neugierde in ihnen zu wecken, dass sie die Versammlungen kaum abwarten konnten.

Der Januar 1974 war ein besonders kalter Monat, doch mit

Gottes Hilfe bekamen wir alle Unterstützung, die für die Organisation der Veranstaltung nötig war. Pastor Dhayanandan und ein weiterer Bruder aus Chennai kamen uns zu Hilfe. Ein Prediger aus Delhi nahm die Einladung an, bei den Versammlungen als Redner aufzutreten. Tagsüber organisierte ich alles Notwendige, und nachts verteilte ich Poster in der ganzen Stadt.

Zwei Tage vor Beginn der Versammlungen wurde ich krank. Um meiner Verzweiflung zu entfliehen, verbrachte ich den ganzen Tag am Ufer eines Flusses im Gebet. Ich schrie zu Gott und flehte ihn an, ja ich erinnerte ihn an sein Versprechen, Wunder zu tun. Doch trotz all meiner Versuche fühlte ich mich nicht besser.

Am Abend hatte sich mein Zustand weiter verschlechtert. Meine Gastgeber, Familie Doss, wussten weder von meinem Zustand, noch hatten sie eine Ahnung, wo ich mich aufhielt.

Irgendwann war ich so geschwächt, dass ich nicht einmal aufstehen konnte. Schließlich brach die Nacht herein, und ich befand mich noch immer am Flussufer, wo ich weinte und betete.

Plötzlich hörte ich die Stimme Gottes: «Sei getrost und unverzagt und mache es! Fürchte dich nicht und lass dich nicht erschrecken! Gott der HERR, mein Gott, wird mit dir sein und wird die Hand nicht abziehen und dich nicht verlassen, bis du jedes Werk für den Dienst im Hause des HERRN vollendet hast» (1. Chronik 28,20).

Plötzlich lebte mein Geist auf. Ich fühlte mich, als griffe mir jemand unter die Arme. Mit erneuerter Kraft und Energie erhob ich mich.

Ich war im Begriff, die Stelle am Fluss zu verlassen und mich aufzumachen, da kamen einige Schüler des nahegelegenen Patel College auf mich zu. Einer der Schüler namens Jai Hind erkannte mich. Ich hatte ihn in Dehri-on-Sone kennen gelernt, wo er in einer Herberge in der Nähe der Kirche wohnte.

Aus einem mir unerfindlichen Grund war er mir gegenüber feindlich gesinnt gewesen. Wann immer sich ihm die Möglichkeit bot, verspottete er mich und bewarf mich mit Steinen. Jetzt war er nach Bhabua gezogen und hatte von unseren Versammlungen gehört.

Mir schien, als ginge eine Veränderung in ihm vor. Im Gespräch vertraute er mir an, dass gewisse Personen vorhatten, unsere Versammlungen zu stören. Man wolle die Teilnehmer verprügeln und das Zelt in Brand setzen.

Die eigentliche Überraschung kam jedoch, als er mir sagte, dass seine Freunde und er beabsichtigten, an den Versammlungen teilzunehmen, und er mir sogar tatkräftig zur Seite stehen könne. Schließlich bat er um Vergebung für sein früheres Verhalten.

Ich traute meinen Ohren nicht! In Feindschaft waren wir uns begegnet, in Frieden gingen wir wieder auseinander. Merkwürdigerweise beunruhigte mich das kein bisschen.

Kurz zuvor hatte ich laut und deutlich das Wort Gottes gehört: «Ist Gott für uns, wer kann wider uns sein?» (Römer 8,31).

Ich wusste, dass uns alles zum Besten dienen würde, und fuhr mit den Vorbereitungen fort.

Es war das erste Mal in der Geschichte der Stadt, dass hier eine christliche Versammlung organisiert wurde. Am ersten Tag kamen über 500 Menschen, allesamt Anhänger anderer Religionen. Wie der Geist Gottes die Tiere und Vögel zur Arche Noah gebracht hatte, brachte er jetzt die Menschen zu den Versammlungen.

Die Botschaft, die wir verkündeten, war machtvoll. Sie bewegte die Menschen dazu, das Gehörte auch in die Praxis umzusetzen. Kranke wurden geheilt. Zehn Menschen kamen auf die Bühne, gaben Zeugnis und verherrlichten Gott von ganzem Herzen. Die Menge war sprachlos, als ein Leprakranker ohne jedes Handauflegen und Gebet geheilt wurde.

Die Bande, die gekommen war, um die Versammlung zu stören, rührte sich nicht von der Stelle. Die Jugendlichen kamen aus dem Staunen über die Geschehnisse nicht heraus und waren restlos beeindruckt. Nie zuvor hatten sie etwas Ähnliches gesehen.

Jai Hind hielt sein Versprechen und kam mit seinen Freunden. Am ersten Tag nahmen er und zwei seiner Freunde den HERRN Jesus als ihren persönlichen Erretter an! An den folgenden Tagen waren sie mir – wie versprochen – eine große Hilfe. Am zweiten Tag versammelten sich die Teilnehmer bereits am Morgen, obwohl die Veranstaltung erst gegen Abend stattfinden würde. Sie hatten von den geheilten Leprakranken und Gelähmten gehört und erhoben jetzt wie mit einer Stimme den Namen Jesu.

Auch mein Gastgeber Anil Kumar nahm Jesus an. Er bekannte seine Sünden mit Tränen in den Augen und bat um Vergebung. Von nun an lud er Studenten zu sich nach Hause ein und erzählte ihnen die Gute Nachricht. Einige übergaben ihr Leben Jesus Christus.

Aus Jai Hind wurde Salomon; aus Schiv Nath wurde Stephan; aus Ram Bachan wurde Daniel. Sie erhielten die Gabe der Heilung und zogen los, um kranken Menschen die Hände aufzulegen. Viele wurden dadurch geheilt, und sie fassten Mut, noch mehr auf Gott zu vertrauen.

Gemeinsam lobten wir Gott: «Unser Gott ist treu und vertrauenswürdig. Er hält, was er verspricht.»

Die Kirche von Bhabua

Die Geburt der Kirche in Bhabua war verheißungsvoll gewesen, und diese Verheißung sollte sich jetzt bestätigen: Sie wuchs rasant. Viele ließen sich taufen. Ihre Herzen brannten, sie predigten das Evangelium und führten Menschen zum Glauben. Studenten hörten die Gute Nachricht, wurden von der Liebe Christi berührt und übergaben Jesus ihr Leben. Wer immer Anil Kumars Familie besuchte, erlebte Jesu Liebe, und seltsamerweise genossen die Kinder den unablässigen Besucherstrom sogar. Ihr Haus war von einer sehr festlichen Stimmung erfüllt.

Mit großer Begeisterung nahmen Menschen an den Gottesdiensten teil. Sie sangen von Herzen gern, zwar nicht immer harmonisch, aber in voller Lautstärke, jeder mit seiner eigenen Melodie. Es war – ehrlich gesagt – oft mehr Lärm als Gesang, doch das kümmerte niemanden. Sie wollten einfach Gott loben.

Und irgendwie hatte es auch sein Gutes. Passanten gesellten sich hinzu und sangen mit. Manchmal verwandelten sich diese Gottesdienste in regelrechte Evangelisationen. Die Gottesdienste wurden durch einen wachsenden Besucherstrom stetig größer.

Anil Kumars Haus wurde zum Veranstaltungsort einer täglichen Gebetsversammlung. Auch diese Gruppe zog Passanten an, so dass wir immer, wenn neue Besucher zu uns stießen, das Evangelium predigten. Es war nun Bewegung in der Sache.

Ich besuchte weiterhin nahegelegene Dörfer zu Fuß, um dort zu predigen. Mal begleiteten mich die zwei Jungen, die mir schon zuvor treu geholfen hatten, mal kamen auch Studenten mit. Damit die Jungen nicht so schnell ermüdeten, pflückte ich manchmal am Wegrand Zuckerrohr für sie zum Kauen. Meine Mission, alle Dörfer in der Gegend von Bhabua zu erreichen, nahm langsam Formen an.

Ein Gott der Wunder

Gott tat noch mehr. Ich erhielt einen Brief von Pastor Dhayanandan. Er ließ mich darin wissen, dass die Kirche von Chromepet beschlossen hatte, Brother Subramani Samuel und Brother Victor samt Familie zu meiner Unterstützung zu senden. Gott hatte sie nach Nordindien gerufen.

Über Victor wusste ich nur, dass er zwei Kinder hatte, und war hocherfreut, als ich erfuhr, dass sie fließend Hindi sprachen. Ich beschloss sofort, ihnen die Verantwortung für die Kirche in Bhabua zu übergeben. Damit hatte ich mehr Freiheit, um anderen Dörfern das Evangelium zu bringen.

Brother Subramani Samuel war ein alter Bekannter. Wir hatten dieselbe Kirche in Chennai besucht. Er war ein regelmäßiger Kirchgänger gewesen und hatte immer großes Interesse für das Evangelium und den missionarischen Dienst gezeigt. Er war ein sehr stiller Mensch, der aufgrund finanzieller Nöte seine Schulausbildung frühzeitig hatte abbrechen müssen.

Als Kind hatte er in Sivakasi gelebt, einer Stadt im Süden Tamil Nadus, und den Erwachsenen bei der Arbeit geholfen – wie die meisten Kinder in seiner Region. Als junger Mann hatte ihn die Arbeitssuche schließlich nach Chennai gebracht. In der Stadt hatte ihm ein christlicher Arbeitskollege von Jesus Christus erzählt, darauf erfuhr er die Liebe Christi und bekehrte sich zum christlichen Glauben. Er nahm den Namen Subramani Samuel an und wurde Mitglied der Kirche, der auch ich angehörte.

Zufällig hörte er eine Kassette, die ich den Mitgliedern der Kirche geschickt hatte und auf welcher ich von der Situation in Bihar, den Fortschritten bei der Evangelisation und unseren Bedürfnissen bei unserer Arbeit berichtete. Meine Worte hatten ihn offenbar bewegt und jetzt in ihm den Wunsch geweckt, Teil dieser Arbeit zu sein.

Er suchte Pastor Dhayanandan auf und bat ihn, zur Unterstützung von «Jeba Annan» (*Jeba* ist eine Abkürzung von Jebakumar, und *annan* bedeutet «älterer Bruder» auf Tamilisch) nach Bihar geschickt zu werden.

Viele hielten nichts von der Idee, da Brother Samuel praktisch ein Analphabet war und nicht einmal Tamilisch lesen konnte. Doch Pastor Dhayanandan erkannte seinen Eifer und sein Feuer und überzeugte die Mitglieder der Tambaram-Gebetsgruppe, ihn zu finanzieren.

Es ist mir eine Freude, an dieser Stelle zu erwähnen, dass die Mitglieder dieser Gebetsgruppe unsere Mission völlig freiwillig, selbstlos und regelmäßig unterstützten.

Als die Neuankömmlinge in Bihar eintrafen, übergab ich die Zügel in Bhabua an Brother Victor und seine Familie, dann kehrte ich mit Brother Samuel nach Dehri-on-Sone zurück.

Innerhalb von fünfzehn Tagen erhielt ich eine Einladung, den Andamanen einen anderthalbmonatigen Besuch abzustatten und dort zu dienen.

Einerseits war ich begeistert über die Möglichkeit, das Evangelium auf einem neuen Missionsfeld zu verkündigen, andererseits aber machte ich mir Sorgen wegen Brother Samuel. Meine Anstrengungen, ihm das Lesen und Schreiben beizubringen, waren vergebens gewesen.

So wie man es mit kleinen Kindern macht, führte ich seine Hand mit der meinen, um die Buchstaben zu formen. Er stöhnte stets dabei und beklagte sich darüber, wie sehr seine Hand doch schmerze! Ich fragte mich, ob er jemals in der Lage sein würde, Hindi zu lernen.

Doch ich bemerkte auch, wie gesprächig er geworden war. Es war ziemlich unterhaltsam, ihm zuzusehen, wenn er mit dem Pastor aus Nordindien sprach. Obwohl keiner den anderen verstand, konnten sie Stunden schwatzend miteinander verbringen – der Pastor auf Hindi und Samuel auf Tamilisch! Rasch kam der Tag meiner Abreise zu den Andamanen.

Als ich von den Inseln zurückkehrte, erlebte ich den Schock meines Lebens: Samuel sprach Hindi! Wie groß ist doch unser

Gott! Er macht einfache Menschen weise und stattet jene aus, die er für sein Werk auserwählt hat.

Seine Kritiker waren gleichermaßen überrascht, als sie erfuhren, dass Brother Samuel sich auf die Übersetzung aus dem Englischen ins Hindi spezialisiert hatte und sogar einige Brocken Bhojpuri (die lokale Sprache) aufgeschnappt hatte. Er arbeitete hart, erfüllte jede ihm zugewiesene Aufgabe und beklagte sich nie. Diejenigen, die seine Verwandlung mit eigenen Augen sahen, erkannten, dass Gott tatsächlich seine überreiche Gnade über ihm ausgeschüttet hatte.

Unser Gott ist in der Tat treu und hält sein Wort. Wenn wir ihm gehorchen, segnet er uns mit seiner überfließenden Gnade. Abraham war alt und schwach, aber sein Glaube war stark. Durch ihn erhielt er die Gnade und die Kraft, selbst in hohem Alter noch einen Sohn zu zeugen.

Petrus und Johannes hatten keinerlei Schulbildung genossen, aber sie waren in der Lage, eine «Denkfabrik» zu gründen, weil sie Jesus gekannt hatten. Der Geist Gottes ermächtigt sein Volk mit seiner Gnade und Kraft, wenn es mit ihm arbeitet. Vielleicht besaßen sie nicht die Ausbildung, das Wissen oder die Fertigkeiten im weltlichen Sinn. Aber sie lernten, ganz auf Gott zu vertrauen. Es besteht kein Zweifel daran, dass Gottes Macht auch heute noch jene führt, die ganz auf ihn vertrauen.

Die finanzielle Last, unsere Sechsergruppe zu unterstützen – Brother Samuel, Brother Victors Familie und mich –, wog schwer auf der kleinen Gebetsgruppe in Tambaram. Einige Mitglieder opferten sehr viel dafür auf. Ihr mageres Einkommen reichte oft nicht, um uns genügend Geld zu schicken. Manchmal erhielten wir gar keines. Wir dienten unter extremen finanziellen Bedingungen. Doch wann immer wir unsere Bedürfnisse vor Gott ausbreiteten, sorgte er auch für uns.

Nicht durch Heer oder Kraft

Ich traf mich mit Pastor Dhayanandan und Brother Sundar Raj (aus Tambaram) am Hafen von Visakhapatnam auf unserem Weg zu den Andamanen. Wir waren mit dem Ziel aufgebrochen, die von der Zivilisation unberührten Eingeborenen in den Dschungeln der Inselgruppe zu evangelisieren – oder wenigstens stellten wir uns das so vor. Wie wir das anstellen würden, war uns nicht klar, zumal wir davon ausgingen, dass sie noch immer wie Wilde lebten.

Unser Schiff, die SS Rajeela, hisste die Segel, und bald befanden wir uns mitten im Golf von Bengalen, umgeben von nichts als blauem Wasser. Unsere Herzen sehnten sich so sehr danach, das Evangelium zu verkündigen, dass wir zu weinen anfingen. Im Gebet baten wir um eine Gelegenheit, den Menschen an Bord des Schiffes von Jesus zu erzählen. Wir mischten uns unter die Passagiere und hofften auf eine Gelegenheit, das Evangelium verkünden zu können.

Während unserer Reise versammelten wir uns immer wieder auf dem Oberdeck des Schiffes, um Gottesdienst zu feiern, zu beten und über dem Wort Gottes zu meditieren.

Ebenfalls an Bord befand sich auch eine Vierergruppe, die an einem Drehbuch für einen Film arbeitete. Ein Mitglied dieser Gruppe war Komponist. Nachdem er uns eine Weile beobachtet hatte, kam ein weiterer junger Mann auf uns zu und fragte, ob wir Christen seien. Sein Name war Mohan, und er stammte aus Mumbai. Er machte kein Geheimnis aus seiner Verwunderung über den Gegensatz zwischen dieser Gruppe, die damit beschäftigt war, eine Geschichte und einen Dialog für einen Film zu schreiben, und jener, die über dem Wort Gottes meditierte.

Dann erzählte er uns, was er über die Heilige Schrift wusste, dass er das Neue Testament las und einiges mehr. Wir fragten ihn nach dem Grund seiner Reise zu den Andamanen. Seine Antwort, er wolle Freunde besuchen, schien mir eine Ausflucht zu sein. Er sah mehr aus wie ein Mann mit einer Mission.

Vorsichtig begann er, uns auszufragen. Er wollte uns glauben machen, dass alle Religionen denselben Ursprung hatten und im Grunde alle gleich seien.

Pastor Dhayanandan und Brother Victor Sundar Raj gingen solchen Diskussionen grundsätzlich aus dem Weg und ignorierten ihn. Doch ich konnte mich nicht zurückhalten und bot ihm Widerstand. Nun begann er, auf mich einzureden, und bot mir über Nacht zahlreiche Bücher zur Lektüre an. Er tat sein Bestes, um mich für sich zu gewinnen.

Da wurde mir klar, dass er ein Anhänger der Bahai-Religion[7] war. Er wollte nicht zugeben, dass er ihr Missionar auf den Andamanen war. Ich wiederum wollte mir die Gelegenheit zur Evangelisation nicht entgehen lassen.

Als er mir die Bücher brachte, überreichte ich ihm einen Fragebogen, den ich zwischenzeitlich vorbereitet hatte. Er bestand aus 32 Fragen. Seine Antworten zeigten deutlich, dass er kaum etwas über die Heilige Schrift wusste und dass er nur einige Verse auswendig gelernt hatte, um sie als Diskussionsvorwand zu benutzen.

Die Entdeckung, dass ein Missionar einer anderen Religion Anstrengungen unternahm, seinen Glauben zu verbreiten, war frappierend. Die Nachlässigkeit vieler Christen im Umgang mit dem Wort Gottes, die deswegen leicht solchen «Wölfen im Schafspelz» zum Opfer fallen, trieb mich zur Verzweiflung. Außerdem zerriss es mir das Herz, wenn ich daran dachte, wie Kirchen und Missionsorganisationen die Dringlichkeit nicht erkannten, das Evangelium zu verkündigen.

Bahai ist eine Tochterreligion des Islams. Sie lehrt, dass Krishna, Buddha, Jesus, Mohammed und Bahá'u'lláh – der Prophet der Bahai – allesamt gleichwertige Lehrer sind. Das Ziel der Bahai-Religion ist es, ihre Überzeugungen und Philosophien zu verbreiten und Entscheidungen der Regierungen über Verwaltung und Wirtschaft zu beeinflussen.

Bahá'u'lláh stammte aus dem Iran. Er ist tot, aber seine Jünger arbeiten hart daran, eine Weltregierung auf der Grundlage seiner Pläne und Ideologien zu errichten. Sie predigen, dass sich dafür alle Religionen zusammenschließen sollten.

Ahmadiyya ist eine weitere (islamische) Gemeinschaft, die es auf die Christen abgesehen hat und die versucht, kleine Kirchen, die mit Hingabe für den HERRN arbeiten, zu infiltrieren. Allein in Bihar sind 64 ihrer Missionare aktiv. Meist kommen sie aus Kaschmir und sind hervorragend ausgebildet.

Mohan hatte sich schon bis ins Hinterland der Andamanen vorgearbeitet. Er hatte Kulturprogramme ins Leben gerufen und viele Bahai-Zentren gegründet. Es wurde klar – aufgrund der vielen Fotos, die er bei sich hatte –, dass viele Pastoren und römisch-katholische Schwestern bereits unter seinem Einfluss standen. Nach der Konfrontation mit mir mied er uns.

Meine Lieben, wenn wir nicht in der Wahrheit leben, wie soll ein Mensch dann jemals die Wahrheit erfahren? Es gibt so viele christliche Erweckungs-Veranstaltungen, bei denen das Wort Gottes nicht verkündigt wird und die zahllose Christen hervorbringen, die nicht in der Lage sind, die Fragen des Feindes zu erwidern. Zahllose Gebetsversammlungen werden abgehalten, um für die Befreiung von Fieber, Migräne und Durchfall zu bitten, aber keine Sekunde wird darauf verwendet, das Wort Gottes zu verkündigen.

Wenn dies so weitergeht, werden die Menschen der falschen Lehre leicht zum Opfer fallen. Erst wenn die Prediger sich dieser Realität bewusst werden und die notwendigen Schritte einleiten, um die Situation zu verbessern, können wir unseren Glauben schützen!

Nach vier Tagen auf hoher See erreichten wir endlich Port Blair, wo uns eine deftige Überraschung erwartete. Wir hatten uns vorgestellt, dass die Andamanen von der Zivilisation unberührt geblieben waren und dass die Bevölkerung noch immer nackt oder halbnackt herumlief.

Doch was wir sahen, ließ *uns* wie Wilde aussehen! An Geld fehlte es hier nicht. Der Lebensstil der Bevölkerung war hoch – dagegen wirkten wir wie Bettler. Realität und Vorstellung klafften weit auseinander.

Die Schönheit der Landschaft raubte uns den Atem, doch wir konzentrierten uns auf den Grund unseres Besuchs. Pastor Thangachchan (von der Maranatha-Kirche auf den Andamanen) und Brother Thomas empfingen uns. Wir hatten viele Fragen, doch unsere Brüder mahnten uns zur Vorsicht: Die Geheimdienstagenten der Regierung seien überall.

Port Blair selbst zählte viele Einwohner, aber es gab daneben nur wenige Eingeborene, die dazu in weit auseinanderliegenden Dörfern lebten. Die Regierung versuchte, die Stämme und ihre Kultur zu schützen, doch nur, um sie als Vorzeigeobjekt benutzen zu können. Jede Interaktion mit ihnen wurde sorgsam überwacht. Dies minderte natürlich unsere Chancen, in den Stämmen zu arbeiten.

Zudem lagen die Dörfer der Eingeborenen weit verstreut zwischen entfernten Hügeln und in dichten Wäldern. Ohne Mut, Durchhaltevermögen und den starken Willen, die anstehenden Herausforderungen zu meistern, war es hier auf den Inseln unmöglich, etwas zu erreichen. Außerdem waren viel Zeit und große Anstrengungen gefragt.

Da unsere Zeit knapp bemessen war, konzentrierten wir uns auf die riesige Gastarbeitergemeinschaft, die aus Tamilen (aus meinem Heimatbundesstaat Tamil Nadu), südindischen Keraliten, Andhraiten (aus Andhra Pradesh), Bengalen (eine Region in Indien und Bangladesch) und Bewohnern aus Orissa und Bihar bestand. Gebetsgruppen und Gottesdienste gab es zuhauf, doch nur auf Tamilisch, Malayalam und Telugu. Es brach mir das Herz, keinen einzigen Gottesdienst auf Hindi zu finden, obwohl die Mehrzahl der Bevölkerung diese Sprache verstand.

Die Nikobaren (die südlichen Inselgruppen des indischen Unionsterritoriums Andamanen und Nikobaren) dagegen boten im Gegensatz zu den Andamanen ein völlig anderes Bild. Die Gesichtszüge der Menschen, ihre Kleidung und Gebräuche sind komplett verschieden. Sie sind außerdem sehr begabte Sänger, was wir bei einem Gottesdienstbesuch der nikobarischen Kirche dankbar erlebten.

Die indonesischen Vorfahren der Nikobaren waren unerschrockene Menschen gewesen und hatten bis zur Ankunft des Evangeliums durch einen englischen Missionar ein primitives Leben auf den Inseln geführt. Dieser musste für die Verkündigung der Guten Nachricht und für die Gründung einer Kirche viel ertragen. Und das führte dazu, dass heute die Christen eine Mehrheit darstellen. Neben seinen Tätigkeiten übersetzte er auch das Wort Gottes in ihre Sprache. Die meisten Menschen hier sind gebildet und haben Arbeit.

Es ist dem Einsatz des Missionars zu verdanken, dass wir den Unterschied zwischen diesen beiden Inselgruppen und die verwandelnde Macht des Evangeliums erleben durften. Auf den Nikobaren war damals der inzwischen verstorbene Bischof Srinivasan von Tamil Nadu Hauptprediger der Kirche. Er war ein sehr einflussreicher Mann. Niemand durfte die Nikobaren ohne seine Erlaubnis betreten!

Zurück auf den Andamanen blieben uns anderthalb Monate, um die Menschen zu motivieren und die Vorbereitungen für die Evangelisations-Veranstaltung zu treffen.

Die erste Woche war ein spiritueller Kampf für uns. So wunderschön die Landschaft hier war, innerlich führten die Menschen ein elendes geistliches Leben. Doch wir suchten Zuflucht beim HERRN und beteten unter Tränen ununterbrochen um die Errettung dieser Seelen.

Nach einer Woche intensiver Gebete begannen sich die Türen zu öffnen. Mein safranfarbenes Gewand, die Lieder auf Hindi und meine Sprachkenntnisse erwiesen sich als sehr nützlich. Ich wurde als Sadhu, als «Heiliger Mann», vorgestellt. Die Menschen versammelten sich, hörten von mir gesungene Lieder auf Hindi und danach das Wort Gottes, das wir ihnen predigten.

Viele Hindus und Muslime wurden von der göttlichen Kraft berührt. Sie bekannten ihre Sünden und erhielten die Taufe im Heiligen Geist. Insgesamt waren es hektische und körperlich ermüdende Tage, doch wir genossen den Kontakt mit den Menschen. Neben vielen Taufen bewirkte Gott auch zahlreiche Wunder.

Aufgrund gewisser Rücksichten darf ich hier aber leider nicht alles erzählen, was der HERR in diesen Tagen tat. Es reicht, wenn ich erwähne, dass wir Beweise für sein Versprechen erhielten: «Nicht durch Heer oder Kraft, sondern durch meinen Geist» (Sacharja 4,6).

Einige junge Menschen fühlten sich zum Dienst berufen und weihten ihr Leben dem HERRN. Auch heute arbeiten sie noch für den HERRN. Ihm gebührt alle Ehre!

Neben den Einsätzen auf der Straße waren wir auch mit der Organisation einer Evangelisations-Veranstaltung beschäftigt. Lautsprecher und Musikinstrumente trafen aus Tamil Nadu ein. Henry Joseph und sein Team kamen, um den Event zu leiten. Zusammen mit seinem Bruder Owen Roberts waren sie machtvolle Werkzeuge in der Hand Gottes.

Niemals zuvor hatten solche Versammlungen in Port Blair stattgefunden. Der HERR goss seinen Segen über den Menschen aus, und diese wiederum verherrlichten ihn. Man konnte die Aufregung und Begeisterung förmlich mit der

Hand greifen. Wir waren körperlich erschöpft, aber geistlich aufgeladen.

Diese erhebende Erfahrung wurde einzig von einem kleinen Zwischenfall getrübt: Ein Teammitglied benahm sich uns gegenüber ungehalten und griff mich sogar körperlich an. Die Christen, die dem Zwischenfall beiwohnten, wiesen ihn zurecht. Die Gnade Gottes stützte uns in dieser unvorhergesehenen Situation.

Die Veranstaltung war insgesamt zwar ein großer Erfolg, doch die Ausgaben waren so hoch, dass wir kein Geld für die Rückreise übrighatten. Da uns keine andere Wahl blieb, verkauften wir die Lautsprecher und Instrumente günstig und konnten damit die Reise bezahlen und die Segel in Richtung Kalkutta hissen.

Wir erreichten den Bahnhof von Howrah gerade noch rechtzeitig, um den Zug nach Chennai zu erwischen, der so überfüllt war, dass ich nur mit großer Mühe einsteigen konnte. Sofort hatte ich meine Gruppe aus den Augen verloren. Müde, wie ich war, schlief ich sofort ein, auch wenn der einzige Platz, den ich finden konnte, sich zwischen dem Gepäck unter der Bank befand …

Die Hochzeit, ein weiterer Wendepunkt

Mein erster Besuch in Chennai, seit ich fast zwei Jahre zuvor nach Bihar aufgebrochen war, stand bevor. Als ich dort ankam, erhielt ich einen Anruf von meinem Vater, der mich bat, unverzüglich nach Tuticorin zu kommen. Den Grund dafür enthielt er mir vor.

«Komm her, dann wirst du schon sehen», war seine kryptische Antwort auf meine Frage. Pflichtbewusst, wie ich war, nahm ich in jener Nacht den Bus nach Tuticorin, nachdem ich meinen Dienst in Chennai getan hatte. Ich war noch immer ein barfüßiger Sannyasin in safranfarbenem Gewand.

Zuhause angekommen, wurde ich von einem guten Dutzend fremder Leute empfangen, die mich zuerst einmal einfach anstarrten. Um ihren Blicken zu entkommen, ging ich direkt auf meine Mutter zu – auch um herauszufinden, was dieses ganze Theater sollte.

Da erfuhr ich, dass ich heiraten würde und dass sich alle hier versammelt hatten, um das Datum der Hochzeit festzulegen! War das der nächste Wendepunkt in meinem Leben?

Im Hintergrund hörte ich, wie ein junger Mann flüsterte: «Willst du meine Schwester wirklich einem Sannyasin zur Frau geben?»

Wenn er mich so sieht, was wird wohl seine Schwester von mir denken?, fuhr es mir durch den Kopf. Doch ich schob den Gedanken beiseite, da ich mir ziemlich sicher war, dass meine Braut mich so annahm, wie ich war, auch wenn wir uns noch nie zuvor gesehen hatten! Meine Zuversicht war nicht unbegründet. Um Missverständnissen dieser Art vorzubeugen, hatte ich im Vorfeld Vorsichtsmaßnahmen getroffen.

Seit meinem Ruf in den Dienst Gottes hatte ich immer gewusst, dass ich dem HERRN bis zu meinem letzten Atemzug dienen würde. Eine eventuelle Ehe würde meine Hingabe an den HERRN in keiner Weise beeinträchtigen dürfen. Als ich erfuhr, dass meine Eltern eine Braut für mich suchten, unterbreitete ich ihnen schriftlich einige Bedingungen. Ich hatte auch einen Brief an meine potenzielle Ehefrau verfasst, um sie auf das vorzubereiten, was sie als Frau eines Pastors erwarten würde. Es war klar, dass ich sie nur heiraten könnte, wenn sie allen Bedingungen zustimmte. Ich wollte nicht die Last einer schlecht vorbereiteten Frau mit mir herumschleppen müssen. Deshalb hielt ich alle Bedingungen schwarz auf weiß fest.

Ich hatte Pastor Dhayanandan auch klar gesagt, dass ich

kein Interesse daran hatte, weder meine Frau noch ein Bild von ihr zu sehen. Das Aussehen und die körperlichen Eigenschaften der Braut sollten keinerlei Bedeutung für mich haben!

Der Begleitbrief, den ich verfasst hatte, lautete ungefähr wie folgt:

Geliebte Schwester in Christus,

vielleicht überrascht es Dich, diesen Brief zu erhalten. Es ist mir bewusst, dass meine Eltern sich an Deine Eltern gewandt haben und um Deine Hand für mich gebeten haben. Jetzt, da Du diesen Brief liest, bitte ich Dich, mir eine Antwort zu senden, solltest Du allen meinen Bedingungen zustimmen. Sollten Dir meine Bedingungen jedoch nicht genehm sein, zögere nicht, mir die Ehe zu versagen. In diesem Fall möchte ich davon ausgehen, dass ich eine Gebetspartnerin gefunden habe, die für mich betet.»

Ich begann meinen Brief auf diese etwas umständliche Art, um ja keine falschen Hoffnungen zu wecken. Als Diener Gottes muss man mit äußerster Vorsicht vorgehen, wenn man von einer Schwester im Glauben mit einer Gebetsbitte oder sonst einer Bitte um Hilfe aufgesucht wird.

Meine Bedingungen waren hart, und ich bin mir sicher, dass meine Leserinnen und Leser mir zustimmen werden. Doch aus der Sicht meines Dienstes waren sie von grundlegender Wichtigkeit.

1. Sie sollte eine nachgiebige Partnerin sein: bereit, dem Willen Gottes in allen Situationen zu folgen. Sie sollte zum Beispiel sogar bereit sein, auf einen Familienbesuch im Todesfall zu verzichten, es sei denn, der HERR gebe ihr dazu die Erlaubnis. Dies mag unbarmherzig erscheinen, doch für eine Person, die gelernt hat, dem Willen Gottes zu folgen, ist es das nicht.

2. Sie sollte opferbereit sein. So wie ich, inspiriert von Vorbildern wie Sadhu Sundar Singh und dem Apostel Paulus, mich verpflichtet hatte, ein einfaches Leben zu führen, so erwartete ich auch, dass meine Partnerin bereit war, dasselbe zu tun.
3. Sie sollte ein intensives Gebetsleben führen.
4. Sie sollte vom Geist Gottes erfüllt sein.
5. Sie sollte eine liebevolle Partnerin sein und die Fähigkeit besitzen, das Volk von Bihar zu lieben wie ihr eigenes.
6. Sie sollte sich bemühen, noch vor der Hochzeit Hindi zu lernen.
7. Zu guter Letzt sollte sie vollstes Vertrauen in Gott haben. Sie sollte ein Leben im Glauben führen, ihre Bedürfnisse ganz Gott anvertrauen und niemals jemandem von ihnen erzählen, weder direkt noch indirekt.

Pastor Dhayanandan hatte diesen Brief meinem Vater übergeben. In Bihar hatte ich gebetet, dass die erste Frau, die meinen Brief lesen würde, mich als ihren Lebenspartner akzeptieren würde.

Als Nächstes besuchte mein Vater die junge Frau. In der vorhergehenden Nacht hatte ihre Mutter einen merkwürdigen Traum gehabt: In ihrem Traum sah sie einen Fremden, der in ihr Haus kam, um die Hochzeitsvorbereitungen für ihre Tochter zu treffen. Sie war eine fromme Frau, und Gott hatte ihr schon oft in Träumen und Visionen den Weg gewiesen.

Doch die Dinge liefen nicht so glatt, wie wir uns das gewünscht hatten. Als die junge Frau hörte, dass jemand ihr einen Brief geschrieben hatte, flippte sie aus. Ihr war, als bräche die ganze Welt über ihrem Kopf zusammen. Sie war aufgeregt und wütend und weigerte sich, den Brief zu berühren, geschweige denn zu lesen. Sie fühlte sich gedemütigt, weil ein Mann es gewagt hatte, ihr einen Brief zu schreiben.

[Hier bitten wir die Leserinnen und Leser, den Kontext der indischen Kultur zu verstehen, der vor vierzig Jahren großes Gewicht hatte. Es war damals schlicht unvorstellbar, dass ein Mann sich direkt an ein ehrenwertes Mädchen wandte oder ihr auch nur einen Brief schrieb. Der Verlag.]

Der Mutter und einigen anderen gelang es jedoch, sie dazu zu bringen, den Brief zu lesen, indem sie ihr garantierten, dass er nichts Unziemliches enthielt.

Sie las den Brief und gab ihre Zustimmung.

Heutzutage findet man nur noch selten junge Frauen, die ihre Reinheit und Heiligkeit mit demselben Feuer schützen!

Ich möchte hier auch ein Wort an die Männer richten: Ein Diener Gottes sollte sich nie von seinen Emotionen dazu hinreißen lassen, sich impulsiv in eine Ehe zu stürzen – auch wenn die Frau gläubig ist –, ohne vorher sichergestellt zu haben, dass sie sich der Schwierigkeiten bewusst ist, die sie erwarten, wenn sie den Antrag annimmt.

Meine Seelenverwandte – Fleisch von meinem Fleisch

Danach ging alles sehr schnell. Mir blieben nur zwei Tage, um zu heiraten, da ich mich bereits verpflichtet hatte, im Zeitraum danach Evangelisations-Veranstaltungen zu leiten. Die Hochzeit war am 8. Mai 1974. Aus dem Mädchen Rupaleka wurde Mrs. Rupaleka Jebakumar.

Ich leitete die besagten Evangelisations-Versammlungen, in deren Anschluss wir direkt nach Bihar reisten. Es war ihre erste Reise in den Norden Indiens. Sie wunderte sich noch immer, wie der HERR sie ausgerechnet nach Bihar bringen konnte, für das ihr Herz seit so langer Zeit schlug!

Meine Frau hatte ihr Leben mit nur elf Jahren bei einer Gebetsversammlung dem HERRN übergeben. Damals beschloss sie, nie zu heiraten. Sie erinnerte sich nun, wie sie unter heftiger Migräne litt und erst sprechen lernte, nachdem sie sich bereiterklärt hatte, nach Bihar zu gehen. Damals hatte ihr der HERR gesagt: «Deine Gedanken sind nicht meine Gedanken.» Jetzt, nach der Hochzeit, war sie fassungslos, dass Gott das Versprechen, das sie als kleines Mädchen gegeben hatte, nicht vergessen hatte und sie nun – mit einem Ehemann! – an jenen Ort sandte, an den er sie einst rief.

Da wir kurzfristig nach Bihar aufbrachen, führte uns unsere Reise zuerst nach Jamshedpur, von wo aus wir mit dem Bus weiterreisen mussten. Von hier aus war es eine 14-stündige Fahrt nach Dehri-on-Sone – in einem völlig überladenen Vehikel. Meine Frau ergatterte einen Sitzplatz, doch ich musste ganz hinten beim Gepäck bleiben.

Als der Bus die Stadt verließ und die Nacht hereinbrach, wurden alle Lichter im Innenraum gelöscht. Ich muss nochmals betonen, dass wir erst seit acht Tagen verheiratet waren, als wir diese Reise antraten.

Man wird sich die beklemmende Situation meiner Frau jetzt gut vorstellen können: Es war dunkel, und die Menschen um sie herum redeten in einer Sprache miteinander, die sie nicht verstand; sie musste sich sogar zwei- oder dreimal gegen Belästigungsversuche zur Wehr setzen, bevor sie mich rief und mich bat, bei ihr zu bleiben.

Da wurde mir klar, wie groß ihre Angst sein musste, wenn sie daran dachte, den Rest ihres Lebens unter diesen sündhaften Männern verbringen zu müssen.

Ich blieb bei ihr und bewachte gleichzeitig unser Gepäck. Meine Beine hielten es kaum aus. Als wir in Dehri-on-Sone ankamen, waren wir komplett erschöpft.

Jene erste Reise nach Dehri bereitete meine Frau auf die vielen Herausforderungen vor, die sie erwarteten. Beharrlich ertrug sie die konstanten Sticheleien der Kinder und Jugendlichen, die sich darüber lustig machten, dass sie die Sprache nicht beherrschte. Es gelang ihr sogar, eigenhändig einige Männer abzuwehren, die mit Stöcken und Knüppeln unser Haus angriffen, als ich gerade einmal unterwegs war. Sie beschuldigten uns, einige Frauen entführt und verkauft zu haben. Doch der Herr hatte meine Frau bereits am ersten Tag auf all diese Herausforderungen vorbereitet. Er ist in der Tat der Gott, der die Hand auf den Krieg und die Finger auf die Schlacht vorbereitet (wie wir das nennen).

Obwohl ich Vorbehalte in Bezug auf die Ehe gehabt hatte, erwies sie sich nicht als das Hindernis, das ich befürchtet hatte. Meine Frau war ein Geschenk Gottes. Sie passte sich den Situationen an, wie ein Frosch sich erst dem Leben unter Wasser, dann dem Leben über Wasser anpasst, und nahm jede Herausforderung ohne Murren an. Es war nicht einfach für sie.

Ihre Umwelt war ihr gegenüber äußerst feindselig. Sie war ein leichtes Ziel für Sticheleien, denn ihre Kleider und ihre Sprache waren anders, und da keine anderen Christen in der Nähe waren, hatte sie niemanden, der sie hätte unterstützen können. Sie wurde sogar als Ehebrecherin beschimpft, da sie den lokalen Brauch nicht befolgte, ihr Gesicht zu verschleiern oder den *tilaka,* den roten Punkt an der Stirn, anzubringen. Die Menschen machten komische Geräusche, wenn sie in meiner Begleitung an ihnen vorbeiging.

Manchmal, wenn ich auf Dienstreise war, ließ ich sie zwei Wochen am Stück allein zurück. Sie meisterte jede Situation mit großem Mut. Nur eine hingebungsvolle Frau kann einem Diener Gottes zum Segen werden.

Als unmittelbare Folge meiner Hochzeit fiel es den Menschen nun einfacher, mir zu vertrauen, da ich jetzt ein verheirateter Mann war. Mein Dienst begann zu wachsen. Nachdem wir ungefähr fünf Monate in Dehri-on-Sone verbracht hatten, zogen wir weiter nach Daudnagar.

Wann immer ich verreisen musste, kam zur Unterstützung meiner Frau ein Mädchen ins Haus. Ihre Familie kannte Christus nicht persönlich. Doch meine Frau gab nicht auf, bis das Mädchen ihn annahm. Im Laufe der Zeit nahm die gesamte Familie Jesus als ihren persönlichen Erlöser an.

Heute hat Daudnagar eine eigene Kirche und vier einheimische Pastoren – all das dank meiner Frau. Sie war unentbehrlich für den Erfolg unseres Dienstes, obwohl sie die Sprache der Einheimischen nicht beherrschte.

An dieser Stelle ein Wort an die Leserin und den Leser: Diene dem HERRN *immer*, egal, wie schwierig die Umstände auch sein mögen, in die Gott dich stellt.

Unter dem Schutz seiner Flügel

Unterdessen sahen wir uns bei der Organisation der allerersten Versammlung in Daudnagar mit Problemen konfrontiert. Ein paar Übelgesinnte hatten die Bevölkerung dermaßen in Aufruhr versetzt, dass es zum Konflikt kam. Sie ermutigten sogar kleine Kinder dazu, unsere Kampagne schlechtzureden.

Weder der Bürgermeister noch der Polizeichef halfen uns. Die Randalierer zerstörten die Lampen, die wir um den Platz herum installiert hatten, und hinderten uns daran, die Versammlungen durchzuführen. Sowohl Pastor Dhayanandan als auch ich wurden dann auch noch lange Zeit auf dem Polizeiposten festgehalten.

Als der Polizeiinspektor endlich kam, sagte er: «Hört auf, den Leuten Geschichten zu erzählen, und haltet keine Versammlungen mehr ab.» Mit diesem Rat wurden wir entlassen.

Erst als wir an den Veranstaltungsort zurückkehrten, erkannten wir das volle Ausmaß der Zerstörung.

Jemand in der Menge brüllte: «Vor 45 Jahren haben wir einen Missionar, der zu uns kam, in Stücke geschnitten und je ein Stück von ihm in jede Straße getragen. Wagt es nicht, herzukommen!»

Wir antworteten: «Wir sind nicht hergekommen, unser Leben zu retten, sondern es zu verlieren.» Unser Eifer für den Herrn war so groß, dass wir sogar bereit waren, unser Leben aufzugeben. Doch die Gnade Gottes war mit uns, und bald beruhigte sich die Lage wieder.

Die Nachrichten über den Aufstand verbreiteten sich wie ein Lauffeuer und wurden noch in jener Nacht übers Radio ins Land getragen. Dass die Regierung derart rasch vom Aufstand erfuhr, weckte in den Köpfen der Menschen eine Furcht vor Gott, die weitere Aufstände verhinderte. Er ist der Herr der Heerscharen!

Drohungen von Zauberern und religiösen Fanatikern waren gang und gäbe und erreichten uns weiterhin mit unverminderter Regelmäßigkeit. Besonders inakzeptabel war das Benehmen eines Betrunkenen, der der Ishmael-Gruppe angehörte und uns fast täglich belästigte.

Diese widrigen Umstände zwangen uns zum Umzug. Das neue Haus glich einer Höhle, doch den erwarteten Schutz bot es uns nicht. Auch dort wurden wir bestohlen.

Trotz des neuen Wohnsitzes in Daudnagar behielten wir unser Postfach im vierzig Kilometer entfernten Dehri-on-Sone. Einmal erwarteten wir Korrespondenz und mussten diese abholen. Brother Samuel und ich beschlossen, mit dem Fahrrad nach Dehri zu fahren. Es war ein windiger Tag. Bald waren wir erschöpft, und zu allem Übel bekamen wir dann noch einen Platten. Ohne Geld in der Tasche beschlossen wir, den Fahrradsitz gegen die Reparatur des Reifens einzutauschen, eine Arbeit, die uns eigentlich nur dreißig Paise, also 0,30 Rupien gekostet hätte. Doch keine der Werkstätten wollte auf unser Angebot eingehen.

Da uns keine Wahl blieb, setzten wir unsere Reise zu Fuß fort und schoben das Fahrrad vor uns her. Nachdem wir viele Kilometer zurückgelegt hatten, fanden wir jemanden, der Lastwagenreifen flickte und sich bereiterklärte, uns zu helfen. Doch in der Folge ging es «vom Regen in die Traufe», denn er zerstörte den Fahrradschlauch fast komplett. Nach zwölf Stunden erreichten wir Dehri-on-Sone mit riesigen Blasen an den Füßen.

Solche Zwischenfälle waren nichts Außergewöhnliches, doch Gott war immer gnädig und versorgte uns stets mit dem Nötigsten. Wir lernten, dass der Pfad des Dienstes steinig ist und dass es besonders dort schwierig wird, wo sich der Wohlgeruch des Evangeliums noch nicht verbreitet hat. Doch wir verzagten nie. Wir wurden durch den HERRN ermutigt, der immer dann einschritt, wenn wir uns am Rande der Verzweiflung befanden. Er arbeitet auf geheimnisvolle Art und Weise.

Fünfeinhalb Kilometer von Daudnagar entfernt liegt das Dorf Anchha. Jedes Mal, wenn wir dort einer gewissen Gruppe von Dorfbewohnern auf dem Marktplatz begegneten, bedrohten sie uns. Aber anstatt uns entmutigen zu lassen, bekräftigte uns das in unserer Entscheidung, dort das Evangelium zu verkündigen. Wir erfuhren, dass in jenem Dorf jedes Haus eine Feuerwaffe besaß und die Menschen keine Skrupel hatten, sie auch zu benutzen.

Eines Tages beschlossen wir, ihnen das Evangelium zu bringen. Kaum hatten wir das Dorf betreten, wurden wir von zwei Männern mit riesigen Schnauzbärten gestoppt.

Brother Samuel und ich traten ihnen mutig entgegen und

sagten: «Dies ist unser Land, ein freies Land. Niemand kann uns daran hindern, auf den Straßen zu predigen.»

Wütend ergriffen sie uns und schleppten uns vor die Dorfältesten. Sie riefen: «Predigt zuerst hier, bevor ihr im Dorf predigt.»

Dies sollte der Einschüchterung dienen. Aber stattdessen waren wir glücklich, ein Publikum vorzufinden, ohne es zuerst suchen zu müssen, und begannen sofort, das Wort Gottes zu verkündigen.

Als wir anfingen zu singen, machte sich die Gegenwart Gottes machtvoll in unserer Mitte bemerkbar. Wir konnten sehen, wie der Geist Gottes unter ihnen umherging, als wir zu predigen begannen.

Noch vor Ende der Predigt kam einer der Ältesten zu dem Schluss, dass wir die Wahrheit sagten. Er fragte uns, ob wir Bücher dabeihätten, die er lesen könne und die ihm mehr über Gott erzählen. Ich reichte ihm ein Neues Testament, und ohne zu zögern überreichte er mir das Geld dafür. Andere taten es ihm gleich, und innerhalb kürzester Zeit hatten wir sämtliche 35 Exemplare verkauft.

Einer von ihnen fragte, wo wir leben. Er kannte die Höhle, in der meine Familie wohnte, und meinte: «Ihr verbreitet die Gute Nachricht. Ihr müsst an einem würdigen Ort in der Stadt leben.» Also bot er uns sein Haus in einer angesehenen Straße in Daudnagar an.

Die Männer, die uns hierhergeschleppt hatten, fühlten sich gedemütigt und zogen mit hängenden Köpfen davon. Wir kehrten nach Hause zurück und lobten unseren HERRN. Er ist tatsächlich in der Lage, Wasser aus einem Felsen fließen zu lassen!

Bald zogen wir in das Haus ein, das uns angeboten worden war, und begannen, dort regelmäßige Versammlungen abzuhalten. Viele Menschen, die unter der Kastendiskriminierung litten, berichteten uns von dem Elend, in dem sie leben mussten. Sie zeigten sich begierig, Jesus anzunehmen, doch fürchteten sie sich vor dem, was die Gesellschaft davon halten würde.

Verwirrung

In Bhabua wurde Stephen Sivanath, die erste Frucht unseres Dienstes, seines Glaubens wegen aus seinem Haus geworfen. Doch davon gänzlich unbeeindruckt trat er in das Predigerseminar in Itarsi ein, um sich für den Dienst auszurüsten.

Der Teufel hatte begonnen, gegen unseren blühenden Dienst in Bhabua zu arbeiten. Die «Jesus only»-Gruppe, die nicht an die Dreifaltigkeit glaubt, infiltrierte unser Missionsfeld und begann, unter den Neubekehrten zu arbeiten, sie irrezuführen und nochmals zu taufen. Völlig verwirrt kehrten diese Menschen zu ihrer ursprünglichen Religion zurück. Jeder neue Christ, den wir mit so viel Hingabe und Sorgfalt aufgezogen hatten, ging verloren. Alle unsere Opfer, Tränen und Anstrengungen verpufften innerhalb von drei Monaten.

Es war zum Verzweifeln. Wir schütteten dem HERRN unser Herz aus und erneuerten unsere Anstrengungen, die verlorenen Schafe wiederzufinden. Dabei bekamen wir auch Ärger mit einem Mitarbeiter, der über die Zeit zu einem Stachel in unserem Fleisch geworden war. Wir kämpften zwei Jahre lang gegen diese Situation an.

Ich ließ Brother Samuel in Bhabua und reiste einmal wöchentlich dorthin, um Evangelisations-Veranstaltungen abzuhalten. Die Distanz betrug 160 Kilometer. Ich trat meine Reise jeweils um sieben in der Früh an und kam in Bhabua erst um sieben Uhr abends an. Der Aufenthalt dort kostete mich zwei ganze Tage. An den restlichen Tagen der Woche diente Brother Samuel allein in den Dörfern.

Um Zwischenfälle wie das Verlieren vieler Schafe in Zukunft zu vermeiden, begannen wir, ein festes Fundament zu legen, indem wir die gesunde Doktrin des Wortes lehrten. Wir organisierten regelmäßige Bibelstudienlager. Dies half den Neubekehrten, ihr Wissen zu vermehren, ihren Glauben zu stärken und viele zu ermutigen, selbst zu predigen.

Die Last teilen

Die Gebetspartner in Südindien beteten weiterhin mit großer Hingabe für uns. Regelmäßig organisierten sie Gebetsversammlungen, und einmal hielten sie ein ganztägiges Gebetstreffen in Padappai in der Nähe von Chennai ab, um gezielt für die Errettung der Menschen in Nordindien zu beten.

Als er die herausragende Arbeit sah, die wir in den Hügeln von Rohtas geleistet hatten, suchte uns ein Dorfchef auf und bat uns, einen Missionar in sein Dorf zu schicken. Wir schrieben der Gebetsgruppe in Tambaram, woraus der spezielle Gebetstag in Padappai resultierte. Während eine kleine Gruppe von Gläubigen sich dort versammelte, entzündete das Feuer Gottes ihre Herzen, und sie spürten Gottes Liebe und Barmherzigkeit für die Menschen von Bihar. Ihre Herzen brannten für die verlorenen Seelen. Der Bruder, der das Gebet leitete, begann plötzlich vom Heiligen Geist inspiriert zu singen:

Die Zeit vergeht.
Die Jugend verfliegt.
Die Gedanken versagen.
Das Wissen scheitert.

Das Lied berührte alle, während sie es wiederholt sangen. Die Atmosphäre war wie elektrisch aufgeladen. Zwei junge Studenten übergaben ihr Leben dem HERRN. Sie waren noch nicht einmal zwanzig Jahre alt. Gedanken an das Studium, ihre Zukunft, die Erlaubnis ihrer Eltern – nichts schien sie zu kümmern. Ihre einzige Sorge war es, Gott zu gehorchen. Jenen, die dem Ruf Gottes folgen, sind all diese Sorgen nebensächlich. Unser HERR bereitet auch die Herzen und Gedanken jener vor, die sich um ihr Wohlbefinden sorgen. Er ebnet ihren Weg für den Übergang. Daran gibt es keine Zweifel. Dies ist die biblische Wahrheit.

Viele Menschen fragten diese beiden jungen Männer, was sie in ihrem zarten Alter zu erreichen hofften. «Gott ist sich unseres Alters bewusst», antworteten sie. Die zwei jungen Männer waren Brother Solomon John und Brother Daniel Inbaraj. Die Frage der Finanzierung stellte sich erst gar nicht, da ihre Schulkameraden diese sicherstellten. Außerdem war Brother Solomon in Nordindien aufgewachsen.

Wegrennen? Nein!

Da uns Brother Stephen Sivanath verlassen hatte, um das Predigerseminar in Itarsi in Madhya Pradesh zu besuchen, fiel mir die Aufgabe zu, diesen zwei jungen Männern Hindi beizubringen. Es wurde zu unserer Routine, zu viert auf zwei Fahrrädern in die Dörfer hinauszufahren und zu predigen.

Wir investierten alle Spenden, die wir erhielten, in die Verkündigung des Evangeliums. Zu Hause benutzten wir deswegen aus Mangel an Alternativen leere Bücherschachteln als Sitzgelegenheit für unsere Besucher. Wir reduzierten auch unsere Ausgaben für unsere Ernährung. Wir waren jung und spürten die Auswirkungen solch drastischer Maßnahmen kaum. Mehrere Kilometer zu Fuß zurückzulegen war für uns keine Sache. Ausgelassene Plaudereien über die Bräuche der Menschen hielten meine Begleiter bei Laune und halfen ihnen, ihre Müdigkeit zu vergessen.

Derweilen fand in unserem Wohnort Daudnagar ein Kampf um Überlegenheit zwischen fanatischen Hindus und Muslimen statt. Diese Gruppen fühlten sich von uns nicht bedroht, da man ihrer Meinung nach mindestens fünfzig Jahre alt sein musste, um überhaupt über Religion sprechen zu können. In ihrer Arroganz ignorierten sie uns völlig.

Obwohl ihre sarkastischen Bemerkungen uns beleidigten, arbeiteten wir weiter. Unser Wunsch, das Evangelium zu verbreiten, verflog nicht. Wir baten Gott um viele weitere junge Menschen für seinen Dienst, und Gott antwortete auf unsere Gebete.

In meiner Heimatstadt Tuticorin braute sich in der Zwischenzeit eine Familienfehde zusammen. Ein junger Mann bereitete seinem Vater mit einem zügellosen Lebensstil großes Leid. Zutiefst frustriert hatte der Vater ihn aus dem Haus geworfen und ihn gebeten, sich das Leben zu nehmen.

Ohne Perspektive ging der junge Mann nach Chennai zu seiner älteren Schwester, um dort Arbeit zu finden. Sein Leben wurde zur Hölle. Er fand weder Frieden noch Arbeit.

Eines Tages, als er auf der Post gerade eine Bewerbung abschicken wollte, hörte er eine Stimme, die zu ihm sprach: «Suche zuerst das Reich Gottes.»

Da er nicht wusste, wer das gewesen war, schickte er seine Bewerbung ab und kehrte nach Hause zurück. Einige Tage später wurde er aus dem Schlaf geschreckt. Er hörte wieder dieselben Worte. Er wischte sie beiseite, indem er sich einredete, dass jemand auf der Straße gerade eine Predigt hielt. Doch die Worte beunruhigten ihn in dem Maße, dass er auf die Straße hinauslief, um einen Prediger zu suchen. Er fand keinen, aber die Worte verfolgten ihn weiter.

Dieser junge Mann war Brother Ambrose, der mich eines

Abends aufsuchte, als ich gerade in Tamil Nadu war. Während wir der Straße von Chromepet zum «Tambaram-Sanatorium» folgten, schüttete er mir sein Herz aus und erzählte mir von seinem Leben.

Ich versuchte, ihm mit dem Wort Gottes zu helfen. Weil die Nacht hereinbrach, machten wir unter einer Straßenlampe eine Pause, und ich las ihm die entsprechenden Verse vor. Noch beim Lesen der Verse erkannte er seine Sünden, bereute sie und nahm Jesus als seinen persönlichen Erretter an. Ich lud ihn zur Gebetsgruppe ein. Während wir zusammen beteten, empfing er die Taufe im Heiligen Geist.

Kurz darauf öffneten sich ihm die Türen. Er fand einen Arbeitsplatz in Tuticorin. Gleichzeitig häuften sich auch die Gelegenheiten, das Evangelium zu verkünden und Kranke zu heilen. Die Zahl der Gläubigen wuchs, und er wurde Juniorpastor der Kirche, die er besuchte.

Wann immer ich in Tamil Nadu vorbeikam, suchte ich ihn auf und betete mit ihm. Zu jener Zeit wuchs in ihm auch die Liebe zum Norden Indiens heran. Jetzt wartete er auf den klaren Ruf Gottes.

Die zahlreichen Gelegenheiten, das Evangelium zu verkündigen, und die unglaubliche Freude, die ihm die Evangelisationsarbeit in seiner Heimat bereitete, ließ seine Liebe für Bihar bald erkalten. Doch Gottes Beschlüsse ändern sich nicht! Brother Ambrose erlitt wiederholt Schübe von Typhus, und dies bewog ihn, Gottes Ruf in den Norden zu folgen. Obwohl die Menschen um ihn herum versuchten, ihn davon abzuhalten, folgte er dem HERRN. Die Mitglieder seiner Kirche gaben ihm die Weihe, und er machte sich auf Richtung Norden.

Die Versammlungen in Tuticorin bewogen immer mehr junge Männer, dem Missionsdienst beizutreten. Muralitharan, ein junger Mann, der Christus angenommen hatte, nahm den Namen «Joseph» an. Er und sein Freund Paul, der in der Druckindustrie arbeitete, gründeten einen Dienst in Thiruvannamalai, rund 160 Kilometer südwestlich von Chennai. Auch sie erhielten den Ruf, in Nordindien zu arbeiten, und auch sie gehorchten.

Bei einem Jugendfestival in Chennai folgte eine große Zahl junger Menschen Pastor Dhayanandans Aufruf, in Nordindien zu dienen.

Unter ihnen befand sich auch eine junge Frau, die – obwohl sie nicht wusste, ob sie die Erlaubnis ihrer Eltern erhalten würde – mit den Vorbereitungen für die Arbeit in Nordindien begann. Sie war sich sicher, dass sie die Stimme Gottes klar vernommen hatte. Mit unglaublichem Mut und der Hilfe Gottes gelang es ihr, die Widerstände zu überwinden und nach Bihar zu reisen. Jeyavadana war die erste Frau, die sich unserem Dienst anschloss.

Herausforderungen für junge Missionare

Die Zahl der jungen Christen, die dem Ruf Gottes folgten, stieg stetig an. Sie kümmerten sich wenig um die Unterstützung, die sie erhalten würden. Ihre einzige Sorge bestand darin, Gott zu gehorchen.

Auch die Menschen, die diese Missionare unterstützten, taten ihr Bestes. Doch so viel sie auch gaben, es gab eine Grenze. Wir waren uns dessen bewusst und reduzierten unsere Ausgaben auf ein absolutes Minimum. Unser Vertrauen darauf, dass Gott unsere Bedürfnisse kannte, bestätigte sich immer wieder dadurch, dass er unseren Glauben belohnte.

Die schwierigen Umstände, denen wir auf dem Missionsfeld begegneten, lehrten uns viele wertvolle Lektionen. Wir lernten, dass unser Glaube gestärkt wurde, wenn er auf den Prüfstand gestellt wurde, und dass, wenn unsere Bedürfnisse wuchsen, Gottes Vorsehung in gleichem Ausmaß zunahm. Heute kennen wir die Größe Gottes und verstehen die Bedeutung der Aussage:

«[Gott] ruft das, was nicht ist, dass es sei» (Römer 4,17).

Während wir auf dem Missionsfeld lebten und für das Evangelium arbeiteten, erkannten wir die Macht des kollektiven Opfers der Teammitglieder. Die Leidenschaft für den HERRN und das Wissen, dass wir an einem Ort lebten, an dem Seelen verloren gingen, weil sie den lebendigen Gott nicht kannten, trieben uns an, unermüdlich für ihn zu arbeiten. Dabei stellte die Entscheidung, niemandem unsere Bedürfnisse mitzuteilen, unseren Glauben gehörig auf den Prüfstand. Wir hörten nie auf, um Feuer und Hingabe für die Errettung der verlorenen Seelen zu beten.

Die Sprache war eine große Hürde für die neuen Rekruten und nahm den größten Teil ihrer Zeit in Anspruch. Dies führte oft zu Entmutigung und Zweifeln. Viele fragten sich, ob Gott sie tatsächlich in den Norden Indiens gerufen hatte. Sie waren sprachlich nicht in der Lage, das Evangelium zu verkünden, und ihre Jugend und damit einhergehend die mangelnde Erfahrung waren auch eine Herausforderung.

Manchmal warf ihre Haltung, alles besser zu wissen, und ihre Unfähigkeit, die Sichtweise einer anderen Person zu akzeptieren, Sand in das Getriebe unseres Teams. Der Feind nutzte diese Schwächen natürlich aus. Doch sobald die jungen Mitarbeiter die Taktik des Feindes begriffen, fiel es ihnen auch leichter, ihre Schwächen zu überwinden.

Hin und wieder versuchte der Feind auch, sich die Fleischeslust und die Schuldgefühle nach einem Fall zunutze zu machen. Doch wir alle lernten rasch, dass der Heilige Geist geistliche Heilung bringt und die Flecken in unserem Leben beseitigt, damit wir den Zweck, zu dem wir gerufen worden waren, erfüllen konnten. In Prüfungssituationen wie diesen ermutigte uns der Heilige Geist, dem schmalen und geraden Weg zu folgen.

Ich frohlockte im HERRN, als alle Diener Gottes sich versammelten, um zu beten, zu planen und die neuen Aktivitäten unseres Dienstes in die Tat umzusetzen. Wir schritten im Glauben voran, im Wissen, dass Gott große Dinge tun würde.

Die Liebe Gottes, vor der es kein Entrinnen gibt

Punav, ein Dorf in der Region um Bhabua, war Brother Samuels Missionsfeld. Im *dhoti* – einem im Süden Indiens üblichen Gewand – gekleidet sang und predigte er bei seinen Besuchen im Dorf auf offenen Plätzen. Bevor er den Heimweg antrat, verteilte er Traktate.

Was er nicht wusste: Dort hatten zuvor schon Katholiken gearbeitet, und einige Dorfbewohner hatten sich zum Christentum bekehrt, in der Hoffnung, materielle Vorteile daraus zu schlagen. Die katholischen Priester hatten einige der Schüler wegen unrühmlichen Benehmens aus ihrer Schule geworfen, worauf ein Konflikt zwischen den Priestern und den Dorfbewohnern ausbrach.

Dies bewirkte in den Familien der ausgeschlossenen Schüler Bitterkeit und Hass gegenüber dem Christentum. Es bildete sich daraufhin eine Gruppe unter der Führung von Lakshman, einem dieser Schüler, die sich unsozialen Aktivitäten widmete. Sie waren nicht bereit, die Predigten von Brother Samuel geschweige denn seinen Lebensstil anzunehmen. Im Gegenteil: Sie suchten Streit mit ihm und lachten ihn aus.

Einige Zeit später, als Lakshman nach Bhabua kam, um an einem Auswahlverfahren für ein Trainingsprogramm teilzunehmen, erfasste ihn eine tiefe Unruhe. Er zog sich zurück und mied den Kontakt mit anderen Menschen. Er war sehr deprimiert.

Als er so mit sich kämpfte, hörte er plötzlich eine Stimme: «Geh zum Diener Gottes und bete mit ihm.»

Er war wie vor den Kopf gestoßen. Während er sich noch darüber wunderte, hörte er die Stimme erneut in aller Klarheit: «Steh auf und geh hinaus auf die Straße. Dort wirst du ihn finden.»

Er gehorchte der Stimme und machte sich mit dem Fahrrad auf die Suche nach dem besagten Diener Gottes. Tatsächlich traf er ihn auf der Straße an, begrüßte ihn, stellte sich vor und wurde von Brother Samuel zu einem Treffen mit mir eingeladen, da ich ihm die Dinge besser würde erklären können. Nach einem kurzen Gebet – noch an Ort und Stelle – machte sich Lakshman auf den Weg.

Am folgenden Sonntag nahm Lakshman mit einer Gruppe von Jungen am Gottesdienst teil. Die ehemaligen Widersacher wurden in diesem Moment zu Hauptdarstellern und erfreuten sich an der Liebe, die ihnen von den Kindern Gottes zuteilwurde. Sie hatten Tausende Fragen mit sich herumgetragen, doch das Wort Gottes gab ihnen die Antwort auf jede einzelne. Als der Heilige Geist in ihr Herz einzog, erstrahlte in ihrem Innern neue Hoffnung, und sie übergaben ihr Leben dem HERRN. Ja, sie luden uns sogar in ihr Dorf ein.

Es folgten zahlreiche Versammlungen, und wir wurden Zeugen davon, wie sich das Evangelium in Punav und in den benachbarten Dörfern ausbreitete. Einige wurden von ihrer Drogensucht befreit. Einer davon war Arjun, der sich später «Timothy» nannte. Eine Gruppe von fünfzehn jungen Männern erhielt die Taufe im Heiligen Geist und sehnte sich jetzt danach, das Licht des Evangeliums unter ihresgleichen scheinen zu lassen.

Es war keinesfalls eine leichte Aufgabe, ihnen das Wort Gottes beizubringen, sie für den Dienst auszurüsten und sie dazu zu motivieren, die Vision Gottes zu verstehen und zu bewahren. Unsere große Sorge bestand darin, dass sie ohne gute Kenntnisse von Gottes Wort in ihrem Dienst nicht erfolgreich sein würden. Das lehrte uns, geduldig und liebevoll im Umgang mit ihnen zu sein.

Ein Bruder aus Nordindien wollte daraufhin eine von ihm finanzierte dreitägige Evangelisations-Veranstaltung in der Stadt Chand durchführen. Einige von uns brachen auf, um ihm dabei zu helfen.

Während der Versammlungen kamen sechs der Dorfältesten auf mich zu und sagten: «Wir bekehren uns zum Christentum, wenn du uns heute Nacht deine Frau gibst.» Unfassbar, wie verdorben diese Männer waren!

Ich erwiderte: «Mein Herr, Sie sind alt genug, um mein Vater zu sein. Dies ist die erste Stadt, in der ich einen Vater sehe, der seinen Sohn um seine Frau bittet.» Das ließ sie verstummen, und sie zogen sich zurück.

Gott tat große Dinge, um seine Herrlichkeit bei diesen Versammlungen zu offenbaren. Solche Erlebnisse ermutigten uns, weiterzumachen, und der Heilige Geist gab uns die Kraft, auch voranzuschreiten.

5. Kapitel
Der Preis der Hingabe

Reiche Ernte

Wir begriffen, dass Gott uns nach Nordindien gesandt hatte, um lokale Missionare verschiedener Hintergründe zu rekrutieren, damit diese in ihrem jeweiligen kulturellen Kontext arbeiteten. Das ist effizienter, da diese nicht zuerst die Barrieren geografischer, sprachlicher, ernährungstechnischer und klimatischer Bedingungen überwinden müssen. Außerdem hatten sie den Vorteil, auf die Unterstützung ihrer Familien zählen zu können.

Unsere erste Aufgabe bestand darin, ihnen die Liebe Gottes für die verlorenen Seelen ihres Volkes vor Augen zu führen, um diese Liebe dann auch in ihren Herzen zu entzünden. Mit diesem Ziel vor Augen gründeten wir ein 21-tägiges Trainingslager. 120 Menschen nahmen daran im Sommer 1977 teil. Wir luden Missionsleiter von verschiedenen Organisationen aus Nord- und Südindien ein, um diese Nachfolger Christi auszubilden. Unter den 23 Lektionen waren auch praktische Trainingseinheiten, wie etwa die Umsetzung einer evangelistischen Abendveranstaltung.

Wir waren überglücklich, als wir erfuhren, dass Gott in einigen der Teilnehmer die Sorge um die verlorenen Seelen geweckt hatte. Sie wurden im Glauben und in der Kenntnis der Heiligen Schrift gestärkt und erhielten die Kraft des Heiligen Geistes. Sie waren voller Eifer und arbeiteten unermüdlich, um Christus, ihren Erretter, unter die Menschen zu bringen. Einige der Teilnehmer verpflichteten sich zum vollzeitlichen Dienst.

Dieser Erfolg legte den Grundstein für das Trainingsprogramm der «Gospel Echoing Missionary Society» (GEMS); wir beschlossen, solche Lager öfter durchzuführen. Eine besondere Ermutigung war folgende Beobachtung von Joseph Tong, einem Missionslehrer aus Singapur:

«Wenn es euch gelingt, fünf solcher einheimischer, aber effizienter Gruppen zu bilden, die in ihrer eigenen kulturellen Umgebung arbeiten, wird Bihar bald evangelisiert sein.»

Also beschlossen wir, unsere Anstrengungen zu intensivieren. Sechs Mitglieder unseres Teams wollten ad hoc Tagesveranstaltungen durchführen. Unser Ziel war es, solche Versammlungen innerhalb von zehn Tagen in zehn verschiedenen Städten an insgesamt einhundert Orten zu verwirklichen. Ununterbrochen traten wir in die Pedale unserer Fahrräder, um dieses Ziel zu erreichen.

Obwohl diese Übung zu Lasten unserer Gesundheit ging, trieb uns unser Eifer weiter an. Derart groß war unsere Leidenschaft für den HERRN.

Die erste Stadt auf unserem Programm war Aurangabad im Südosten von Bihar. Gott schenkte uns die Gnade, dort ausschließlich zu Prostituierten sprechen zu können. Diese Erfahrung veränderte mein Leben. Sechs junge Männer wandten sich an mehr als vierzig Prostituierte und an die Mitglieder ihrer Familien, die begierig das Wort Gottes in sich aufsogen. Wir verkündeten die Liebe Christi mit Leidenschaft.

Mit diesen wissbegierigen, aber so unglücklichen Menschen über Gott reden zu können, rührte uns zu Tränen. Während wir predigten, weinten auch viele von ihnen. Wir mussten bald weiterziehen, doch bevor wir uns verabschiedeten, gaben wir ihnen noch einige Bücher mit auf den Weg.

Als wir den Ort wieder verließen, fühlten wir uns trotz allem nicht wohl. Wir spürten, dass wir nicht genügend getan hatten. Diese Menschen sollten durch die erlösende Kraft Jesu Christi von den Fesseln des Bösen befreit werden, doch mangelndes

Geld und knappe Ressourcen schränkten unsere Möglichkeiten dramatisch ein. Dies frustrierte uns oft.

Wir wünschten uns aufrichtig, ein Heim für diese unglücklichen Seelen zu schaffen, in dem sie ein sicheres, friedliches und freies Leben führen konnten. Viele von ihnen waren den Versprechen zum Opfer gefallen, die ihnen böswillige Verwandte und Freunde gemacht hatten. Ihr eigenes Volk, oft auch die eigenen Eltern, betrogen sie. Einige waren verkauft worden, während andere in diese Situation hineingeboren wurden. Es blieb ihnen schließlich keine Wahl, als diese Tätigkeit weiter auszuüben.

Sind sie einmal darin gefangen, können sie sich nicht mehr daraus befreien. Wenn eine Frau sich diesem Leben verweigern will, sieht sie sich brutalen Strafen ausgesetzt. Dieser elende Zustand berührte uns zutiefst, doch wir sahen uns nicht in der Lage, ihnen zu helfen. Die Hilflosigkeit und die daraus resultierenden Schuldgefühle quälten uns tagelang. Bis heute ist es mir nicht gelungen, das schlechte Gewissen darüber ganz loszuwerden.

An dem Tag konnte ich gut nachvollziehen, was der HERR gemeint hatte: «Die Ernte ist groß, aber wenige sind der Arbeiter.» Obwohl mich der Wunsch verzehrte, einzuschreiten und zu helfen, wusste ich nicht, wie ich helfen oder was ich tun sollte.

Erst später verstand ich, dass ein Einzelner nicht alle Bedürfnisse sämtlicher Bedürftigen stillen kann. Die Herausforderungen sind zu zahlreich und zu unterschiedlich, als dass eine Person oder eine einzelne Organisation sich alleine um sie alle kümmern könnte. Wenn die Menschen dem Ruf, den sie von unserem Erlöser erhalten, nicht folgen, werden wir nicht in der Lage sein, alle Probleme zu lösen.

Die Leidenschaft, dieses Feuer in den Herzen der Menschen zu entfachen, bewegt mich noch heute mit unverminderter Kraft, denn ich weiß aus erster Hand, wie viel noch zu tun bleibt. Ich möchte den Menschen die Augen öffnen für die Dringlichkeit unseres Handelns.

Mir geht noch heute ein Stich durchs Herz, wenn ich das Gesicht einer jungen, noch nicht einmal zwanzigjährigen Prostituierten vor mir sehe. Tränen liefen ihr über die Wangen. Jener traurige, hilflose Blick schien mir zu sagen: «Du hast leicht reden. Du musst nicht mein Leben leben. Ich will diesen Lebensstil genauso wenig wie du, aber ich habe keine Wahl. Wenn ich mich weigere, muss ich die Folgen tragen.» Es brach mir das Herz.

Die Tatsache, dass ich der einzige verheiratete Mann in unserem sechsköpfigen Team war, machte es für mich noch schwerer. Die anderen waren alles junge, unverheiratete Männer. Ich konnte meinen Schmerz mit keinem von ihnen teilen. Ich bat Gott, mich nicht mehr auf eine solche Mission zu schicken. Ich konnte es nicht ertragen.

Noch heute fühle ich mich schuldig; das Gefühl, diese Menschen im Stich gelassen zu haben, verfolgt mich auch weiterhin. Es kommt jedes Mal von neuem hoch, wenn ich in Zeitungen oder Zeitschriften die tragischen Geschichten von jungen Frauen lese, die betrogen und in die Prostitution gezwungen wurden.

Wie viele Familien gibt es, die aus Angst vor Hunger und Armut ihre Körper verkaufen und ihr Bett mit Fremden teilen müssen! Wie wunderbar wäre es, wenn wir die Hilfeschreie jener hören könnten, die von den Pfeilen ihrer Verführer getroffen werden. Frauen wie die biblische Rahab sind gute Vorbilder für sie. Mutige Vorbilder wie Pandita Ramabai, eine indische Christin, Sozialreformerin, Aktivistin, Autorin und Wissenschaftlerin, die Ende des 19. bis Anfang des 20. Jahrhunderts für bessere Lebensbedingungen von Inderinnen kämpfte, sind Beispiele, die uns inspirieren sollten, für diese Frauen zu kämpfen und sie aus der Dunkelheit ins Licht der Wahrheit zu führen – das ist der Wille Gottes. Die Zeit drängt.

Brother Augustine Jebakumars Eltern

Brother Augustine Jebakumars Schwestern

Brother Augustine
Jebakumar

Rupas Eltern

Das Hochzeitsfoto von Augustine und Rupa

Augustine und Rupa

Krankenhaus von GEMS in Bihar

Wartende Patienten

Kinderheim mit an Polio erkrankten Kindern

Technische Fachhochschule in Bihar

Und weiter geht's

Schweren Herzens setzten wir unsere Mission, solche Frauen mit dem Evangelium bekanntzumachen, an anderen Orten fort. Zunächst in der Stadt Kudra, die auf der anderen Seite von Dehri-on-Sone, in Richtung Varanasi liegt, wo uns Polizisten mit dem Gefängnis drohten. Unsere Antwort darauf – dass wir sogar bereit waren, ins Gefängnis zu gehen – bewirkte eine dramatische Veränderung ihrer Haltung. Sie gingen dazu über, uns zu beschützen.

Auf diesem Trip begegneten wir noch weiteren Hindernissen. Doch immer kehrten wir zurück nach Hause im Wissen, dass wir diesen Menschen wenigstens einen Funken neuer Hoffnung gegeben hatten. Auch wenn uns durch diese Mission die Sorge um diese gefangenen Seelen auf Schritt und Tritt begleitete.

Auf diesen Einsatz folgte eine Plakatkampagne: 20.000 Plakate in fünf verschiedenen Städten. Die Menschen sahen eine Zeitlang überall Jesus, Jesus, Jesus. In einem Ort namens Hariharganj, südlich von Dehri, löste das große Aufregung aus. Die ganze Stadt war auf den Beinen. Protestierende Mengen marschierten zur Polizeistelle, und sogar die Christen in Dehri bekamen diese aufgeladene Stimmung zu spüren. Auch die Evangelisations-Veranstaltungen in Bhabua, in der Nähe von Kudra, blieben nicht verschont.

Im Oktober 1975 beschloss die Kirche von Dehri – inspiriert von unseren Einsätzen unter den nichterreichten Völkern –, Evangelisations-Versammlungen in ihrer Stadt abzuhalten. Ich war für die Organisation verantwortlich. Wir beschlossen, ähnliche Veranstaltungen auch in Daudnagar, nordöstlich von Dehri, durchzuführen. Pastor Dhayandanan wurde als Redner tagsüber und Brother Shipley als Prediger für die Abendveranstaltungen eingeladen.

Wir erlebten, wie 45 Menschen an einem einzigen Tag die Bußtaufe erhielten! Doch aufgrund der Schwierigkeiten, die einige Teilnehmer bereiteten, konnten die Versammlungen nicht fortgesetzt werden. Nur meine Frau und ich blieben nach Beendigung der Veranstaltung zurück und setzten unseren Dienst fort.

Schätze im Himmel

Meine Frau hatte die Bedingungen eines sparsamen Lebens akzeptiert, also ging mein Vater davon aus, dass wir für den Schmuck, den sie von ihren Eltern erhalten hatte, keine Verwendung hatten. Er erwartete, dass ich ihn zur Hochzeit meiner Schwester weiterverschenkte. Nur «leider» hatten wir noch an unserem Hochzeitstag allen Schmuck dem HERRN und seinem Dienst geweiht!

Vor unserer Hochzeit war ein Großteil der Familie meiner Frau an Pocken erkrankt. Sie selbst war eine der wenigen, die verschont geblieben waren. Ich hatte eine größere Krise bereits vorausgeahnt, denn noch vor meiner Hochzeit hatte Gott mir gesagt: «Wenn du durch Wasser gehst, will ich bei dir sein […]. Wenn du ins Feuer gehst, wirst du nicht brennen» (Jesaja 43,2).

Da die Hochzeitsvorbereitungen kurzfristig getroffen werden mussten, herrschte zusätzliche Hektik. Der Ort, an dem die Hochzeit später stattfinden sollte, war ein kleines Dorf in Tamil Nadu namens Idayanvilai. Die Tradition verlangte, dass die Partei des Bräutigams dorthin ging und dass im Haus der Braut am Abend vor der Hochzeit eine Gebetsversammlung stattfand.

Ich fragte den Juniorpastor, der uns bei der Organisation der Hochzeit behilflich war, wer der Prediger an jenem Abend sein würde. Er sagte mir, dass sich niemand besonders darum gekümmert hätte, da sie ja einen Prediger hatten – womit er sich auf mich bezog! So blieb mir nichts anderes übrig, als die Leitung selbst zu übernehmen. Zu meiner großen Freude war dann die erste Person, die an dem Abend dem HERRN ihr Leben übergab, mein Schwiegervater!

Wir planten unsere Hochzeitsfeier dann während einer Reise nach Tamil Nadu, wo wir eine Reihe von Versammlungen durchführen wollten.

Bei einer der Gebetsnächte in Madurai widmeten einige junge Männer ihr Leben dem vollzeitlichen Dienst. Unter ihnen befand sich auch Brother Mohan C. Lazarus, der jetzt ein bekannter Evangelist ist. Einmal mehr wirkte unser Gott auf machtvolle Weise. Auch danach leitete ich die Versammlungen weiter bis zu meinem Hochzeitstag! Die Vorbereitung der Predigten hielt mich dabei dermaßen auf Trab, dass ich nicht einmal Zeit mit meiner Frau verbringen konnte, um sie besser kennen zu lernen.

An unserem Hochzeitstag tauchten dann einige Probleme auf, durch die unsere Beziehungen zu einigen Menschen Schaden nahmen. Doch selbst unter solch widrigen Umständen vermochten wir noch, den besagten Schmuck am ersten Tag unseres gemeinsamen Lebens dem HERRN zu weihen.

Der Verkauf der Goldkette meiner Frau ermöglichte uns den Erwerb eines 16-mm-Projektors, mit dem wir den Film «König der Könige» (ein Film über das Leben von Jesus) zeigen konnten. Danach verkauften wir ihr goldenes Armband, um einen Verstärker zu kaufen. Es folgten die Ohrringe, mit deren gutem Erlös wir einige Evangelisations-Veranstaltungen finanzierten. Meine Frau und ich gaben unsere irdischen Schätze her, um Schätze im Himmel anzuhäufen, wo weder Motten noch Rost ihnen etwas anhaben können.

Der HERR sieht

Wie bereits erwähnt, hatte ich den Lebensstil eines Sadhus angenommen. Ich besaß nichts. Meine Eltern fürchteten, ich würde als Landstreicher enden. Sie schrieben mir unablässig Briefe, mit denen sie mich zu einer Ehe zu überzeugen suchten. Ich besaß nicht einmal einen Stuhl, geschweige denn Küchengerätschaften! Doch die Art und Weise, wie Gott diese Bedürfnisse für unsere Ehe befriedigte, war unglaublich.

Damals lebte in Dehri-on-Sone ein Mann namens John Edwin aus Kanyakumari in Tamil Nadu. Nachdem ich erfahren hatte, dass ihm all sein Hab und Gut gestohlen worden war, suchte ich ihn in seinem Haus auf, um für ihn zu beten und ihn zu trösten. Er war ein hoher Angestellter einer Asbest-Firma in Dalmianagar.

Religiöse Menschen waren ihm generell suspekt, und er verweigerte mir den Zutritt zu seinem Haus mit der Behauptung, er glaube nicht an Gott. Er sagte zudem: «Meine Frau ist verreist und kehrt in vierzehn Tagen zurück. Sie ist religiös. Du kannst uns besuchen, wenn sie wieder da ist.»

Pflichtbewusst besuchte ich das Ehepaar zwei Wochen später. Ich versuchte, *sie* an die Errettung heranzuführen und *ihm* Christus näherzubringen. Doch noch befand sich die Familie unter dem Fluch schwarzer Magie.

Mit der Zeit allerdings fasste John Edwin so sehr Vertrauen in mich, dass er mir erlaubte, der Hüter seiner Frau Kohila zu sein, wenn er auf Dienstreise war. Das Paar begann auf einmal, die Gottesdienste in englischer Sprache zu besuchen, die ich leitete.

Eines Tages ließ Kohila mich eiligst herbeirufen, da John Edwin gewalttätig geworden war. Ich eilte zu ihrem Haus und fand es in kompletter Unordnung. Überall lagen zerstörte Gegenstände auf dem Boden verstreut; die völlig verschreckte Kohila kauerte in einer Ecke. Ihr Mann war völlig außer sich. Nachbarn hatten erfolglos versucht, ihn zu bändigen.

Ich betete für ihn und schaffte es, ihn auf dem Bett niederzuhalten, obgleich er sich mit Händen und Füßen wehrte. Die Nacht brach herein, und sein Zustand hatte sich noch nicht maßgeblich verändert. Ich kniete weiter über ihm und kassierte dabei zahlreiche Fausthiebe mitten auf die Brust. Ich betete ununterbrochen.

Um drei Uhr in der Früh kam er schließlich wieder zu sich. Er war zutiefst beschämt, als er erfuhr, wie er sich verhalten hatte, und wollte nicht länger dort leben. Er kündigte seine Arbeitsstelle und traf Vorbereitungen, um in den Süden Indiens umzusiedeln. All sein Hab und Gut sollte verkauft werden.

Als die Nachbarn davon Wind bekamen, versuchten sie, einen Vorteil für sich herauszuschlagen, und boten ihm unverhältnismäßig niedrige Beträge für seine Besitztümer an. Verärgert mietete er einen Lastwagen, belud ihn mit seinem Hab und Gut (eine Polstergruppe, ein Esstisch, ein Werktisch, ein Wäscheschrank und Mahlsteine aus Südindien) und schickte alles ohne mein Wissen zu mir.

Als ich an dem Tag nach Hause kam, fand ich zu meiner Überraschung den Lastwagenfahrer vor meiner Tür. Er hatte nach mir gesucht. Doch noch überraschter war ich, als er sagte: «Mister John Edwin bat mich, Ihnen all diese Dinge zu bringen.» So füllte Gott mein Haus – kurz vor meiner Hochzeit – mit dem Besten vom Besten.

Opfer

Brother Samuel, Pastor der Gemeinde «Assemblies of God», wurde von Gott durch die Kirche von Madurai Tamil Nadu nach Bihar berufen. Die Menschen im Süden kannten ihn unter dem Namen «der Sänger Samuel». Er war nicht nur ein guter Sänger mit einer gewaltigen Stimme, sondern auch ein Gebetskrieger mit einem großen Herzen in der Brust, das für die verlorenen Seelen schlug. Seine Frau Anandhi und seine Tochter Deborah begleiteten ihn auf seinen Reisen.

Er pflegte sich alleine auf den Marktplatz zu stellen und zu predigen. Mit großer Begeisterung legte er viele Kilometer auf seinem alten Fahrrad zurück, um das Wort Gottes zu verkündigen. Es gab keinen Platz in Sasaram, der Hauptstadt des Distrikts Rohtas, den er nicht besucht hätte.

Doch seine Anstrengungen trugen keine Früchte. Die Kirche, die ihn unterstützt hatte, wusste seinen Einsatz nicht zu würdigen und vergaß ihn. Verstoßen und sowohl physisch als auch geistig ausgelaugt, kehrte er nach drei Jahren in den Süden zurück. So verlor Nordindien einen hingebungsvollen und brennenden Diener Gottes.

Unterdessen musste die Missionarin Sylvia Beardwell wegen ihrer Krebserkrankung nach England zurückkehren. Sie wurde von Phars Hinsman, einer Pflegefachkraft, ersetzt. Die Begeisterung der Kirche in Dehri und das Wachstum unseres Dienstes ermutigte einige Leiter der «Elim Missionary Society» in England (darunter David Ayling, John Smith, David Butcher und Wesley Gilpin, Rektor des «Elim Bible Colleges»), uns zu besuchen und ein Seminar abzuhalten.

Als unser Dienst erneut wuchs, eröffneten wir neue Missionsfelder in Hariharganj, südlich von Dehri, im benachbarten Bundesstaat Jharkhand, und im Distrikt Rohtas. Wir ließen 20.000 farbige Plakate drucken (mit der Aufschrift «Jesus rettet,

Jesus heilt, Jesus kommt») und klebten sie nachts in zehn verschiedenen Städten an jede Haustür.

Unser Wunsch, die Liebe Christi mit anderen zu teilen, war so groß, dass wir unsere persönlichen Ausgaben weiter freiwillig reduzierten – dabei gingen wir so weit, dass wir uns von dem Grünzeug am Straßenrand ernährten. Wir setzten alle unsere Mittel ein, um das Wort Gottes unter die Menschen zu bringen.

Umkehr unmöglich

Normalerweise brachen wir freitagmorgens nach Bhabua auf, dienten dort drei Tage lang, um dann am Montagmorgen nach Daudnagar zurückzukehren. Brother Samuel lebte in Bhabua.

Als ich mich gerade auf die Abreise dahin vorbereitete – es war die erste Aprilwoche des Jahres 1975 –, erhielt ich ein Telegramm. Man teilte mir mit, dass meine Schwester Regina, die ich zutiefst liebte, bei der Geburt ihres zweiten Kindes gestorben sei. Sie war drei Jahre jünger als ich.

Ich war am Boden zerstört. Hier saß ich, 3000 Kilometer weit entfernt, und wusste nicht, was ich tun oder wie ich mich verhalten sollte.

Doch mein Versprechen, dass nichts meinem Dienst in die Quere kommen würde, schwankte keinen Augenblick. Also rief ich «Gelobt sei Gott» und reiste wie üblich nach Bhabua.

Am Sonntagabend bestiegen Brother Samuel und ich einen Lastwagen, der uns zurück nach Daudnagar brachte, wo wir um Mitternacht eintrafen. Während wir um meine geliebte Schwester trauerten, erinnerte mich Gott an das Versprechen, das meine Frau und ich in unserer Hochzeitsnacht gemacht hatten. In keinem Fall würden wir – aus welchem Grund auch immer – das Missionsfeld verlassen; es sei denn, der HERR gäbe uns anderslautende Anweisungen.

Wir beteten in die Nacht hinein, und ich fragte den HERRN, was sein Wille in dieser Angelegenheit war.

Um etwa halb drei Uhr in der Früh sagte er: «Geh.»

Damals besaß ich ganze 65 Rupien. Nachdem ich einige Auslagen beglichen hatte, blieben mir noch 45 Rupien. Dennoch brachen wir nach Dehri auf, um den Zug in den Süden Indiens zu erwischen. Brother Sivanth Stephen und Brother Subramani Samuel begleiteten uns an den Bahnhof. Sie waren sich unserer Situation nicht bewusst.

Als wir Dehri erreichten, gingen wir beim Postamt vorbei, in der Hoffnung, dass uns jemand etwas Geld geschickt hatte, doch wir wurden enttäuscht. Einen Moment lang schwankte ich. Ich blickte auf die goldenen Ohrringe, die meine Frau trug. Doch sie weigerte sich, sie herauszurücken. Sie sagte, dass sie sie nur verkaufen würde, wenn der Erlös dem Dienst zugutekäme.

Wir beschlossen dennoch, zum Bahnhof zu gehen. Meine Frau zweifelte keinen Augenblick. Sie sagte: «Wenn Gott uns gebeten hat zu gehen, wird er es auch ermöglichen.»

Ihr Glaube ermutigte mich. Brother Samuel und Brother Stephen wollten vorauseilen und die Fahrkarten kaufen. Ich winkte jedoch ab, denn ich wollte nicht, dass sie von unserer Not erfuhren.

Der Zug würde um 7.30 Uhr abfahren. Wir riefen eine Rikscha und luden unser Gepäck auf das Fahrrad. Es war 6.30 Uhr. Als wir gerade losfahren wollten, kam ein kleiner Junge herbeigerannt und ließ uns wissen, dass Sister Hinsman um unseren Besuch bat. Da ihr Haus sich in der entgegengesetzten Richtung befand und der Zug bald einfahren würde, weigerte ich mich, ihn zu begleiten, doch er wollte ein Nein als Antwort nicht akzeptieren.

Also ließ ich meine Frau bei der Rikscha zurück und eilte zusammen mit Brother Samuel und Brother Stephen zu ihrem

Haus. Kaum hatte sie uns gesehen, rannte sie hinein und kam mit einem Umschlag zurück. Sie drückte ihn mir in die Hand und sagte, der HERR habe mit ihr gesprochen und sie um ein Uhr morgens angewiesen, mir das Geld für zwei Flugtickets zu geben!

Ich zögerte. Ich wusste, dass uns selbst ein Flug nicht rechtzeitig ans Ziel bringen würde, um den Körper meiner Schwester zu sehen.

Doch als ich das Geld ablehnte, antwortete sie nur: «Ich habe dem HERRN gehorcht, nun liegt es an dir, es anzunehmen oder zurückzuweisen.»

Beschämt nahm ich ihr Opfer an. Es war eine weitere Glaubenslektion für mich. Seine Wege sind uns oft einfach unverständlich. Ich erfuhr wieder einmal, wie Gott auf wunderbare Weise jedes unserer Bedürfnisse kennt.

Mit Freudentränen in den Augen fuhren wir zum Bahnhof und kauften die Fahrkarten nach Kalkutta, von wo aus wir weiterfliegen würden. Das Geld reichte nicht nur für die Reise, sondern erlaubte uns auch, Brother Samuel und Brother Stephen unter die Arme zu greifen.

Nach zwei Jahren Ehe hatte ich aufgehört, safranfarbene Gewänder zu tragen. Da unser Lebensstil sehr sparsam war, besaß ich nur einen weißen Dhoti und ein Hemd. Als wir Kalkutta erreichten, waren meine Kleider total von dem Rauch verschmutzt, den die Lokomotive ausgestoßen hatte. So konnte ich doch kein Flugzeug besteigen! Ich drehte meinen Dhoti auf links und kaufte ein Hemd von der Stange. Damals reisten nur die wirklich Reichen mit dem Flugzeug, doch Gott gab uns Nomaden die Gelegenheit, mit genau so einem Flugzeug zu reisen! Wir waren entzückt.

Elf Monate nach unserer Hochzeit besuchte nun meine Frau aus besagtem, alles andere als fröhlichem Anlass zum ersten Mal ihre Schwiegereltern. Vor unserer Hochzeit hatte sie ihren Bruder verloren, der Selbstmord begangen hatte. Jetzt, nach der Hochzeit, musste sie einen weiteren tragischen Verlust in der Familie ihres Mannes ertragen.

In Chennai angekommen, nahmen wir sofort den Bus nach Tuticorin. Als wir unser Haus erreichten, hörten wir das Klagen der Verwandten: «Wir haben dem HERRN unseren einzigen Sohn von ganzem Herzen gegeben. Warum hat er das zugelassen?»

Ich wusste keine Antwort. Wenigstens tröstete sie die Tatsache, dass wir so schnell gekommen waren. (Als mein Vater starb, benötigten wir dreizehn Tage für dieselbe Strecke.)

Keine Krone ohne Kreuz

Eine Reihe aufeinanderfolgender Ereignisse bestätigten zwei wichtige Tatsachen in Bezug auf unseren Dienst:

1. Jene, die sich von ganzem Herzen dem Dienst am HERRN hingeben, gehen ausnahmslos durch Schmerz und Leid.
2. Nur wenn wir einen Preis zahlen, vermehrt sich die Ernte im Dienst.

Während wir in Tuticorin waren, um den Tod meiner Schwester zu betrauern, hatte ich das Privileg, bei einigen Veranstaltungen zu dienen, bevor wir nach Bihar zurückkehrten. Brother Nellai Jebaraj und ich waren die Redner bei der Versammlung der «Collegiate Ambassadors», die von der Assemblies-of-God-Kirche in Tuticorin organisiert worden war.

Während dieser Veranstaltung beschlossen Brother Jeyaraj und seine Frau, in Bihar zu dienen. Sie traten der Friends Missionary Prayer Band (FMPB) bei und zogen als deren Missionare nach Bihar. Mit seinem Sohn zusammen arbeitete Brother Jeyaraj unermüdlich, und der HERR gebrauchte sie, um unter dem Volk der Malto eine Kirche aufzubauen. Dies bewirkte eine große Veränderung unter der Bevölkerung.

Während der wenigen Tage, die ich in Tuticorin verbrachte, gab mir Gott die Gelegenheit, unter den Jugendlichen der C.S.I.-Kirche im etwa vierzig Kilometer entfernten Thiraviyapuram das Feuer für den Dienst zu entfachen. Selbst unter traurigen Vorzeichen schenkte mir Gott noch die Gnade, für sein Reich produktiv zu sein. Der HERR erlaubte es uns nicht, uns zurückzulehnen und uns unserer Trauer hinzugeben.

Im Anschluss daran kehrten wir nach Bihar zurück.

Unsere Reise in den Süden im April 1975 zur Beerdigung meiner Schwester hatte jedoch unsere Chancen zunichtegemacht, an der Hochzeit meiner zweiten Schwester im Februar 1976 teilzunehmen. Aufgrund unserer Verpflichtungen verpassten wir viele freudige Ereignisse in unseren Familien. Gott gab meinen Eltern die Kraft, diese Enttäuschungen mit Zuversicht zu akzeptieren. Wir konnten an Familientreffen nur dann teilnehmen, wenn unser Dienst uns zufällig in die betreffende Region führte.

Aber wenn ich mich an die Opfer der englischen Missionarinnen erinnere, frage ich mich: «Weshalb kann ich nicht gleichermaßen leidenschaftlich sein?»

Ich traf einen katholischen Missionar in Bihar, der mir erzählte, dass er seit vierzig Jahren nicht in sein Heimatland, in die USA, zurückgekehrt war! Als ich dies hörte, beschloss ich, mit derselben Leidenschaft dem HERRN zu dienen.

Die Hingabe aufrechterhalten

Als wir nach Bihar zurückkehrten, spendete uns eine englische Frauengruppe aus der Ferne ein altes Motorrad für unseren

Dienst. Dies erwies sich für uns als großer Segen, denn als Gruppe zu dienen, ist deutlich effizienter. Mit den zwei Fahrrädern und dem Motorrad pflegten wir nun zu siebt zu reisen.

Jeder von uns brachte einen anderen kulturellen Hintergrund mit, doch wann immer Konflikte ausbrachen, gelang es uns, sie im Licht von Gottes Wort beizulegen. Wir erfuhren, wie wichtig es war, unsere Unterschiede zu respektieren und voneinander zu lernen. Dies erlaubte uns, dem HERRN als Einheit zu dienen. Wir hatten zwar kein anständiges Essen, aber das hielt uns nicht auf.

Während ich also ein Team an meiner Seite hatte, hatte nur leider meine Frau Rupaleka niemand Gleichgesinnten, da ich der einzige verheiratete Mann unserer Gruppe war! Dies war für sie sehr schmerzvoll.

Nachdem sie ihr Leben dem HERRN im zarten Alter von elf Jahren übergeben hatte, sehnte sich meine Frau danach, ihm zu dienen. Als sie ihre Schulausbildung abgeschlossen hatte, ging sie an die Hochschule, doch sie musste ihr Studium aufgrund starker Kopfschmerzen abbrechen. Irgendwie gelang es ihr jedoch, eine zweijährige Lehrerausbildung abzuschließen.

Da ihr Herz auf den Missionsdienst ausgerichtet blieb, ging sie auf die Bibelschule in Nagalapuram im benachbarten Bundesstaat Andhra Pradesh, die von Sister Gladys Ponniah geleitet wurde. Und da sie ja auch beschlossen hatte, nicht zu heiraten, nahm Rupaleka die Stelle einer Aufseherin in einem Waisenhaus an, das vierzig Kindern ein Zuhause bot.

Doch ihr Vater machte ihr einen Strich durch die Rechnung. Er zwang sie, nach Hause zurückzukehren, um eine Lehrerstelle an der Schule in Nalumavadi daheim in Tamil Nadu anzunehmen. Dort diente sie in der Folge kleinen Kindern.

Rupalekas Vater war ein regelmäßiger Kirchgänger. Er war ein pensionierter Treuhänder, der für eine Teeplantage in Munnar im Bundesstaat Kerala gearbeitet und zur gleichen Zeit einen wesentlichen Beitrag zum Bau des Kirchturmes in Idayanvilai geleistet hatte, wo wir später heirateten. Auch in der Entwicklung vieler anderer Kirchen übte er eine aktive Rolle aus.

Ihre Mutter, eine fromme Frau, war pensionierte Lehrerin. Sie half der FMPB, wann immer sie konnte, indem sie ihr Haus für Gebetsversammlungen öffnete. Dieses befand sich am Ufer des Kadamba-Sees (heute Kadambakulam-See). Menschen verschiedener Denominationen versammelten sich dort zu Lagern und Picknicks.

Mein Schwiegervater wollte allerdings nicht erlauben, dass sie unverheiratet blieb. Was auch immer ihre Wünsche seien, sie könne sie sich auch nach der Hochzeit erfüllen, wenn es ihr zukünftiger Ehemann erlaubte. Sie könne einen Diener Gottes heiraten, wenn sie unbedingt wolle, aber heiraten müsse sie.

Ungefähr zu jener Zeit, in einem von ihrer Kirche geleiteten Lager, berief Gott sie nach Bihar: Eine Hand legte sich auf ihren Kopf, und sie verlor ihre Sprechfähigkeit. Sie hatte um ein Glas Wasser bitten wollen und brachte die Worte nicht heraus. Sie ging zurück in die Kirche, warf sich auf den Boden und betete. Die Worte des HERRN: «Meine Gedanken sind nicht deine Gedanken», bewegten sie dazu, sich zum Dienst in Bihar zu verpflichten. Augenblicklich erlangte sie die Fähigkeit zu sprechen wieder.

Mit großer Sorge erzählte sie ihrer Mutter, dass sie dem HERRN versprochen hatte, ihm in Bihar zu dienen. Sie wusste, dass ihr Vater ihr die Erlaubnis, unverheiratet nach Bihar zu gehen, niemals geben würde. Er erlaubte ihr ja nicht einmal, in ihrem eigenen Bundesstaat zu dienen.

Aber Gott hatte anderes mit ihr vor. Er brachte zwei Menschen zusammen, die unabhängig voneinander den Ruf nach Bihar erhalten hatten!

Nachdem sie Gottes Befehl von ganzem Herzen angenommen hatte, litt Rupaleka jetzt unter der Tatsache, dass sie noch immer nicht in der Lage war, unter den Frauen von Bihar zu dienen. Das Erlernen der Sprache war ein Alptraum für sie, und um alles noch schlimmer zu machen, musste sie den Magahi-Dialekt lernen, der in dieser Region gesprochen wurde.

Und als ob das nicht schon gereicht hätte, wurde sie von den Einheimischen nicht akzeptiert. Frauen verließen in dieser Region selten das Haus. Man war es nicht gewohnt, eine Frau zu sehen, die einen Mann auf die Straße hinausbegleitete. Außerdem wirkte sie fremd in ihren Kleidern, und ihr Auftreten war so anders, dass die Menschen sich oft über sie lustig machten. All dies entmutigte sie.

Geweihte Seelen

Wie aus heiterem Himmel verstarb Anil Kumars Frau, die uns so eine große Hilfe gewesen war, in Erwartung ihres elften Kindes. Also verlegten wir unseren Lebensmittelpunkt nach Bhabua, um dieser Familie mit ihren zehn Kindern zu helfen. Brother Samuel ging stattdessen nach Daudnagar. Murthy aus Chennai, der jetzt unter dem Namen «George Muller» bekannt ist, wurde sein dortiger Assistent.[8] Zusammen dienten die beiden in vielen Dörfern, die sie stets mit dem Fahrrad besuchten. Ihre Nahrung bestand aus dem regionalen *sathu* (einer Mischung gemahlener Hülsenfrüchte und Getreidesorten), was dazu führte, dass aufgrund der mangelhaften Ernährung ihre Gesundheit litt. Doch der Kampf um die unerreichten Massen trieb sie weiter an.

Die Missionare Brother Solomon und Brother Danie hingegen, die in den Hügeln von Rohtas arbeiteten, litten oft an Malaria und Gelbsucht. Aber auch hier wog die Sorge um das

Volk, dem sie dienten, viel mehr als ihre eigenen Bedürfnisse, und sie vernachlässigten ihre Gesundheit.

Jedes Mal, wenn sie erkrankten, mussten sie die Hügel verlassen, um sich behandeln zu lassen. Sobald es ihnen ein bisschen besser ging, eilten sie zurück nach Rohtas, nur um dann wieder krank zu werden. So war es ein ständiges Hin und Her.

Ich war dafür verantwortlich, die Missionare angesichts von Krankheiten, Schwäche, Verzagtheit und Enttäuschungen im Dienst zu ermutigen. Es war eine große Aufgabe, das Feuer und den Eifer für den Dienst an den Menschen am Leben zu erhalten. Ich musste sie zusammenbringen, für sie sorgen, ihnen die relevanten Verse der Heiligen Schrift vorlesen, mit ihnen beten und sie ermutigen. Manchmal musste ich sogar bei ihnen bleiben und einige Tage lang mit ihnen zusammenarbeiten. Selbst kleinere Konflikte hatte ich zu lösen, die manchmal unter ihnen entstanden. Dies zwang mich zu zusätzlichen Reisen. Da wir an konstantem Geldmangel litten, blieb mir nichts anderes übrig, als mich dafür aufs Fahrrad zu schwingen.

Ein gemachtes Versprechen muss man halten

Maya, eine Lehrerin, pflegte an unseren englischsprachigen Gottesdiensten teilzunehmen und übergab schließlich ihr Leben dem Herrn. Vor ihrer Bekehrung war sie mit einem in der Landwirtschaft tätigen Beamten verheiratet, hatte aber einen Sohn von einem anderen Mann. Darüber wurde ihr Ehemann sehr verbittert, und das Paar trennte sich.

Nachdem sie sich bekehrt hatte, wollte sie sich mit ihm versöhnen. Sie suchte mich auf mit der Bitte, ihr dabei zu helfen; sie weinte bitterlich und flehte mich an, mit ihrem Mann zu reden, der im 118 Kilometer entfernten Arrah lebte. Sie wollte ihn um Vergebung bitten und wieder mit ihm und ihren zwei Söhnen zusammenleben. Wenn ich mit ihm redete, so meinte sie, würde er eine Versöhnung erwägen. Ich gab ihr mein Wort, dass ich ihn an einem Donnerstag treffen würde.

Am Vorabend der Reise stellte ich fest, dass mir das Geld für die Reise fehlte, und ich erwog die Alternativen. Da erinnerte ich mich an den Vers: «... wer seinen Eid hält, auch wenn es ihm schadet [...] Wer das tut, wird nimmermehr wanken» (Psalm 15,4–5).

Ohne einen weiteren Gedanken daran zu verschwenden, machte ich mich mit dem Fahrrad nach Arrah auf. Ich sagte meiner Frau nichts davon, da sie mir nicht erlaubt hätte, 118 Kilometer mit dem Fahrrad zurückzulegen. Alles, was ich besaß, waren 90 Paise, mit denen ich drei Tassen Tee kaufen konnte.

Ich erreichte das Büro des Mannes gegen 15.30 Uhr. Er war nicht besonders erfreut, mich zu sehen, und ließ mich das auch spüren. Weder bot er mir einen Stuhl an, noch bedankte er sich für die Anstrengungen, die ich unternommen hatte, um herzukommen. Wir blieben unter einem Baum stehen, wo er mir eine einstündige Standpauke hielt, als ob ich der Geliebte seiner Frau wäre!

Meine Beine schmerzten schrecklich und drohten, nachzugeben. Als mir klar wurde, dass ich hier nichts ausrichten konnte, wandte ich mich zum Gehen. Er verabschiedete mich mit den Worten: «Helfen Sie dieser Schlange nicht, sie ist es nicht wert.»

Am Boden zerstört, setzte ich mich in einen Teeladen, nahm die letzte Tasse Tee zu mir und trat dann die 118 Kilometer lange Rückreise an. Ich musste um neun Uhr am nächsten Morgen in Dehri-on-Sone sein, da ich eine Predigt zu halten hatte. Irgendwann machte ich mir auch Sorgen um meine Frau, da ich wusste, dass sie auf mich wartete.

Ich hatte den ganzen Tag über nichts gegessen und fühlte mich sehr schwach. Doch die Not trieb mich voran. Ich war allein mit meinem Fahrrad, Füchse und Schakale machten nachts die Straße unsicher, und schließlich hielt mich auch noch die Polizei an. Als sie herausfanden, dass ich ein Mann Gottes war und einzig die Heilige Schrift dabeihatte, entließen sie mich mit einem «Geh mit Gott».

Ich fuhr weiter. Alles ohne auch nur einen einzigen Schluck Wasser. Endlich war ich nur noch etwa sieben Kilometer von unserem Haus entfernt, da wurde ich erneut von Polizeibeamten gestoppt. Sie überzeugten mich, dass ich ausruhen müsse, und boten mir sogar ihr Bett an. Ich nahm ihr Angebot an.

Um vier Uhr morgens wachte ich auf und setzte meine Reise fort. Eine Stunde später war ich zu Hause. Niemals werde ich diesen Tag vergessen! Ich hatte an einem einzigen Tag 236 Kilometer auf einem Fahrrad zurückgelegt – ohne Nahrung!

Unglücklicherweise starb Maya nach sechs Monaten an Krebs. Obwohl ihr Mann sie nicht mehr als Ehefrau akzeptierte, starb sie in Frieden und mit der Gewissheit, dass Gott ihr vergeben und sie angenommen hatte.

Mein Leben in seiner Hand

Unterdessen ließ die Begeisterung der Kirche von Dehri nicht nach, und ich wurde zu einem ihrer Verwalter ernannt. Als solcher war ich für die Missionsaktivitäten zuständig, wobei ich das volle Vertrauen der Gemeinde genoss. Die englischen Missionarinnen boten auch weiterhin ihre medizinischen Dienste dem Volk an, lebten und arbeiteten dabei aber in gemieteten Gebäuden. Deshalb beschloss die Leitung der Kirche, ihnen beim Bau eines Hauses behilflich zu sein, den die Mitglieder nach Kräften unterstützten.

Wir hatten es uns angewöhnt, am Anfang jedes neuen Jahres als Gruppe fünf Tage lang zu beten und zu fasten. Einige Freunde und Diener Gottes aus Chennai pflegten sich zu uns zu gesellen. Im Januar 1977 hatten sich dreißig Menschen um uns versammelt, um gemeinsam zu beten. Pastor Augustine, ein Prophet Gottes aus Thiruporur in Tamil Nadu, war bei uns.

Während des Gebets begann er plötzlich zu schluchzen. Zwei weitere taten es ihm gleich, und niemand wusste, weshalb, bis sie auf einmal zu prophezeien begannen. Sie sagten: «Gott sagt, dass dies Augustine Jebakumars letztes Jahr ist.» Alle waren aufgeregt und weinten. Meine Frau wurde ohnmächtig und brauchte ärztliche Hilfe. Doch ich blieb unerschüttert.

Wir hatten damals noch keine Kinder. Als wir heirateten, hatte ich – ohne meiner Frau etwas davon zu sagen – den Herrn gebeten, uns erst nach drei Jahren Ehe Kinder zu geben. Ich fürchtete, dass sich meine Frau als Mutter nicht auf das Erlernen der Sprache konzentrieren können würde. Ein Kleinkind hätte alle ihre Aufmerksamkeit, Zeit und Energie in Anspruch genommen. Gott bestätigte dies, indem er uns unseren ersten Sohn erst drei Jahre nach unserer Hochzeit schenkte.

Während also alle in Verzweiflung gerieten wegen Pastor Augustines Prophezeiung über mich, blieb ich ruhig. Ein Bruder fragte mich nach dem Grund meines inneren Friedens.

Ich antwortete ihm: «Ich werde erst sterben, wenn ich all die Dinge erledigt habe, die der Herr mir zu tun aufgetragen hat.» Und tatsächlich, am dritten Tag prophezeite Pastor Augustine nochmals und sagte, dass Gott meinem Leben einige Jahre hinzugefügt habe. Ruhe und Friede waren wiederhergestellt.

Mir wurde aber bewusst, dass ich keine Zeit verschwenden durfte und noch härter arbeiten musste. Dieser Zwischenfall öffnete mir die Augen. Wir beschlossen, die Menschen, die wir getauft hatten, im Wort Gottes zu unterrichten und sie im effektiven Dienst auszubilden.

Die Ausbildung seines Volkes

In jenem Sommer beschlossen wir, ein Trainingslager für die Neubekehrten unseres Dienstes durchzuführen. Sie sollten im Wort Gottes verwurzelt sein.

Wir luden etwa 15 Bibellehrer ein, die 23 Lektionen in 21 Tagen anboten. 120 Teilnehmer versammelten sich in Dehri. Außer mir hatten wir als Lehrkräfte Brother Sam Masillamani (Kalkutta), Brother Stanley (Vellore), Brother Y.D. Jeyasheelan (Delhi), Brother Greenrose Maideen (Bangalore), Brother Joseph Tong (Singapur) und Pastor Dhayanandan eingeladen. Die Lektionen waren aufgeteilt in *Arbeit mit Kindern, Bücherdienst, Dienst im Dorf, Individuelle Evangelisation* und *Medizinische Versorgung.*

Die Teilnehmer schwärmten tagsüber aus, um praktisches Training zu erhalten. Abends versammelten sie sich, um das Wort Gottes zu hören. Wir freuten uns, als wir sahen, wie die Schüler die Lektionen mit Begeisterung aufsogen und sie auf dem Feld anwandten. Dadurch ermutigt, beschlossen wir, solche Trainingslager jährlich durchzuführen.

Diese Entscheidung erwies sich als vortrefflich, denn diese Lager erlaubten uns, unseren Eifer und unsere Liebe für den HERRN weiterzugeben und so die Zahl der Arbeiter für das Reich Gottes zu vervielfachen. Die neuen Christen waren nun effizienter und produktiver; ihr Leben und ihr Dienst waren jetzt fest auf das Wort Gottes gegründet. Dies machte es uns auch möglich, einige von ihnen auf Bibelseminare zu schicken. Gott gab uns die Möglichkeit, jedes Jahr ein solches Trainingsprogramm in Gaya (Bihar) und Varanasi (Uttar Pradesh) durchzuführen.

Keine leichte Aufgabe war es allerdings, so viele Menschen für 21 Tage unterzubringen. Manchmal hatten wir auch mit den Finanzen zu kämpfen oder Mühe, einen Veranstaltungsplatz zu finden, und auch das Wetter machte uns das Leben nicht einfacher. Im Sommer erreichen die Temperaturen in Bihar Spitzenwerte um 52 Grad Celsius. Doch trotz all dieser Probleme waren die Trainingslager mit Gottes Hilfe ein großer Erfolg.

Wie zu biblischen Zeiten

Einmal bereiteten sich zwanzig von uns gerade für eine Reise nach Gaya zum 21-tägigen Trainingsprogramm vor, als uns das Geld ausging. Doch obwohl sich alle der kritischen Situation bewusst waren, unterbrachen wir die Vorbereitungen nicht. Eine junge Schwester fragte uns, wann wir denn am nächsten Morgen aufbrechen würden.

Ohne zu zögern, antwortete ich: «Um fünf in der Früh.»

Alle lachten, weil es bereits 22 Uhr war, wir aber noch immer kein Geld hatten. Doch zu unserer Überraschung gab uns Gott um 23.30 Uhr das Geld!

Am nächsten Morgen erreichten wir den Bahnhof von Gaya. Wir gingen direkt zur «Church of North India», wo die ersten fünf Tage des Lagers stattfinden sollten. Auf dem Weg zur Kirche sangen wir Lieder und schlugen dazu den Rhythmus auf den Metallbehältern, die uns als Transportboxen für unser Hab und Gut dienten.

Gott war uns derweil vorausgegangen und hatte eine Familie in Gaya vorbereitet, die uns alle mit Essen versorgte! Zu einer Schwester dieser Familie hatte er gesagt: «Bereitet euch darauf vor, mein Volk zu verpflegen, das in diese Stadt kommen wird.» Die Familie gehorchte der Stimme Gottes und stellte alles bereit: Reis, Linsen und Gemüse für fünf Tage. Als sie unseren Gesang hörten, wussten sie, dass wir es waren, die Gott angekündigt hatte, und sandten uns ihre Diener mit dem Essen. Es war unglaublich!

Doch die jungen Männer in unserer Gruppe hatten einen derart gesunden Appetit, dass sie unsere Vorräte, die für fünf Tage vorgesehen waren, in den ersten drei Tagen verschlangen! Aber Gott war mit uns noch nicht zu Ende.

Am dritten Tag sagte eine Pflegefachkraft, die am Trainingslager teilnahm: «Ich habe sieben Jahre lang kein Gehalt bekommen. Am ersten Tag des Lagers betete ich, dass ich es nun endlich bekäme. Gott hat meine Gebete erhört.» Sie übergab mir einen Teil des Geldes und sagte: «Dies ist mein Zehnter.»

Es reichte, um uns die restlichen zwei Tage über Wasser zu halten. Und so sorgte Gott für uns auf wunderbare Weise auch während der verbleibenden Lagertage. Brother Samuel und ich leiteten die Reise, während die anderen uns unterstützend beistanden.

Wir hatten eine Gruppe namens «Kleine Sterne für Christus» gegründet. Einige von ihnen waren aus Uttar Pradesh. Es war eine kleine hingebungsvolle Bande, die viel Energie und Eifer in unseren Dienst brachte. Brother Sudhakar Pawar (aus Obra) und Brother Vimal Kumar (aus Allahabad) sandten viele ins Trainingslager, so dass das Feuer für Gott auch in Uttar Pradesh zu brennen begann.

Der Herr versorgt

Gott bewies uns immer wieder, dass er unser Versorger ist. Unser Vertrauen darauf, dass er all unsere Bedürfnisse befriedigt, nahm ständig zu. Ich will nur einige Beispiele erzählen, wie Gott immer wieder auf wundersame Art und Weise für uns gesorgt hat.

Eines Tages, als Brother Samuel und Pastor Samuel Johnson

bei uns zu Besuch waren, hatten wir nur eine Handvoll Mehl und zwei Kartoffeln im Haus.

Ich sagte zu meiner Frau: «Falls Gott uns Geld schickt, werde ich alles kaufen, was du brauchst, doch bereite dich darauf vor, fasten zu müssen. Brother Samuel wird natürlich auch fasten, aber sorge dafür, dass der Pastor etwas zu essen bekommt. Er ist das Fasten nicht gewohnt.»

Während meine Frau also einen Teig zubereitete, erinnerte sie der Heilige Geist mitten im Kneten an Elia, worauf sie ihm erwiderte: «Ich werde dasselbe für dich tun.» Sie lobte Gott, und so wuchs der Teig beim Vorbereiten des Essens dermaßen an, dass es für uns alle reichte!

Ein andermal, ich war wieder einmal auf Dienstreise, waren die Vorräte zu Hause aufgebraucht. Es war 13 Uhr. Um uns das Kochen zu ersparen, kaufte ich unterwegs Brot anstelle von Reis und *dhal* (ein Hülsenfrüchtegericht). Als ich heimkam, traute ich meinen Augen nicht: Meine Frau hatte das Mittagessen bereits zubereitet!

Ungläubig fragte ich: «Woher hast du das Geld genommen? Hast du irgendwo eine geheime Reserve?»

Brüskiert antwortete sie: «Du weißt genau, dass ich nie etwas hinter deinem Rücken tue!» Dann erzählte sie, dass jemand Vorräte vor der Haustür deponiert hatte. Später erfuhren wir, dass es eine alte Dame gewesen war, die nicht wollte, dass die Leute erfuhren, dass sie den Christen gegenüber Sympathien hegte. Dann erzählte ich meiner Frau, dass auch ich ein bisschen Geld erhalten hatte.

Wir haben viele solcher Wunder erleben dürfen. Diese Erfahrungen gaben uns immer die nötige Kraft, um weiterzumachen. Unser Gott ist ein unvergleichlicher Gott!

Geh voran!

Gott sah die Einsamkeit meiner Frau und schickte ihr Sister Jeyavadana, um ihr beizustehen. Während die beiden einmal in einem Dorf evangelisierten, trafen sie eine Frau, die keine Kinder hatte. Sie ermutigten sie und forderten sie auf, Jesus Christus um ein Kind zu bitten. Die Frau wollte wissen, wie viele Kinder meine Frau hatte.

Auf die wahrheitsgemäße Antwort entgegnete die Frau erbost: «Du, du hast selber keine Kinder, wie kannst du mir dann Ratschläge geben?»

Zutiefst verletzt betete meine Frau an diesem Tag: «Herr, ich bin nicht in Eile. Aber da es zu einem Hindernis in meinem Dienst geworden ist, bitte ich dich: Gib mir ein Kind, so es denn dein Wille ist.»

Im selben Monat wurde sie schwanger, und neun Monate später kam unser Sohn Goforth («Geh voran!») auf die Welt. Wenn wir Entmutigungen und Hürden in unserem Dienst begegnen, müssen wir vorwärtsschreiten. Deshalb gaben wir unserem Sohn diesen Namen.

Während der Schwangerschaft meiner Frau waren die Zeiten schwierig, und sie hatte nie ausreichend zu essen. Und dennoch wog unser Sohn 4,4 Kilogramm, als er zur Welt kam! Da er ein großes Baby war, war auch sein Appetit nicht gering, was dazu führte, dass die Muttermilch allein seinen Hunger nicht stillen konnte. Wir besaßen die Mittel nicht, um Babynahrung für ihn zu kaufen, und so beteten wir und gaben ihm Bananen! Für die Geburt war meine Frau zu ihrer Mutter gereist, doch als Goforth 32 Tage alt war, kehrten wir nach Bihar zurück.

Goforth war ein fröhliches Kind, das die Nachbarn nie schreien hörten und das sich bei allen wohlfühlte. Unsere Missionarskollegen liebten ihn und nahmen ihn bei sich auf, wann immer wir für zwei oder drei Tage verreisen mussten.

Die Zahl der Missionare wuchs mit der Zeit beträchtlich. Außerdem teilten wir alles miteinander. Als die Missionare in Nordindien sahen, dass wir sie liebten, bedienten sie sich großzügig unserer Sachen – sogar unserer Unterwäsche! Derart groß war die Freiheit, die sie genossen.

Gleichzeitig besaßen wir selbst nicht genug. Wir hatten nicht einmal angemessene Nahrung, und doch hatten wir grenzenlose Liebe füreinander. Sogar die Nachbarn wurden Zeugen dieses wunderbaren Lebens, das voll von Gottes Liebe und Freude war. Wir lachten, sangen und beteten bis spät in die Nacht hinein, manchmal bis nach zwei Uhr morgens.

Die Nachbarn liebten diesen Trubel und waren traurig, als sie hörten, dass wir umziehen würden. Sie sagten: «Kein Räuber hat sich in diese Gegend getraut, solange ihr hier wart. Jetzt verlieren wir diese Sicherheit.»

Wann immer die Frauen (Sister Jeyavadana, Sister Selvi, Sister Christy und meine Frau) das Haus verließen, um zu evangelisieren, wurden sie von zwei Männern begleitet. Dies stellte sich als Hindernis heraus, besonders wenn eine Frau Seelsorge verlangte.

Frauen spielen eine grundlegende Rolle im Aufbau einer frommen Familie, da sie die treibenden Kräfte sind, die Veränderung bewirken. Deshalb war es von strategischer Wichtigkeit, das Evangelium den Frauen näherzubringen. Wenn die Frauen sich nicht ändern, ändert sich auch die Gesellschaft nicht. Wenn die Frauen nicht gesegnet werden, erhält auch die Gesellschaft keinen Segen. Deshalb überwanden unsere Schwestern alle Hindernisse mit der Gnade Gottes und gingen hinaus, um die Frauen in den Dörfern von Bihar zu erreichen.

Seine Gnade genügt

Eines Tages gingen uns die Vorräte aus. Wir hatten auch kein Geld. Mein Sohn war damals neun Monate alt. Er war wie gesagt ein großes Baby und brauchte viel Milch. Die Situation zwang mich auf die Knie und ins Gebet. Einmal fragte unsere Vermieterin meine Frau, weshalb sie nicht kochte. Rupaleka wusste keine Antwort darauf. Wir beteten und gaben unserem Baby zwei Tage lang Wasser zu trinken. Kurioserweise war er damit ganz zufrieden.

Am dritten Tag hielten es die Schwestern, die bei uns waren, nicht länger aus. Während ich am Ufer des Sone-Flusses betete, überredeten sie meine Frau, sie zum Bahnhof zu begleiten und Bücher zu verkaufen. Sie wollten so zu etwas Geld kommen, um Milch für das Kind zu kaufen. Am Bahnhof begannen sie, Lieder zu singen und Bücher zu veräußern.

Irgendwann hatte ich mein Gebet beendet und lief zum Bahnhof, wo ich von einer Menschenmenge überrascht wurde, die sich um die Frauen scharte. Ich war außer mir. Ich wies sie zurecht und schickte sie nach Hause.

Eine der Schwestern verteidigte ihre Aktion und meinte, sie dienten lediglich dem HERRN.

Ich erklärte ihnen, dass ihre Motivation falsch war. Sie verkauften Bücher nur, um etwas Geld zu verdienen, daher sei es kein Dienst. Ich kritisierte sie und sagte, dass wir in Zeiten der Not nur auf Gott blicken dürfen und nicht unsere eigenen Lösungen finden sollen. Dabei unterstrich ich die Notwendigkeit, den Glaubenstest mutig anzunehmen und die schwierigen Herausforderungen zum Wohl des Evangeliums zu meistern. Danach sprach ich ein Gebet und bat Gott um die Gnade, ganz auf ihn zu vertrauen.

72 Stunden später schickte Gott uns wunderbare Hilfe. Unser Gott ist ein Gott der Wunder!

Wir waren nicht die Einzigen, die solch schwierige Situationen zu meistern hatten. Auf den anderen Missionsfeldern herrschten ähnliche Bedingungen, und dort erlebten die Brüder und Schwestern dieselbe Wunderkraft Jesu. Brother Stephen und Brother Ambrose, die damals auf dem Missionsfeld von Hariharganj in Jharkhand arbeiteten, erzählten folgende Geschichte:

Einmal hatten sie kein Gemüse im Haus. Sie gingen ins Dorf, um zu predigen.

Da kam ein Fremder auf sie zu und sagte: «Ihr verkündet uns das Wort Gottes, deshalb will ich euch dafür belohnen.» Er überreichte ihnen daraufhin einen großen Sack mit Auberginen und Kartoffeln. Es war genug, um sie zehn Tage lang zu ernähren – das war lange genug, um sie bei Kräften zu halten, bis ich ihnen das Geld für ihre Auslagen bringen konnte.

Wie wundervoll sorgt Gott für uns! Solche Erlebnisse festigten den Glauben der Missionare, und sie lernten, dass Gott ein treuer Gott ist.

Unglaubliche Erfahrungen

Wir haben sogar Wunder erfahren, die jegliches menschliche Verstehen übersteigen. Brother Solomon und Brother Timothy (der früher mit Sadhus zusammengelebt hatte und opiumsüchtig gewesen war) lebten in einer Hütte, die wir in Karamdaiya im unwegsamen Gelände von Rohtas gebaut hatten. Sie erzählten uns die nachfolgende, schier unglaubliche Geschichte, als wir sie von Dehri aus besuchten, um das Haus zu weihen:

Eines Morgens waren Brother Solomon und Brother Timothy zum Dorf Kowdiyari aufgebrochen. Nach einer besonders ermüdenden Strecke setzten sie sich neben eine Brücke, um sich etwas auszuruhen. Vögel sangen im Hintergrund. Plötzlich verstummte das Vogelgezwitscher.

Dann sang ein Vogel mit glasklarer Stimme auf Hindi: «Kowdiyari math jana» («Geht nicht nach Kowdiyari»)! Der Vogel wiederholte die Warnung drei Mal.

Sie waren sprachlos und trauten ihren Ohren nicht. Nachdem sie sich ein bisschen von ihrem Schock erholt hatten, fragten sie sich, ob Gott ihnen durch diesen Vogel eine Botschaft geschickt hatte. Um ihre Zweifel zu beseitigen, beteten sie: «Herr, wenn dies von dir kommt, lass denselben Vogel auf demselben Ast dieselben Worte wiederholen.»

Innerhalb weniger Sekunden erhörte Gott ihr Gebet! Doch sie waren zu geschockt, um es zu glauben. Sie baten den HERRN, es zu wiederholen.

Und wieder erhörte der HERR ihr Gebet. Zum dritten Mal sang der Vogel seine Warnung.

Sie wollten es noch immer nicht glauben. Es überstieg einfach ihr Verständnis. Wird der Leser mir glauben, wenn ich sage, dass die Brüder die Warnung ignorierten? Trotz dieser klaren Warnung setzten sie ihre Reise nach Kowdiyari fort.

Zwanzig Minuten später fanden sie sich allerdings, vollkommen fassungslos, in einem Ort in entgegengesetzter Richtung wieder, acht Kilometer von ihrem ursprünglichen Ziel entfernt! Sie glaubten sich in die Erzählungen der Heiligen Schrift versetzt, als hätte ein Engel des HERRN sie wie Philippus hinweggetragen.

Einige Tage später erfuhren sie, dass in Kowdiyari ein Aufstand stattgefunden hatte. Wären sie an jenem Tag in das Dorf gegangen, wären sie gestorben.

Wie groß ist doch Gottes Gnade! Obwohl sie seine Warnung nicht befolgten, beschützte Gott sie trotzdem. Wie gut ist unser Gott. Er ist ein Gott, der sich um seine Diener kümmert.

Oase in der Wüste

Am Ende unserer Fasten- und Gebetszeit in Bhabua kamen zwei Studenten auf uns zu, um mit uns zu sprechen. Sri Ram, einer von ihnen, hatte schon sehr früh seinen Vater verloren, und seine Mutter arbeitete hart von früh bis spät, um die Familie zu ernähren. Sie hatte ihm nicht die liebevolle Aufmerksamkeit geben können, die er als kleines Kind gebraucht hätte, und so sehnte er sich nach Liebe.

In der zehnten Klasse stahl er mal einem kleinen Jungen ein Traktat, in dem stand: «Jesus liebt dich.» Sechs Monate lang war dieses Traktat sein Zugang zum Wort Gottes.

Mittlerweile war er von seinem Dorf Oyna nach Bhabua gekommen, um hier die Hochschule zu besuchen. Als er hörte, dass wir über Jesus predigten, machte er sich auf die Suche nach uns.

Immer und immer wieder erzählte ich ihm dann die Geschichte von Adam und Eva und dem Sündenfall. Er konnte sie nicht oft genug hören. Sie schien ihn zu faszinieren. In jener Nacht betete ich: «Herr, wirst du den Himmel mit solch einfachen Menschen füllen?»

Sri Ram, der sich heute «Cornelius» nennt, brachte viele seiner Klassenkameraden zu uns. Später machte er den Master in Theologie und arbeitet heute als Regionalleiter bei der GEMS.

An derselben Hochschule wie er studierte auch Sivanath Stephen. Als dieser ein kleiner Junge war, sagte ihm der Grundschullehrer, dass nur die Christen das wahre Wort Gottes besäßen. Dies beeindruckte ihn so sehr, dass er von da an überall nach Christen Ausschau hielt. Nach elfjähriger Suche fand er schließlich mich. Er riss mir sofort die Heilige Schrift aus der Hand und küsste sie wiederholt. An seiner Hochschule hatte er zu einer Bande gehört, die ständig Ärger machte. Doch die

Macht des Evangeliums hatte ihn verwandelt. Jetzt war er überzeugt davon, dass die wichtigste Beschäftigung der Welt die war, anderen von Jesus Christus zu erzählen. Er brach sein Studium ab, besuchte eine theologische Hochschule und wurde ein Diener Gottes.

Als Srinivas das erste Mal unser Haus betrat, konnte er nicht verstehen, weshalb wir für Bihar mit so viel Liebe und so vielen Tränen beteten.

«Weshalb weinen diese Tamilen wegen Bihar?», fragte er.

Nach dem Gebet bat ich Sister Jeyavadana, einen Tee für uns alle zu machen. Während sie den Tee für unsere Gäste zubereitete, sang sie ein Lied auf Hindi, das ich komponiert hatte. Der Text lautete ungefähr folgendermaßen:

Oh Herr, du bist die Zuflucht der Schwachen,
du bist die Weisheit der Einfältigen,
ich knie zu deinen heiligen Füßen.
Füll mich mit deinem wohltuenden Segen,
oh Herr, errette mich von der Sünde
und von der Krankheit und vom Fluch.
Lass mich dein sein, nur dein.

Diese Verse schienen Srinivas tief zu berühren. An jenem Tag verabschiedete er sich nach dem Tee sofort. Am nächsten Morgen kam er wieder. Er bat, dass wir das Lied nochmals sangen. Nachdem er es gehört hatte, entschuldigte er sich und entfernte sich. So ging das monatelang. Manchmal sang er mit. Doch er vermied es peinlichst, mit uns zu reden.

Eines Tages, als wir uns gerade für einen dreitägigen Einsatz in den umliegenden Dörfern vorbereiteten, fragte Srinivas, ob er uns begleiten könne. Wir kannten ihn zwar nicht gut genug, stimmten aber dennoch zu.

In jedem Dorf stellten wir uns an die Kreuzungen und verkündeten das Evangelium. Nach der Predigt verteilten wir Bücher und sprachen mit den Menschen, die stehen geblieben waren.

Eines Nachts – es war ein Samstag – saßen wir als Gruppe mitten im Dorf Punav um ein Lagerfeuer herum. Ich bat die Gruppenmitglieder, von ihren Erfahrungen zu berichten. Einige Dorfbewohner hatten sich zu uns gesetzt.

Srinivas hörte aufmerksam zu. Dann signalisierte er, dass er auch etwas sagen wollte, also gab ich ihm ein aufmunterndes Zeichen. Und so erzählte er uns seine Geschichte:

«Ich bin Mitglied einer Gruppe von Naxaliten. Mein Name ist der Polizei nicht unbekannt. In meinem Dorf versammelte ich einige junge Menschen um mich, baute eine Bombe und testete sie sogar. Ich ging auf die Hochschule mit der Absicht, mindestens einhundert reiche Menschen zu töten. Ich wurde trainiert, blutrünstig zu sein, wollte Blut vergießen, um die Welt zu verändern. Doch das Lied, das ich gehört habe, hat mich verändert, und jetzt weiß ich, dass nur die Liebe Christi die Welt verändern kann.»

Seine Worte machten uns sprachlos.

Am nächsten Tag ließen sich einige Dorfbewohner taufen. Srinivas wollte in sein Dorf zurückkehren, seine Freunde für Jesus gewinnen und sich mit ihnen taufen lassen. Das Ergebnis seiner Entschlossenheit ist die Gründung der Kirche von Badaula. Zur gleichen Zeit wurde auch in Oyna, dem Dorf von Brother Cornelius (Sri Ram), eine Kirche gegründet.

Srinivas, der den Namen Judson annahm, schloss seine Lehrerausbildung ab. Er arbeitet jetzt als Lehrer an einer öffentlichen Schule und dient dem Herrn. Gott befreite ihn von der Sünde des Ehebruchs, und er erhielt auch die Taufe mit dem Heiligen Geist.

Und weiter geht's – auch ohne Treibstoff!

Eines Nachts fuhr ich mit Brother Murali Joseph von Dehri-on-Sone zurück nach Bhabua. Ungefähr neun Kilometer vor unserem Ziel streikte das Motorrad. Der Benzintank war leer.

«Geh du zu Fuß nach Bhabua, kauf ein bisschen Benzin und komm am Morgen zurück. Ich werde auf das Motorrad aufpassen und hier im Dorf schlafen», meinte Brother Murali zu mir.

Der Plan wäre nicht schlecht gewesen, hätten wir denn zu Hause Geld gehabt. Ich wog unsere Möglichkeiten ab. Am selben Morgen noch hatte ich über Römer 4,17 meditiert, wo es heißt: «Gott ruft das, was nicht ist, dass es sei.» Vom Geist bewegt, legte ich meine Hände auf das Motorrad und betete. Dann betätigte ich den Anlasser. Ich weiß nicht, was Gott getan hat, aber wir fuhren auf unserem Motorrad heim!

In Zeiten der Not haben wir in unserem Dienst immer auf Gott geschaut, und er hat unseren Glauben immer belohnt. In Tamil Nadu legten wir einmal fünfzehn Kilometer in einem Wagen ohne Benzin zurück! Gott führte uns auf wundersame Weise durch schwierige Zeiten.

Die List des Feindes

Eines Tages kam ich erst nach 21 Uhr nach Hause. Ich war ausgehungert und bat meine Frau, mir das Abendessen zu servieren. Sie meinte, ich solle auch Murthy zum Essen mitbringen, da dieser seit dem Morgen nichts gegessen hatte. Weil Murthy körperlich sehr schwach war, hatte ich meine Frau angewiesen, ihm jeden Tag ein Glas Milch und ein Ei zu geben.

Er aber wollte davon nichts wissen. Stattdessen meinte er, es wäre nicht richtig, wenn er eine spezielle Kost erhalte, da es an Geld fehlte und es überhaupt an allem mangelte.

Murthy war wie ein Sohn für uns. Er nannte mich *appa* (Papa) und meine Frau *amma* (Mama). Oft gab es Streit zwischen Mutter und Sohn, wenn sie ihm wieder einmal befahl zu essen und er sich wieder einmal weigerte.

An diesem Morgen hatte er das Haus verlassen, ohne zu frühstücken. Als er am Abend zurückkam, setzte ihm meine Frau etwas zu essen vor; doch er meinte, er wolle auf mich warten. Als ich ihn dann später rief, kniete er im Gebet in seinem Zimmer. Ich beschloss, alleine zu essen.

Eine Stunde verging. Keine Spur von ihm am Esstisch. Also ging ich nach ihm schauen und fand ihn in derselben Position wie zuvor. Ich klopfte ihm auf die Schulter und rief seinen Namen.

Ohne die Augen zu öffnen, ergriff er krampfhaft meine Hand. Ich begriff sofort, dass ein spiritueller Kampf im Gange war.

Wir verbrachten die ganze Nacht im Gebet. Am nächsten Morgen öffnete er die Augen und konnte nichts sehen.

«Der Feind kann mich nicht von meinem Vater trennen», sagte er und klammerte sich mit der einen Hand an die Heilige Schrift, mit der anderen hielt er meine Hand.

Einige Brüder kamen ins Haus und beteten ohne Unterlass für seine Befreiung. Ich ließ ihn nicht allein und harrte, ohne etwas zu mir zu nehmen, die ganze Zeit bei ihm aus. Schließlich, nach drei langen Tagen, wurde er befreit.

Gott ließ diese Erfahrung zu, um uns zu zeigen, wie trickreich der Feind ist und wie einfach wir seinen Kniffen zum Opfer fallen. Wir hatten gelernt, mit unablässigem Gebet gegen die Mächte der Dunkelheit zu kämpfen, aber wir waren schlecht auf die Listen des Feindes vorbereitet.

Nachdem Murthy sich von diesem Zwischenfall erholt hatte, erzählte er uns, was er während diesen drei Tagen durchlitten hatte. Es fing damit an, dass er in Gedanken darüber brütete, seit seiner frühen Kindheit ohne die Liebe seiner Eltern gelebt haben zu müssen. Er war verbittert über die Tatsache, fast sein ganzes Leben lang ein Waisenkind gewesen zu sein, und klagte Gott an: «Warum hast du mich zur Waise gemacht?»

Sofort tauchten zwei Geister auf und behaupteten, seine Eltern zu sein. Sie sagten ihm, er dürfe Christus nicht folgen, und behaupteten, dass die Christen Betrüger seien. Sie zogen ihn in eine tiefe Grube hinab.

Dort hörte er Stimmen, die ihn davor warnten, diesen Ort aufzusuchen, und ihn beschworen, es sei alles eine Täuschung. Murthy versuchte panisch, sich zu befreien, doch es gelang ihm nicht.

Genau in dem Moment weckte ich ihn. Drei Tage Gebet waren nötig, um ihn aus den Fängen des Feindes zu befreien.

Dieser Zwischenfall öffnete ihm die Augen. Er zog in den unerreichten Distrikt von Nawada, um dort mit einigen Freunden zu dienen, und wurde zu einem kraftvollen Diener Gottes, voller Eifer und Hingabe. Um sich seinen Unterhalt zu verdienen, machte er eigenhändig Körbe und verkaufte sie.

Eines kalten Wintertages, bei wenigen Grad Celsius über Null, wurde sein Körper einmal so steif, dass ihn seine Nachbarn an einem Lagerfeuer aufwärmen mussten. Oft wurde er überfallen. Sein Motorrad wurde ihm gestohlen. Doch er gab nicht auf und arbeitete über Jahre hinweg alleine in Nawada. Er war ein hingebungsvoller Mann Gottes, in dem das heilige Feuer brannte und der acht Stunden täglich betete. So gelang es ihm, die täglichen Herausforderungen zu bestehen.

Den Jahreszeiten trotzen

Die Winter in Bihar sind sehr hart, und es gab Zeiten, in denen wir nicht genügend warme Kleidung hatten. Zu viert – zusammen mit Sapna und Godwin, den Kindern unserer Verwandten

– hatten wir nur eine Decke. Und selbst diese war ein Zufallsfund gewesen, sie war einmal von einem Soldaten in unserem Zugabteil zurückgelassen worden. Im Winter, wenn sich die Temperaturen zwischen drei und sechs Grad Celsius bewegten, streuten wir Heu auf den Boden und schliefen darauf.

Es war wieder einmal einer dieser eisigen Winter. Wir luden den Bruder und Freund Ashok Pathak (ein Inder aus dem Norden, der die «St. Joseph's School» in Kodaikanal in Tamil Nadu leitete) zur Eröffnungszeremonie der Kirche in Daudnagar ein. Sein Vater war der Bischof von Nagpur im Bundesstaat Maharashtra in Zentralindien. Er zögerte nicht, als er unsere Situation sah, und schenkte jedem von uns eine Decke.

Die Sommer waren auch nicht besser als die Winter. Die Temperaturen können dann bis auf 48 Grad Celsius steigen. Wir hatten zwar einen Deckenventilator, mussten den aber zwischen meiner Frau und mir, unserem Sohn und drei Schwestern teilen. Wir lernten, mit diesen Unannehmlichkeiten zu leben und Gott in allen Situationen zu loben. Als ich noch bei «English Electric» arbeitete, hatte ich eine Klimaanlage zur Verfügung gehabt, doch hier in Bihar dankte ich Gott für den Luxus eines Ventilators, der wenigstens den Schweiß trocknete.

In den Dörfern von Bihar kannte man keine Elektrizität, und selbst heute sind noch immer siebzig Prozent der Dörfer ohne Strom. Wir verlangten nie Annehmlichkeiten, denn unser Leiden ist nichts verglichen mit dem, was der heilige Sohn Gottes zu erleiden hatte, als er auf die Erde herabstieg, um sein Leben für das Heil der Menschheit zu geben.

Sommerlager

Im Sommer 1978 suchte ich nach einem Platz für unser 21-tägiges Trainingslager. Ich kontaktierte die Rektorin der «Rama

Rani School», einer Mädchenschule in Dehri, und fragte, ob es möglich sei, das Training auf dem Gelände der Schule durchzuführen.

Die Rektorin, eine Bengalin, die fließend Englisch sprach, war eine Bekannte meiner Frau und gab uns daher sofort ihre Zustimmung.

Doch als wir eintrafen, um mit den Vorbereitungen zu beginnen, traf uns der Schock: Das Gebäude war in einem erschreckenden Zustand. Überall lag Abfall herum, und die Toiletten waren dreckig und stanken bestialisch. Es wartete also eine gewaltige Aufgabe auf uns, denn jemand für das Putzen anzustellen, würde ein Vermögen kosten. Da wir dies nicht besaßen, beschlossen wir, es selber zu tun.

Pastor Dhayanandan und ich nahmen das Opfer auf uns, in den Abwassertank hinabzusteigen, um ihn zu säubern. Viele andere halfen dabei, alles rechtzeitig vorzubereiten. Etwa 150 Frauen und Männer nahmen am Trainingslager teil.

Pastor D. Mohan aus Chennai, einer der Lehrer, kommentierte die entsetzlichen Lebensbedingungen, die in Bihar herrschten, ernüchtert: «Wenn wir alle Christen mit dem Zug von Chennai nach Bihar bringen könnten, damit sie auch nur für einen einzigen Tag diese Umstände erlebten – ich bin mir sicher, dass auch sie spüren würden, wie dringend Nordindien des Evangeliums bedarf.»

Wegen Platzmangels mussten sich die männlichen und weiblichen Teilnehmer die Unterkünfte miteinander teilen, was uns einige Probleme bereitete. Doch die Störenfriede von damals sind heute glücklicherweise aufrichtige Diener Gottes. Am Ende waren wir dankbar dafür, ein wenig zur Ausbildung produktiver Diener beigetragen zu haben, auch wenn wir Schwierigkeiten überwinden mussten.

Als wir dann der Rektorin das Schulgebäude zurückgaben, traute sie ihren Augen nicht. Der Zustand, in dem das Schulgebäude sich jetzt befand, war nicht mit dem zu vergleichen, in dem sie es uns übergeben hatte.

Nach dem Trainingslager von 1979 blieb ich in Dehri, da ich verschiedene Missionsdienste zu koordinieren hatte. Unterdessen gesellten sich immer mehr Missionare aus dem Norden und Süden des Landes zu uns. Doch mehr Missionare bedeuteten auch höhere Kosten …

GEMS (Gospel Echoing Missionary Society)

Lange arbeiteten wir ohne strukturierte Koordination und Überwachung unserer Aktivitäten auf den verschiedenen Missionsfeldern. Doch irgendwann empfanden wir das starke Bedürfnis, unsere missionarischen Angelegenheiten zu organisieren.

Wir beschlossen, eine Organisation zu gründen, die sich an der ursprünglichen Vision ausrichtete, und diese gemäß den Gesetzen unseres Landes amtlich registrieren zu lassen. Im Namen wollten wir die Ziele der Organisation auf der Grundlage der zwei Visionen ausdrücken, die Gott mir gegeben hatte. Deshalb wählten wir das Kürzel GEMS (engl. Edelsteine). Jeder Buchstabe stand für ein Ziel der Organisation. Zusammen repräsentierten sie die Vision, die Gott mir gegeben hatte:

G	Go to the unreached	Gehe zu den Unerreichten
E	Evangelize them	Verkünde ihnen das Evangelium
M	Make them disciples	Mache sie zu Jüngern
S	Send them to reach others	Sende sie aus, um andere zu erreichen

Wir waren uns einig, dass das Evangelium nicht die gute Botschaft des Menschen, sondern die Frohe Botschaft Gottes *für den Menschen* ist. Der Mensch kann nur ein Widerhall der Botschaft Gottes sein. So einigten wir uns nach vielen Beratungen und Gebeten auch auf den Namen «Gospel Echoing Missionary Society» (in freier Übersetzung etwa: «Missionsgesellschaft, die das Evangelium widerhallen lässt»).

Brother Vasanth Edward, damals für die Air India tätig, war so beeindruckt und motiviert von unserem Dienst, dass er seine Arbeitsstelle aufgab und dem Maranatha-Dienst beitrat, um auf den Andamanen mitzuarbeiten.

Später ging er in die USA, um Theologie zu studieren und dann nach Chennai zurückzukehren. Er brannte darauf, dem Missionsdienst beizutreten, und wurde Mitglied einer Kirche in Chennai und Mitarbeiter von Pastor Dhayanandan. Es war zu jener Zeit, im Dezember 1979, dass die GEMS öffentlich eingetragen wurde.

Brother Peter, ein Ältester der Kirche in Chromepet, war begeistert von diesem strukturellen Prozess, und sein Mitwirken war von grundlegender Bedeutung für die Umsetzung. Da es mir widerstrebte, ein Amt mit hochrangigem Titel auszuüben, ernannten wir Brother Vasanth Edward zum Generalsekretär, Pastor Dhayanandan zum Präsidenten und Brother D.E.M. Raja zum Schatzmeister. Ich war Direktor der Missionsabteilung, gehörte aber nicht dem Verwaltungsrat an.

Nach sechs Monaten kam es allerdings zu Differenzen im Team, und Brother Vasanth Edward verließ die GEMS.[9] Es blieb mir keine andere Wahl, als die Vakanz selbst auszufüllen und die Stelle des Generalsekretärs anzunehmen. In dem Jahr, in dem wir die GEMS registrierten, beliefen sich Gesamteinkommen und Ausgaben auf lediglich 23.700 Rupien. Heute ist diese Summe dank Gottes Hilfe zehntausendmal größer. Ich kann nur sagen, dass dies Gottes Lohn für unseren Glauben und Gehorsam ist.

Im Dezember 1979 fanden die ersten Versammlungen der GEMS in den Räumlichkeiten der «Bain School» in Chennai statt. Viele Diener Gottes nahmen unsere Einladung an. Gemäß unserer Glaubenspolitik baten wir nicht um Spenden. Durch die Versammlung beabsichtigten wir einzig und allein unsere Vision zu vermitteln, die auf dem Wort Gottes gründete. Und es gelang uns trotzdem – oder gerade deshalb –, nach diesen Treffen viele Gebetspartner zu gewinnen.

Brother Jochen Tewes, Vertreter der Inter-Mission Deutschland und der Schweiz in Chennai, war einer der Männer, die an diesen Versammlungen teilnahmen. Er ließ seine Visitenkarte im Opferstock zurück, zusammen mit der Bitte um ein Treffen.

Pastor Dhayanandan und ich kamen ihr nach. Dabei schlug er uns vor, ein Waisenhaus zu eröffnen. Er versprach, dass die Inter-Mission mit uns zusammenarbeiten und sich für unsere Aktivitäten im Norden einsetzen würde. Die Missionsorganisation erklärte sich bereit, fünfzig Kinder finanziell zu unterstützen.

Allerdings war ich darauf überhaupt nicht vorbereitet. Ein Waisenhaus war nicht Teil der Vision, die ich von Gott erhalten hatte. Ich fürchtete, es könnte unseren evangelistischen Ruf schwächen.

Doch Jochen Tewes überzeugte mich mit dem Argument, dass uns dies in Zukunft eine große Hilfe für unsere evangelistischen Aktivitäten sein würde.

«Meine Frau sorgt sich sehr um die Waisen», bemerkte ich. «Drei Jahre lang hat sie versucht, mich von der Notwendigkeit eines Waisenhauses zu überzeugen. Nun sagen Sie mir genau das, was sie mir schon die ganze Zeit über gesagt hat.»

Schließlich, nach viel Überzeugungsarbeit, stimmte ich dem Bau eines Waisenhauses zu. Im Jahr 1980 sollten es nicht mehr als fünfzehn Kinder sein, denn sie sollten erfahren, wie es war, ein richtiges Zuhause zu haben.

Jochen war begeistert und nahm meine Bedingungen an. Dies war unsere erste Zusammenarbeit mit der Inter-Mission Deutschland und der Inter-Mission Schweiz.

Kurze Zeit später zogen wir in ein Haus, das groß genug war, um 15 Kinder, 23 Schüler des Jüngerschaftszentrums, Brother Samuels Familie, Sister Jeyavadana, meine Familie und einige Gäste aufzunehmen. Das Haus bot auch genug Stauraum für Bücher und Platz für die Kinder zum Spielen.

Das Waisenhaus veränderte die Dynamik unserer Familie. Die Waisen nannten mich «Onkel», was unseren Sohn Goforth, der damals zweieinhalb Jahre alt war, dazu veranlasste, es ihnen gleichzutun. Er nannte mich jetzt auch so!

Meine Frau hatte alle Hände voll zu tun und nutzte ihre Zeit, um für die Heimkinder gut zu sorgen. Nun war ich es, der sich wie eine verlassene Waise fühlte! Doch es war alles in bester Ordnung. Die Freude und das Lachen der Kinder wogen alles auf. Sie machten Fortschritte in der Schule und wuchsen in ihrem Leben mit Gott. Auch die Schüler des Jüngerschaftszentrums studierten das Wort Gottes mit großem Eifer. Wir waren nun so beschäftigt mit der Arbeit Gottes, dass uns keine Zeit blieb für irgendetwas anderes.

1981 besuchte uns Bruder Jochen Tewes mit einem Team aus Deutschland, den Brüdern Achim, Markus und Peter Will. Sie waren überwältigt und drückten ihre Anerkennung für unsere enormen Anstrengungen aus.

Dies inspirierte uns, ein weiteres Waisenhaus für zwanzig Kinder in Bhabua zu eröffnen. Wir vertrauten es Brother Ambrose und seiner Frau Amar an. Wir eröffneten auch eine Tagesschule in einem kleinen Dorf namens Dhab in der Nähe von Hariharganj. Dort wurde für dreißig Kinder gesorgt.

Sobald diese Kinder in unserer Obhut waren, veränderte sich ihr Verhalten sichtbar. Wir waren begeistert und liebten sie mehr als unsere eigenen Kinder.

Zwei Brüder aus Nordindien übernahmen die Verantwortung für die Tagesschule in Dhab. Doch die Mitglieder der oberen

Kasten waren empört und bekämpften die Tagesschule. Sie befürchteten, dass eine gute Ausbildung die Kinder davon abhalten würde, als billige Arbeitskraft ihr Vieh zu hüten. Sie waren dermaßen aufgebracht, dass sie uns mit Waffengewalt drohten.

Als diese Bemühungen fruchtlos blieben, begannen sie, falsche Anschuldigungen gegen einen unserer Mitarbeiter zu erheben. Sie drohten ihn zu töten.

Ich musste mich persönlich und vor Ort um die Angelegenheit kümmern, denn die Situation war tatsächlich sehr ernst. Unser Mitarbeiter wurde beschuldigt, ein blindes Mädchen geschwängert zu haben. Ohne zu zögern, erklärte ich, dass ich bereit sei, sie als meine Schwiegertochter anzunehmen. Danach las ich ihnen einige Verse aus dem Wort Gottes vor und sagte ihnen, dass ich für sie beten und ihr ein Glas Wasser anbieten würde. Sollte ihr während der kommenden drei Monate nichts zustoßen, würde ich sie mit meinem geistlichen Sohn verheiraten.

Dies zeigte die erwünschte Wirkung: Als sie das hörte, machte sich das Mädchen auf und davon. Niemand zweifelte daran, dass die Anschuldigung falsch gewesen war. Trotzdem änderte sich die Stimmung im Dorf nicht zu unseren Gunsten. Doch wir waren in der Lage, eine neue weiterführende Schule in Chatni Bigha mit denselben Brüdern zu gründen. 250 Kinder schrieben sich sofort ein. Das war der Startschuss für unsere Schulen auf Hindi.

Ich war einmal ganz alleine in einem Dorf unterwegs, um das Evangelium zu verkündigen. Wie immer verteilte ich Traktate nach der Predigt. Dabei bemerkte ich, wie einige Leute die Traktate verkehrt herum betrachteten.

Während ich mich noch darüber wunderte, kam ein Dorfbewohner auf mich zu und fragte: «Was hast du meinen Leuten erzählt?»

Ich entgegnete ihm: «Hast du's nicht selbst gehört? Wo warst du?»

Er antwortete: «Ich hatte einen Brief von einem Verwandten erhalten. Da weder ich noch sonst jemand im Dorf lesen kann, musste ich damit ins nächste Dorf, um jemanden zu finden, der den Brief für mich las. Das Dorf ist elf Kilometer weit entfernt. Ich bin soeben zurückgekommen.»

Nun war mir klar, weshalb die Menschen die Traktate verkehrt herum hielten! Ich wollte wissen, was in dem Brief stand.

Der Mann sagte: «Morgen kommen meine Verwandten.»

Als ich ihn fragte, ob er das Datum wisse, an dem der Brief geschrieben worden war, hatte er keine Ahnung. Ich bat ihn, mir den Brief zu zeigen.

Dieser förderte eine weitere Überraschung zutage. Der Brief war vor zehn Monaten geschrieben worden!

Als ich ihm das sagte, kicherte er und meinte: «Richtig! Sie haben uns tatsächlich vor zehn Monaten besucht.»

Er lachte, ich aber weinte. Er sah alles von der komischen Seite, ich aber sah die traurige Wirklichkeit.

Erschüttert kehrte ich nach Hause zurück, fiel auf die Knie und betete: «Herr, wenn es dein Wille ist, hilf mir, viele Schulen zu gründen.» Als Antwort auf dieses Gebet ermöglichte der HERR im Laufe der Zeit die Eröffnung von 120 Schulen!

Von Liebe erdrückt

In Bhabua versuchte einmal ein *maulvi* (ein muslimischer Kleriker) namens Israel Ahmed, mich zum Islam zu bekehren, nachdem ich mit ihm über Christus gesprochen hatte. Wir hatten uns durch die «Operation 8», die von der Operation Mobilization (OM) durchgeführt worden war, kennen gelernt. Sechs Monate lang diskutierten wir täglich eine Stunde miteinander.

Eines Tages kam er trotz Erkältung und Fieber wieder zu uns. Er hatte einige Tulsiblätter (indisches Basilikum, das traditionell gegen Erkältungen eingesetzt wird) mitgebracht und bat uns, ihm daraus einen Tee zuzubereiten.

Als meine Frau den Tee aufgekocht hatte, brachte sie ihn herein und sagte zu ihm: «*Bhaiya* [älterer Bruder], hier ist dein Tee.»

Darauf meinte er sichtlich berührt: «Wenn so das Christentum ist, dann will ich es haben. Heute noch will ich mich taufen lassen.»

Jemandem in Liebe zu begegnen und ihn «Bhaiya» zu nennen, obwohl er nicht mal ein Bruder war – das war neu für ihn. Es bewegte ihn zutiefst. Er ließ sich sofort taufen und begann, dem HERRN zu dienen. Da er bereits älter war, hatte er hin und wieder Schwierigkeiten im Umgang mit den jüngeren Mitarbeitern.

Die Muslime waren erzürnt darüber, dass Israel Ahmed Christus angenommen hatte, und bedrohten ihn oft. Er ging in den westindischen Bundesstaat Gujarat, um dort zu dienen, was in seiner Familie auf großes Unverständnis stieß. Dennoch lehrte er mit großer Weisheit, denn seine Kenntnis der Heiligen Schrift war makellos. Ihn in einer Diskussion zu übertrumpfen, war fast unmöglich. Das mangelnde Fundament einiger christlicher Priester im Wort Gottes trieb ihn dagegen zur Weißglut, was dazu führte, dass sein Temperament leider manchmal mit ihm durchging.

Arbeit und Probleme

Unterdessen nahm die Kirche in Dehri-on-Sone, zu deren Ältestenrat ich gehörte, einen Kredit von etwa 16.000 Rupien für den Bau der Missionarshäuser auf. Nachdem wir verschiedene

Optionen zur Begleichung unserer Schuld erwogen hatten, beschlossen wir, das leere Grundstück direkt neben dem Haus zu verkaufen. Wir teilten es in vier kleinere Grundstücke auf, um diese individuell veräußern zu können.

Außerdem beschlossen wir, die Grundstücke zu einem niedrigeren Preis Christen anzubieten. So wollten wir sie motivieren, die Grundstücke zu kaufen, damit die Missionare christliche Nachbarn bekämen. Leider zeigte niemand Interesse.

Nach drei Jahren entschied ich mich selbst dazu, eines der Grundstücke zu kaufen, um darauf eine Bibelschule zu bauen. Ich leistete die Anzahlung, sah mich allerdings kurz darauf mit Problemen konfrontiert.

Auf Geheiß des Pastors hatten einige Geschwister damit begonnen zu behaupten: «Genau so begann die Herrschaft der Britischen Ostindien-Kompanie über Indien. Wir wollen nicht, dass die Geschichte sich wiederholt.» Während meiner Abwesenheit begannen sie auch, die englischen Missionare Joy Bath und Brother David und seine Frau zu belästigen.

Damals war Sister Jarvis bereits pensioniert und Sister Sylvia Beardwell war wegen ihrer Erkrankung nach England zurückgekehrt. Sister Joy Bath, die als Pflegefachkraft in Simbabwe gearbeitet hatte, war nach Indien gekommen, um ihre medizinische Missionsarbeit fortzusetzen. Sister Jeyavadana hatte, obwohl sie keine ausgebildete Krankenpflegerin war, Erfahrung auf dem Gebiet und half ihr. Wenig später erhielten sie Unterstützung von Sister Susi Gunasekaran. Brother David, der andere Missionar aus England, unterrichtete in der Jüngerschaftsschule.

Als ich von dem Sturm erfuhr, der sich in der Kirche von Dehri zusammenbraute, zog ich meine Anzahlung sofort zurück und verzichtete auf das Grundstück. Dies stellte den Frieden jedoch noch nicht ganz wieder her.

Wahrscheinlich war der Pastor dadurch verunsichert, dass

ich mehrmals wiederholt geäußert hatte: «Meine Vision beschränkt sich nicht auf die Kirche. Sie ist viel umfassender.» Irgendwann hetzte er die Menschen dermaßen gegen uns auf, dass wir beschlossen, die Kirche zu verlassen; dieselbe Kirche, die wir zehn Jahre lang unterstützt und gepflegt hatten!

Schweren Herzens gingen wir dazu über, getrennte Gottesdienste zu feiern. Dabei waren uns Gottes klare Worte, dass er einen größeren Platz für uns vorbereitete, ein Trost. Ungefähr zur selben Zeit gesellte sich Sister Susi Rollet aus Chennai zu uns.

In den Jahren 1980 und 1981 organisierten wir Sommerschulen in Varanasi. 1981 erkrankte ich an Typhus, und obwohl ich ohne Medikamente weiterarbeiten musste, genoss ich meinen Aufenthalt in Varanasi, und auch die Menschen um uns her fühlten sich gesegnet.

Seit einiger Zeit schon hatte man uns gebeten, ein englischsprachiges Gymnasium zu gründen. Wir zögerten lange, denn wir glaubten, dass wir dadurch unseren Fokus auf die Evangelisation verlieren würden. Doch da es einen realen Bedarf an Schulen gab, beschlossen wir, dieses Anliegen dem HERRN im Gebet zu unterbreiten. Wir fasteten und beteten drei Tage lang. Unsere Bitte an Gott lautete folgendermaßen:

«HERR, wenn es wirklich Dein Wille ist, dann wirst Du, ohne dass wir mit unseren Plänen an die Öffentlichkeit gehen, Menschen dazu veranlassen, freiwillig Geld und Land dafür zu spenden.» Wir baten auch, dass jemand aus Tamil Nadu nach Bihar käme, um die Schule zu leiten.

Als Antwort auf unsere Gebete sandte der HERR Brother Gunasekaran (aus Karur in Tamil Nadu). Er bot sich an, die Schule fünf Jahre lang zu führen und danach als Missionar auf dem Feld zu arbeiten. Er kündigte seinen Posten als Vize-Rektor und kam nach Bihar.

Brother Gunasekaran hatte 1975 einer missionarisch aktiven Studentengruppe angehört, auf einem Einsatz unsägliche Mengen an *puri* (in Senföl frittiertes Fladenbrot) verzehrt und daraufhin geschworen, nie wieder nach Bihar zu gehen. Er vertrug das Essen nicht. Glücklicherweise bekam er die Stelle an der St. Joseph School in Kodaikanal und ließ sich dort nieder.

Der Rektor der Schule, Brother Ashok Pathak, war ein guter Freund von mir. Zu der Zeit litt ich unter schrecklichen Rückenschmerzen, was ihn dazu veranlasste, mich für drei Wochen nach Kodaikanal einzuladen, damit ich etwas zur Ruhe käme.

Meine Schmerzen waren so gravierend, dass ich nicht länger als zwanzig Minuten am Stück stehen konnte. Die Reise nach Kodaikanal wurde zur Tortur. Ironischerweise stellte man mich, dort angekommen, trotz meiner Behinderung nicht vom Predigtdienst frei! Ich musste täglich Morgenandachten für die Lehrer halten und am Abend Erweckungsversammlungen leiten.

Brother Gunasekaran und Brother George, beide Mitglieder des Kollegiums, waren regelmäßig dabei und weihten schließlich ihr Leben der Missionsarbeit. Brother George erhielt die Taufe mit dem Heiligen Geist bei einer dieser Versammlungen. Er arbeitete für die Friends Missionary Prayer Band als Missionar unter dem Volk der Malto und übersetzte das Wort Gottes in ihre Sprache.

Nachdem er sich dem Dienst geweiht hatte, arbeitete Brother Gunasekaran einige Jahre in Karur, heiratete Sister Susi und kam dann nach Bihar.

Nagendran, ein Hindu aus Virudhunagar, Tamil Nadu, saß wegen einer Straftat an einer Universität eine lebenslange Gefängnishaft ab. Von einem christlichen Mitgefangenen bekam er ein Neues Testament geschenkt, wodurch er sich zu Christus bekehrte. Von da an nannte er sich John Nagendran. Aufgrund seines guten Benehmens und dank der Anstrengungen seiner Eltern reduzierte das oberste Gericht seine Strafe auf sieben Jahre.

Er wurde in das Gefängnis von Pudukkottai verlegt, wo Gott ihm in seiner Gnade die Gelegenheit gab, an Bibelstunden teilzunehmen. Seine Haft wurde in der Folge auf nunmehr vier Jahre reduziert. War er noch als Krimineller ins Gefängnis gekommen, kam er jetzt als gut ausgebildeter Christ heraus!

Nachdem er aus seiner Haft entlassen worden war, wurde er Direktor einer Schule in Trichy. Dann, auf einer von mir geleiteten Versammlung, erhielt er den Ruf in den Missionsdienst nach Nordindien, was ihn mit seiner Familie in das herausfordernde Missionsfeld von Rohtas führte.

Diese Region ist nicht nur unwegsam und körperlich ermüdend, sondern auch eine konstante Bedrohung für die Gesundheit. Alle zwölf Diener, die Gott in die Hügel von Rohtas sandte (die Brothers Solomon, David, Kingsley, Vasshit, Ramkeswar, John Nagendran, Abimanu und fünf weitere), erkrankten einer nach dem anderen an Malaria und Gelbsucht.

Sister Rollet und Sister Annie kamen aus Frankreich nach Indien, um hier Menschen zu dienen – ohne auch nur ein einziges Wort Englisch zu sprechen. Sie wurden über Mumbai von Gott nach Chennai geführt, wo sie ein Waisenhaus am Rande der Stadt gründeten. Leider wurden sie dort von vielen Menschen betrogen. Das hielt sie aber nicht davon ab, einen Dienst im Osten Tambarams in Tamil Nadu aufzubauen. Auf einer meiner Veranstaltungen in Chromepet erhielten sie den Ruf nach Nordindien.

Sister Rollet war eine demütige und liebenswerte Person. Sie übernahm aus vollem Herzen die Aufgabe, die Toiletten in unserem Haus sauber zu halten. Nach etwa anderthalb Jahren und dem Erlernen von Hindi begleitete sie uns in einer siebenköpfigen Gruppe in die Hügel von Rohtas.

Die Umstände waren abenteuerlich. Die Hütte, in der wir übernachten sollten, besaß keine Tür; wir schliefen nur auf Heu auf dem Boden; nachts strichen wilde Tiere um das Haus; Wasser tranken wir aus einem kleinen Teich, den wir uns außerdem mit den Tieren als Badestelle teilten.

Nach der ersten Nacht fragte ich Sister Rollet, ob sie gut geschlafen habe. Auf ihre Verneinung hin erkundigte ich mich nach dem Grund dafür.

Sie meinte, die Last, dem Ruf zu folgen, wöge noch immer genauso schwer wie damals in Frankreich, als sie ihn erhalten habe. Sie sagte, dass es Gottes Wunsch sei, dass sie ihm in Rohtas diene.

Ich war überrascht. Es gab hier keinerlei Komfort, keine Toiletten, das Wasser war nicht einmal als Badewasser zu gebrauchen, es war nicht sicher … und dennoch wollte sie bleiben! Ich riet ihr, sich zwei Wochen lang hier aufzuhalten und danach eine Entscheidung zu treffen.

Sie stimmte zu. Zwei Wochen später war sie immer noch genauso entschlossen, bei uns zu bleiben! Täglich stand sie um vier in der Frühe auf, um im Teich zu baden.

Nach einer Weile kam sie zu uns zu Besuch. Allerdings bekamen wir sie kaum zu Gesicht, denn sie verbrachte fast die ganze Zeit in ihrem Gästezimmer. Wir nahmen an, dass sie fastete und betete. Erst am zweiten Tag entdeckten wir entsetzt, dass sie schwer krank war. Sie litt gleichzeitig an Lungenentzündung, Malaria, Typhus und Gelbsucht.

Am vierten Tag ließ sie verlauten: «Ich gehe heim zu meinem HERRN.» Sie liebte den HERRN von ganzem Herzen!

Wir waren schockiert und traurig. Sie war nur 42 Jahre alt geworden. Nicht einmal ihre Schwester, die zu jener Zeit in Chennai war, konnte sie ein letztes Mal besuchen kommen.

Meine Frau, die damals mit unserem zweiten Kind schwanger war, gebar als Auswirkung dieses tragischen Verlustes vorzeitig im achten Monat. Wir nannten unseren zweiten Sohn Henceforth («Fortan»). Er erkrankte kurz nach seiner Geburt an Fieber, was uns bewog, Heime für körperlich benachteiligte Kinder zu gründen.

Licht am Ende des Tunnels

In Nordindien predigten die Missionare das Evangelium mit Macht, Zeichen und Wundern. Angetrieben von Eifer und Leidenschaft, ließen sie sich einmal von den Emotionen mitreißen und zerbrachen ein Götzenbild in einem Tempel.

Dieser Tempel war von einem kriminellen Bandenführer gebaut worden, der auf den Hügeln außerhalb der Stadt hauste. Als er von den Geschehnissen Wind bekam, entlud sich der ganze Zorn seiner Bande gegen die Christen. Sie attackierten jeden von uns, den sie finden konnten. Die Katholiken, die bereits lange vor uns in jener Region gearbeitet hatten, litten am meisten darunter: Nonnen wurden vergewaltigt, ihr Besitz wurde zerstört, und weitere Gräueltaten wurden verübt.

Wir mussten schließlich unsere Arbeit dort aufgeben. Dieser Zwischenfall und der tragische Tod von Sister Susi zwangen uns, unseren Dienst in der Hügellandschaft von Rohtas zu überdenken.

So verlegten wir den Schwerpunkt unserer Arbeit auf die Nachbarregionen und besuchten die Dörfer um Rohtas nur noch gelegentlich. Dort begann nach uns Brother John Nagendran seinen Dienst, musste sich aber aufgrund des Widerstandes, den er erfuhr, schon bald nach Baulia, südlich von Rohtas, zurückziehen.

Dort führte er seinen späteren Unterstützer, Brother J.K. Peter und seine Familie, zum HERRN. Der Widerstand war auch in Baulia noch heftig. Doch Nagendran erkannte die Möglichkeit, dort eine Schule zu gründen. Die Lehrerausbildung hatte er im Gefängnis ja schon machen können.

Zu unserer großen Überraschung verpuffte der Widerstand der Bevölkerung noch mit der Eröffnung der Schule. Davon inspiriert, brachten wir die Kinder von den Hügeln in die Schule und gaben ihnen auch das Evangelium von Jesus mit. Danach wuchs dieser Dienst sprunghaft an.

«World Vision» unterstützte uns nach Kräften, bis die Aufbauarbeit geleistet war, dann konnten wir alleine weitermachen. Noch heute arbeiten die Schulen mit Vollgas. Sie sind ein großer Segen für die armen Familien, da sie ihren Kindern die Gelegenheit geben, unvorstellbare Höhen zu erreichen.

Unser Schuldienst veränderte das Leben der Menschen sowohl in gesellschaftlicher als auch in wirtschaftlicher Hinsicht, und viele unserer ehemaligen Schüler sind heute im missionarischen Dienst tätig.

Die Typhuserkrankung, die ich mir 1981 zuzog, zwang mich schließlich für fast zwei Monate ins Bett. Zuweilen stieg meine Körpertemperatur bis auf 40,5 Grad Celsius. Zur gleichen Zeit litt auch mein ältester Sohn, der damals dreieinhalb Jahre alt war, an Fieber. Wir hatten es versäumt, ihn gegen Polio impfen zu lassen.

Damals war Kinderlähmung noch eine konkrete Bedrohung in Bihar – eines der Symptome der Krankheit ist konstant hohes Fieber. Seine Lage war deutlich ernster als meine: Drei Tage lang sank seine Körpertemperatur nicht, was uns in große Angst und Sorge versetzte.

In der dritten Nacht konnte ich vor Verzweiflung nicht schlafen. Ich fiel auf die Knie und betete. Plötzlich bekam ich eine Vision. Ein helles Licht leuchtete, und die Worte «Kein

Knochen in ihm wird zu Schaden kommen!» erschienen vor meinen Augen.

Ich weckte meine Frau augenblicklich auf, und zusammen lobten wir Gott für sein Versprechen. Obwohl mein Sohn seitdem viele Male in gefährliche Situationen geriet, blieb er stets unverletzt, genau wie es der HERR versprochen hatte. Er hat ihn bis heute immer beschützt. Gottes Versprechen ändern sich nicht!

Unsere Jüngerschaftsschule brachte über die Jahre eine konstante Zahl von Dienern Gottes hervor, die heute überall verteilt arbeiten. Einer von ihnen ist sogar als Pastor nach Texas gegangen!

Auch in den Kirchen von Tamil Nadu wirkte Gott weiter. Sie empfingen den missionarischen Eifer, und Brother Prabhakar von der Peniel-Kirche in Trichy (Tiruchchirappalli) und Brother Victor Immanuel aus Chennai begannen, für unsere Mission zu arbeiten. Brother Prabhakar stammte aus einer römisch-katholischen Familie, und Brother Victor, obwohl in einer guten christlichen Familie aufgewachsen, hatte in seiner Jugend als Mitglied einer kriminellen Bande Züge überfallen und verschiedene Male versucht, sich umzubringen. Doch Gott rettete ihn auf wundersame Art und Weise und ermöglichte es ihm, Teil unseres Dienstes zu werden.

Glaubenssprung

Im Jahr 1982 feierten wir das zehnjährige Jubiläum unseres Dienstes in Bihar. Um den Anlass angemessen zu würdigen, versammelten wir uns alle, fasteten und beteten und baten Gott um Orientierung für die Zukunft. Während wir beteten, versprach Gott, unsere Arbeit zu festigen. Zu der Zeit waren wir in Sasaram, Gaya und Dehri-on-Sone tätig.

Während wir im Gebet verharrten, sprach Gott zu mir: «Sag der Gruppe, dass sie um ein Stück Land beten soll.»

Überrumpelt und ein bisschen beschämt, versuchte ich, diese Anweisung zu ignorieren. Ich hatte das Land und das Haus abgelehnt, das mein Vater uns spenden wollte. Doch Gott blieb fest, also gab ich nach und bat alle Anwesenden, dafür zu beten.

Am Ende der Gebetsversammlung kam Brother Gunasekaran (der damals mit Sister Helen in Gaya arbeitete) zu mir und fragte: «Wer hat versprochen, uns Land zu geben?»

«Gott», antwortete ich.

Er war glücklich, denn nun wurde zum ersten Mal sichtbar, wie sein Traum einer Schule langsam Form annahm.

Brother Gunasekaran wartete sechs Monate lang geduldig, dann fragte er nach dem Land, um das wir gebetet hatten.

Ich gab ihm eine scharfe Antwort: «Wir warten neun Monate auf die Geburt eines Babys, oder nicht?» Doch auch ich wurde ein bisschen ungeduldig, so dass ich noch in derselben Nacht den HERRN bat, die Dinge ein bisschen zu beschleunigen.

Eines Tages erhielten meine Frau und ich eine spontane Einladung zu einem Mittagessen mit der Rektorin der Rama Rani School. Es war dieselbe Schule, in der wir bereits ein Sommertrainingslager durchgeführt hatten. Das Außergewöhnliche an der Einladung war, dass wir uns eigentlich kaum kannten. So nahmen wir die Einladung mit einer gehörigen Portion Skepsis an.

Fünfzehn wichtige Gäste waren zu dem besagten Mittagessen eingeladen. Man stellte sich allseits vor und ging dann zum Smalltalk über.

Im Laufe des Mittagessens klärte uns die Rektorin über den Grund ihrer Einladung auf. Sie sagte: «Ich habe eure Hingabe und die Qualität eurer Arbeit gesehen. Ich möchte euch aus diesem Grund ein Haus und ein bisschen Land geben.»

Nach dem Mittagessen führte sie uns herum, um uns zu zeigen, was sie uns zu spenden gedachte. Sie zeigte uns ein Haus mit drei bereits fertiggestellten Zimmern und das Fundament für ein weiteres Gebäude mit dreizehn Zimmern auf einem Grundstück, das etwa 2000 Quadratmeter groß war.

Ich überlegte: «Gott sagte zwei Hektar, also 20.000 Quadratmeter, aber sie bietet uns nur ein Zehntel davon!»

Ich musste lachen, worauf mich die Rektorin fragend anguckte. «Geben Sie mir zwei Hektar oder gar nichts», sagte ich unverblümt.

Ohne zu zögern, stimmte sie zu. Sie übernahm sogar die Gebühren des Grundbuchamtes.

Gott ist ein Gott, der seine Versprechen hält. Heute befinden sich auf dem Grundstück viele Gebäude, einschließlich des GEMS-Hauptquartiers. Im Laufe der Zeit gelang es uns sogar, die zwei Hektar Land in Sikaria um weitere knapp sieben Hektar zu erweitern!

Gott hatte uns nun schon zwei der drei Bitten gewährt, die wir im Zusammenhang mit dem Schulprojekt an ihn gerichtet hatten – das Team und das uns gespendete Land. Nun fragte ich mich, wie er uns das Geld zukommen lassen würde, das wir brauchten.

Unsere Wohnung und das Büro befanden sich in dieser Zeit in demselben Gebäude. Das Büro war nur mit dem Allernötigsten ausgerüstet: ein kleiner Tisch, ein Stuhl und eine Bank. Wenn die Anzahl der Besucher die Zahl der Sitzplätze überschritt, mussten sie sich mit Büchsen und Zeitungspapier als Sitzgelegenheiten zufriedengeben.

Eines Tages kamen zwei unerwartete Besucher. Es handelte sich um Angestellte der Zementfabrik in Kalyanpur. Mister Srivastav, der Personalchef, und Mister Bhandari, der technische Direktor, kamen nach dem Austausch der üblichen Höflichkeiten direkt auf den Anlass zu sprechen, der sie hierhergeführt hatte. Sie wollten, dass wir ein englisches Gymnasium gründeten, und boten uns an, einen Teil davon zu finanzieren. Sie sagten, sie hätten bereits dreißig Schüler, die nur darauf warteten, dass die Schule ihre Türen öffnete.

Dieser kuriose Vorschlag erstaunte mich, so dass ich um weitere Informationen bat. Sie erklärten mir, dass sie unter dem Mangel an gut ausgebildeten Fachkräften litten, weil es an guten Schulen fehle. Außerdem glaubten sie, dass nur Christen, vor allem Missionare aus Südindien, in der Lage seien, ein gutes englisches Gymnasium zu leiten. Deshalb hatten sie sich entschieden, sich an uns zu wenden.

Während ich noch immer zu entscheiden versuchte, ob ich diesen Vorschlag annehmen sollte – wir hatten kein Geld, um eine Schule zu betreiben –, sagten sie, dass sie eine erste Elternversammlung anberaumen würden.

Nachdem sich die beiden Männer verabschiedet hatten, berief ich sofort eine Gebetsversammlung ein, um für das Projekt zu beten. Wir gelangten zur Überzeugung, dass die Zeit der Erfüllung unserer dritten Bitte gekommen war, und beschlossen, den Sprung zu wagen.

Von diesen Ereignissen ermutigt, baten wir Gott um drei weitere Gefallen. Wir wollten erstens, dass die Kinder der Missionare von der Schule profitierten. Zweitens wollten wir, dass die Schule zur Verbreitung des Evangeliums unter den höheren Kasten und Beamten der Region beitrug. Drittens wünschten wir uns, dass die Schule genügend Einkommen generierte, um unsere verschiedenen Missionsdienste zu unterstützen.

Zu jener Zeit schloss die Fabrik «Dalmia Nagaur» ihre Tore, und das Management der Firma wollte, dass wir ihre Modellschule übernahmen. Wir ließen von Beginn an keinen Zweifel daran, dass wir keinerlei Einmischungen in den Betrieb der Schule dulden würden; eine Bedingung, der das Management nicht zustimmte. Die Eltern, die uns den Vorschlag für die neue Schule unterbreiteten, waren sich dieser Bedingung bewusst.

Brother Gunasekaran und ich fuhren nach Banjari, wo uns etwa 25 Eltern erwarteten. Sie begrüßten uns herzlich und ließen verlauten, dass sie die Eröffnung der Schule kaum erwarten konnten.

Ohne zu zögern sagten wir ihnen, dass wir den Kindern von Christus erzählen würden. Sie hatten damit keinerlei Probleme, was uns von Herzen erfreute; und doch verabschiedeten wir uns mit gemischten Gefühlen. Die rührten daher, dass wir einerseits von der Gebetserhörung begeistert, andererseits aber nicht sicher waren, auf was wir uns da ohne jegliche Erfahrung eigentlich eingelassen hatten.

Einige Tage später wurden wir über den Besuch von Mister Bhandari und Mister Sathapathy, einem Ingenieur, unterrichtet, die auf einer Reise nach Südindien bei uns vorbeikommen wollten.

Sofort waren wir in heller Aufregung. Unser «Hauptquartier» war im Grunde nur ein kleiner Raum in einem gemieteten Haus, und unsere Belegschaft bestand aus einer einzigen Bürokraft. Trotzdem gaben wir ihnen unsere Adresse.

Gegen 20 Uhr kamen sie an und wurden von Pastor Dhayanandan in seinem *lungi* (einem Hausgewand) willkommen geheißen. Er zeigte ihnen die Akte mit den Bewerbungen der Lehrer.

Nervös warteten wir auf ihre Reaktion. Wir waren uns sicher, dass sie nicht besonders beeindruckt waren, und nährten daher keine großen Hoffnungen. Doch zu unserer Freude kamen sie mit der Überzeugung zurück, dass wir die Schule würden leiten können.

Wir schlugen ihnen vor, den Schulbetrieb im Juli des Jahres

1984 aufzunehmen. Wir mieteten ein Gebäude, das zuvor von einer bengalischen Grundschule benutzt worden war. Geld für die Vorbereitungsarbeiten hatten wir kaum. Insgesamt standen uns 250 Rupien zur Verfügung. Doch wir druckten dennoch Informationsbroschüren und überboten eine andere Schule mit dem Kaufpreis von Schulbänken. Das Geld – und damit die Aufnahme des Schulbetriebs – kam schlussendlich durch die vorausbezahlten Schulgebühren sowohl vonseiten der Eltern als auch der Firma zusammen.

Als das Schuljahr begann, hatten wir dann aber auf einmal das Problem, dass die Vorbereitungsarbeiten noch immer nicht abgeschlossen waren. Also beschlossen wir kurzfristig, den Unterricht in unserem Haus zu beginnen. Unser Schlafzimmer sollte als Klassenzimmer fungieren, und als Lehrer wurden drei Tamilen eingestellt. Da Sister Jeyavadana und meine Frau schon ausgebildete Lehrerinnen waren, ergänzten sie das Kollegium vom ersten Tag an. Brother Gunasekaran nahm die Rolle des Rektors ein.

Mit diesem improvisierten Start begannen wir den Unterricht also im Gebet um baldige Fertigstellung des Schulhauses. Nach zwei Monaten konnten wir tatsächlich den Betrieb in das gemietete Gebäude verlegen.

Doch die Bevölkerung bildete vor unserer Schule nicht die Schlange, die wir erwartet hatten. Die Einwohner unserer Region maßen Bildung einfach keinen großen Wert zu. Ein weiterer Grund war das Risiko, dass die Kinder entführt werden könnten, um Lösegeld für sie zu erpressen.

Damals war in Bihar die Angst vor Entführungen allgegenwärtig. Täglich wurden um die achtzig Menschen entführt. Da sich die Schule sieben Kilometer außerhalb der Stadt befand, war die Gefahr dort sogar noch größer. Hinzu kam, dass einige Missionare fürchteten, wir würden uns von unserer ursprünglichen Mission entfernen: der Evangelisation – und stattdessen einfach «eine Schule betreiben». Wobei aber die Tatsache verdrängt wurde, dass ihre eigenen Kinder dadurch kostenlos eine gute Ausbildung erhalten würden.

Jetzt änderte die Zementfabrik, die uns ihre Unterstützung zugesagt hatte, plötzlich ihre Meinung und behauptete, nur für die Baumaterialien der Schule aufkommen zu können. Geld dürften wir von ihr nicht erwarten. Das wurde zum Problem, da wir große Anstrengungen unternommen hatten, einen guten und damit finanziell anspruchsvollen Ingenieur zu finden, der die Schule für uns entwarf.

Wir kamen zum Schluss, dass es besser wäre, die Schule in unser eigenes Haus zu verlegen. Die Räume in den bereits bestehenden Gebäuden wurden für unsere Zwecke angepasst. Zuletzt mieteten wir noch einen Schulbus dazu.

Doch trotz großzügiger Hilfe fehlte es uns weiterhin an Geld. Wir hatten – und haben – die strenge Regel, kein Geld, das für den missionarischen Dienst bestimmt ist, für den Betrieb der Schule zu nutzen, und wir hielten uns auch daran.

Oft erwischte ich mich dabei, wie ich die Aufgaben eines Büroassistenten in der Schule ausführte. Die Missionarsgeschwister Thanga Thai und Regina boten ihre Hilfe an, um die Schule zu leiten.

Die Lehrer waren hingebungsvoll bei der Sache, und das Niveau der Bildung und der Disziplin konnte sich sehen lassen. Wir vernachlässigten auch die Dorfkinder nicht. Für sie richteten wir in der obersten Etage eines alten Hauses ein Heim für dreißig Kinder ein.

Für die Eltern organisierten wir hingegen evangelistische Treffen. Da wir ihrem Nachwuchs eine gute Ausbildung boten, gab es dagegen auch keinen Einwand. Einige Kinder begannen, die Liebe Christi zu Hause auszuleben, indem sie vor dem Essen oder Schlafen auf ein Gebet pochten. Dies ermutigte uns sehr, und wir waren gleichzeitig erfreut darüber, dass das Evangelium nun auch die besser gestellten Familien erreichte.

Der Geldmangel war weiterhin eine große Hürde, und den Schulbetrieb finanziell aufrechtzuerhalten bildete eine große Herausforderung. Doch die Schule musste auch mit den Schwierigkeiten umgehen, die uns von den Dorfbewohnern bereitet wurden, die beim kleinsten Konflikt sofort mit der Entführung von Brother Gunasekarans Baby drohten.

Wir mussten solche Drohungen ernst nehmen, denn die Schule befand sich in einer ziemlich gefährlichen Region und konnte weder dem Leben noch dem Besitz ausreichend Schutz bieten. In den Dörfern der Umgebung trieben kriminelle Banden ihr Unwesen, und auch die Dorfbewohner taten, was sie wollten.

Trotzdem wuchs die Schülerzahl konstant an, so dass wir nach drei Jahren bereits 250 Schüler zählen konnten. Bald mussten zusätzliche Klassenzimmer hergerichtet werden. Erfreulich war, dass in demselben Maß, in dem unsere Bedürfnisse zunahmen, auch die Zahl der Missionare zunahm, die aus Südindien zu uns stießen.

Doch der Rückschlag blieb nicht aus: Pastor Dhayanandan, der eine wichtige Rolle in unserem Dienst in Bihar spielte und den Bundesstaat drei bis vier Mal jährlich besuchte, ließ sich auf einmal mit anderen Missionsdiensten ein. Er leitete nun vermehrt Versammlungen in Südindien und konzentrierte seine Aufmerksamkeit auf andere Bereiche, was zwischen uns nicht selten zu Meinungsverschiedenheiten führte.

Neue Horizonte

Das erste Mal, dass ich meinen Fuß auf ausländischen Boden setzte, war 1980, als ich Pastor Dhayanandan nach Malaysia und Singapur begleitete, um dort zu dienen. Von Singapur aus flog ich darauf nach England. Ich war eingeladen worden, bei der Elim-Konferenz zu reden, an der auch Brother Geoff teilnehmen wollte, der sich damals gerade in England aufhielt. Früher hatten wir zusammen Evangelisations-Veranstaltungen in Bihar mithilfe von Geschwistern aus Malaysia und England durchgeführt.

Bevor ich in das Flugzeug nach England stieg, hatte ich den HERRN um ein Zeichen gebeten: «HERR, sollte meine Botschaft einige wenige Engländer zu Tränen rühren und sollten sie dich anrufen, dann werde ich Gewissheit haben, dass du mich nach England gesandt hast.»

Ich sollte sowohl bei einem Jugendtreffen als auch bei einer der öffentlichen Versammlungen der Elim-Konferenz reden. Man hatte mich außerdem eingeladen, an den Hauptversammlungen und den Sitzungen des Direktoriums der Missionsorganisation teilzunehmen, um über unseren Dienst zu informieren. Da dies etwas komplett Neues für mich war, war ich ausgesprochen nervös.

Mein erster Vortrag würde am zweiten Tag des Jugendtreffens stattfinden. Um ein Gespür dafür zu entwickeln, nahm ich an den Versammlungen des ersten Tages teil, bei denen mein Freund Brother Vivian Thomas unerwarteterweise der Sprecher war. Er hatte einige Monate bei uns in Bihar verbracht und mit uns gedient, als er noch für OM arbeitete, und dabei sogar an einem Einsatz in den berüchtigten Hügeln von Rohtas teilnahm. Er war ein guter Mann. Mit einer Größe von fast 1,90 Meter war er gezwungen, in unseren kleinen Zimmern in der Diagonale zu schlafen, und er tat dies, ohne je zu murren.

Während der Veranstaltung machte er mich im Publikum aus, rief mich auf die Bühne und stellte mich dem Publikum als Sprecher des nächsten Tages vor. Um die siebenhundert Jugendliche hatten sich an diesem Tag in der Halle versammelt.

Es war eine ungestüme und laute Bande, was mich nur noch nervöser machte.

Der zweite Tag kam. Der Gottesdienst wurde diesmal von einem beliebten Lobpreis-Musiker geleitet, und die Menge war noch unruhiger als am Tag zuvor. Nach dem Lobpreis wurde mir das Mikrofon übergeben. Plötzlich legte sich der Geist Gottes auf die Menge, und die Jugendlichen wurden still. Vierzig Minuten lang, während meines ganzen Vortrags, verharrten alle bewegungslos. Ich traute meinen Augen nicht!

Während des Abschlussgebets sagte der Moderator: «Wenn ihr diesen Mann umarmt, umarmt ihr Indien.»

Daraufhin war das Gedränge um mich groß!

Am folgenden Tag musste ich auf der öffentlichen Konferenz sprechen, das Konferenzthema in dem Jahr war «Geht hinaus und legt Zeugnis ab». Das war *mein* Thema! Die mir vorangehenden Vorträge zogen sich in die Länge und verkürzten meine Redezeit auf ganze zehn Minuten. Ich benötigte dann allerdings lediglich acht Minuten, um die Engländer zum Weinen zu bringen; schon nach drei Minuten Redezeit begannen die Tränen zu fließen.

Brother Geoff sagte mir später: «Während deiner Botschaft konnte ich meine Tränen nicht zurückhalten.»

Reverend David Ayling, der Missionsdirektor, folgte als nächster Redner. Er verzichtete auf eine Botschaft und ging sofort dazu über, die Menge an den Altar zu rufen. 45 Menschen folgten seinem Ruf und weihten ihr Leben dem vollzeitlichen Dienst. Sie gingen in die verschiedensten Teile der Welt, wie beispielsweise Brother Buxton und seine Ehefrau, die nach Malaysia auswanderten. Gott wurde an jenem Tag verherrlicht.

Die Mitglieder der Frauengemeinschaft trugen auch ihren Teil bei und verpflichteten sich, zehn Missionare zu unterstützen. Ich wiederum erhielt durch die Elim die Gelegenheit, in vielen Kirchen zu predigen, und wurde Zeuge, wie sich Gottes Gegenwart an allen Orten auf machtvolle Art und Weise bemerkbar machte.

Als ich in den Hauptsitz der Missionsorganisation zurückkehrte, wurde ich nach unseren Bedürfnissen gefragt, worauf ich irritiert antwortete: «Ich kam nicht nach England, um zu betteln, sondern um zu predigen.»

Diese Aussage beleidigte sie derart, dass sie mir ihre Entscheidung, uns einen Kleinbus zu spenden, nicht mitteilten.

Ein Nordinder, der für die Bahn arbeitete, suchte mich nach einer meiner Predigten in meinem Zimmer auf und sagte: «Wir haben die Antwort auf unsere Gebete erhalten. Wir haben um einen Mann gebetet, der fließend Englisch, Hindi und Tamilisch sprechen kann. Und wir wollen, dass du Pastor unserer Kirche wirst. Wir werden dir ein Haus, ein Auto und unseren Zehnten geben und deinen Dienst in Indien unterstützen. Du wirst von hier aus viel für Indien tun können.»

Doch ich unterbrach ihn und sagte: «Selbst wenn ihr mir halb London gebt, kann ich nicht bleiben, da Gott mich nach Bihar gesandt hat.»

Einige Zeit später erkrankte der Direktor der Elim-Mission am Herzen und musste ins Krankenhaus eingeliefert werden. Reverend Ron Jones übernahm die Zügel als Direktor und als Vorsitzender der Verwaltungsratssitzung, die nach meiner Rückkehr nach Indien stattfand.

Als er die Protokolle durchsah, bemerkte er, dass ihre Entscheidung, uns einen Kleinbus zu spenden, noch nicht in die Tat umgesetzt worden war. Er sandte mir unverzüglich ein Telegramm und bat um eine Antwort auf ihr Angebot.

Ich nahm es an. Wir nutzten das gesamte Geld, um einen Standard-20-Kleinbus zu kaufen.

Als wir uns später überlegten, woher wir das Geld für die Registrierung nehmen sollten, machte plötzlich das Herz eines Autoinspektors, der zur Hochzeit seiner Tochter nach Arrah gekommen war, Schwierigkeiten. Die Verwandten sahen unseren Bus und fragten, ob sie den Inspektor mit dem Bus nach Patna zur Behandlung fahren dürften. Im Gegenzug versicherten sie uns, dass sie sich noch vor der Rückgabe um die Registrierung des Wagens kümmern würden. Sie hielten Wort und füllten zusätzlich noch den Tank!

So kam unser Standard 20 vor unserem Haus zu stehen. Er war die Antwort auf viele Gebete.

Der Van war das erste von mehreren Fahrzeugen, die Gott uns für unseren Dienst gab. Heute sind wir mit vielen Fahrzeugen für die verschiedensten Missionsdienste gesegnet, wofür wir Gott immerzu danken. Es besteht kein Zweifel daran, dass er Unmögliches möglich macht, wenn wir ihm treu sind.

Die Überquerung des Ganges

Bei einer Evangelisations-Versammlung in Gaya wurden diejenigen nach vorne gerufen, die ihr Leben dem HERRN übergeben wollten. Daraufhin stand Reverend David Jha, Pastor der Church of North India (CNI), auf.

Einer der Ältesten seiner Kirche versuchte, ihn daran zu hindern, nach vorne zu gehen, doch der Reverend wies ihn zurecht: «Ihr erlaubt mir nicht, irgendwelche Entscheidungen in der Kirche zu treffen, und nun willst du dich auch in mein persönliches Leben einmischen und mich daran hindern, gerettet zu werden?»

Er stieg auf die Bühne, um vom HERRN gerettet zu werden. Dies war die Grundlage für die Taufe im Heiligen Geist, die er bei einer anderen Versammlung erhielt. Er war ein begeisterter Diener Gottes und beteiligte sich aktiv an der Organisation von Evangelisations-Veranstaltungen. Kurze Zeit später verließ er die CNI-Kirche, da er mit uns dem Herrn dienen wollte.

Wir schickten ihn nach Hadschipur[10], in die Hauptstadt des Distrikts Vaishali, das sich auf der anderen Seite des Ganges befindet und wo es keinen einzigen Christen gab. Es ist ein historisch wichtiger Ort: Dort befindet sich die Wiege des Jainismus, es war die Hauptstadt der Stammes-Oligarchie der Licchavi, und in Hadschipur fließen die Flüsse Ganges und Gandak zusammen.

Indiens längste Brücke (5,75 Kilometer lang), die Patna mit Hadschipur verbindet, war damals noch nicht gebaut, also war die Stadt nur mit dem Schiff zu erreichen. Wir wählten Hadschipur als Zentrum unserer Aktivitäten und organisierten viele Veranstaltungen, um im ganzen Distrikt den Leuten das Evangelium zu predigen. Es war nicht immer einfach, und manchmal wurden wir auch angegriffen, weil wir unseren Glauben weitergaben. Es war unser erster Versuch, jenseits des Ganges zu dienen.

Die ersten zehn Jahre

Während der ersten zehn Jahre hatten wir in sieben Distrikten von Bihar gedient. Unser Dienst war bis zu den Völkern vorgedrungen, die Bhojpuri und Magahi sprachen. Danach begannen wir mit unserer Arbeit auch in Bihar Sharif, etwa 140 Kilometer nordöstlich von Dehri-on-Sone.

Brother John Nagendran, der auf dem Missionsfeld von Baulia, flussaufwärts von Dehri, arbeitete, hatte Schwierigkeiten und bat um eine Versetzung. Wir glaubten, dass die Herausforderung zu groß für ihn war, und gaben ihm deshalb die Freiheit, ein Missionsfeld zu wählen. Wir waren sprachlos, als er antwortete: «Ich möchte eine größere Herausforderung.»

Es hätte uns eigentlich nicht überraschen sollen, da große Herausforderungen sein Metier waren. Seine Familie hatte in einem Verschlag für Schafe gelebt, der nur zwei Wände besaß. Sie benutzten Laken, um die anderen zwei Seiten abzudecken! Täglich erklomm er zweimal zu Fuß die Hügel von Rohtas.

Ich folgte seinem Wunsch und schickte ihn nach Jehanabad, zwischen Bihar Sharif und Dehri, einer Region, die von militanten, gewalttätigen und blutrünstigen Kommunisten verseucht war. Es war die Region mit der höchsten Mordrate des Staates.

Als ich das erste Mal nach Bihar kam, lebten im gesamten Bundesstaat nicht einmal dreißig Christen. Obwohl die Methodisten bereits einige Kirchen und Erziehungsanstalten unter den Menschen, die Bhojpuri sprachen, gegründet hatten, zeigten die Christen keinerlei Interesse daran, ihre Kirchen aufrechtzuerhalten, und so verfielen diese zu Ruinen. Die hiesigen Christen unterschieden sich in nichts von ihren Mitmenschen. Sie bereuten nicht und interessierten sich nicht für das Geschenk der Erlösung, das Jesus Christus ihnen versprach. Sie waren auf materiellen, nicht auf geistlichen Segen ausgerichtet.

Die Menschen, die Magahi sprachen, waren vor langer Zeit vom Evangelium erreicht worden – durch William Carey, der während der britischen Herrschaft als Missionar nach Indien kam. Es gab vier oder fünf Baptistengemeinden, aber ihre Verantwortlichen waren Hooligans und Gangster, so dass an juristischen Streitereien und Gerichtsprozessen nie Mangel herrschte.

Unter ihnen zu arbeiten erwies sich als ungeheure Herausforderung. Zehn Jahre lang arbeiteten wir für eine winzige Ernte. Doch es erfüllte uns mit großer Freude, dass die wenigen, die wir zu Christus geführt hatten, ein Leben wahrer Nachfolge führten. Wir ermutigten und trainierten sie für die Evangelisationsarbeit.

Mehr als dreißig Missionsfelder wurden während jener ersten zehn Jahre gegründet. Unsere Herzen frohlockten, weil Gott uns die Gelegenheit gegeben hatte, einen Unterschied zu machen.

Auf dem Missionsfeld zu arbeiten war keineswegs einfach. Wir mussten viele Herausforderungen überwinden. Die Gesundheit war eine unserer größten Sorgen. Viele Diener Gottes fielen unzähligen Krankheiten zum Opfer: Brother Solomon hatte hohes Fieber; Brother Timothy und Brother David erlitten schwere Malariaschübe; Brother Kingsley, der Blut erbrochen hatte, lag im Koma; Brother Hariharan verlor sein seelisches Gleichgewicht.

Wir waren alle ziemlich entmutigt. Sie wieder gesund zu pflegen war eine echte Aufgabe, da wir keine Krankenhäuser in der Region hatten. Außerdem besaßen wir nicht einmal das Geld für eine angemessene medizinische Behandlung.

Keine Zeit zu verlieren

Henceforth, mein Zweitgeborener, war ein kränkliches Kind und ertrug das extreme Klima nicht. Um ihn aufzuheitern, pflegten wir ihn auf unseren Schoß zu setzen, gemeinsam Lieder zu singen und ihm biblische Geschichten zu erzählen. Er liebte Musik und hörte oft die Kassette mit seinen Lieblingsliedern.

Die FMPB hatte mich als Prediger einer fünftägigen Erweckungsversammlung für ihre Missionare in Jhansi in Uttar Pradesh eingeladen.

Nach dem dritten Tag versuchte Gott, mir etwas zu sagen. Es

war merkwürdig, aber es war, als fragte er: «Bist du bereit, etwas, das dir sehr lieb und teuer ist, zu verlieren?»

Gott stellte diese Frage immer wieder, bis ich antwortete: «Ja, Herr, ich bin bereit.»

Am nächsten Morgen legte einer der Missionare, die mit uns arbeiteten, fast siebenhundert Kilometer zurück, um mit mir in Jhansi zu reden.

Noch bevor er auch nur den Mund öffnete, schaute ich ihn an und sagte: «Ist Henceforth tot?»

Brother Ebenezer Sundar Raj, der damalige Feldleiter der FMPB, und andere Mitglieder seines Teams zögerten keine Sekunde, mir die sofortige Heimreise zu erlauben.

Doch ich lehnte ihr Angebot ab. Ich sagte ihnen, dass Gott mich mit Botschaften für fünf Tage hergeschickt hatte und dass ich erst abreisen könne, wenn diese Botschaften weitergegeben waren. Ich blieb zwei weitere Tage.

Später erfuhr ich, dass meine Entscheidung die anwesenden Missionare sehr ermutigt hatte. Der mittlerweile bereits verstorbene Bruder D.G.S. Dhinakaran, ein bekannter Evangelist aus Südindien, verwendete diesen Vorfall in seinen Predigten als Beispiel für Hingabe.

Zu Hause angekommen, erfuhr ich zu meiner Erleichterung, dass meine Frau den Boten geschickt hatte, nicht um mich nach Hause zu rufen, sondern um mich zu informieren. Ich dankte Gott dafür, dass er mir eine so verständnis- und hingebungsvolle Frau gegeben hatte.

Der Todestag unseres Sohnes war zufälligerweise auch der Tag des Holi-Festivals, eines der wichtigsten Feste in Bihar. Es wird mit großem Eifer gefeiert. Die Menschen bewerfen sich mit farbigem Puder und Wasser. Oft kommt es dabei zu Unruhen. Es ist ein Feiertag, also schließen die Läden, und niemand arbeitet, das öffentliche Leben steht still.

Da mein Sohn an einem Feiertag starb, musste die Beerdigung improvisiert werden. Mit der Hilfe zweier Missionare bestattete meine Frau unseren Jungen in einem Karton, den sie in ein selbst ausgehobenes Loch in der Erde legten.

Was bewegt mich dazu, der Arbeit für Gott absolute Priorität einzuräumen, selbst im Angesicht so tragischer Ereignisse wie der Todesfälle meiner Schwester und meines Sohnes? Nun, ich kann einige Gründe dafür nennen:

1. Ich werde niemals die Agonie Jesu vergessen, als er mich bat, das Evangelium nach Bihar zu tragen. Ich konnte den Schmerz fühlen, den er um jede Seele empfand. Diese Vision ist mir noch immer sehr frisch in Erinnerung.
2. Ich kann es nicht ertragen, wenn eine Gelegenheit verpasst wird, eine Seele zu retten. Es bricht mir das Herz, wenn ich eine Kirche sehe, die diese Not nicht erkennt. Ihre Nachlässigkeit verletzt mich. Diese Kirchen begreifen den Ernst der Lage nicht.
3. Unzählige Personen haben zu mir gesagt: «Warum hast du uns nicht ein bisschen früher besucht? Mein Verwandter hätte gerettet werden können!» Dies bricht mir das Herz und macht mich hilflos.

Ein Zwischenfall, der sich in Rohtas ereignete, ist mir immer noch taufrisch in Erinnerung. Wir bereiteten gerade unser Abendessen vor, nachdem wir einen Film über das Leben Jesu gezeigt hatten.

Ein Mann mittleren Alters kam auf uns zu und fragte mich, was ich den Dorfbewohnern gesagt hatte. Er schien sehr interessiert, und so begann ich mit Adam und Eva und erklärte ihm die Heilige Schrift mit der Hilfe eines Bilderbuches.

Als ich an die Stelle kam, an der Jesus für uns am Kreuz starb, brach er in Tränen aus. Voller Kummer beugte er sich vor, stützte sich auf mich und weinte.

Ich nahm an, dass er wegen der Art und Weise weinte, in der Jesus gestorben war, und tröstete ihn: «Jesus Christus ist von den Toten auferstanden und lebt.»

Daraufhin weinte er noch mehr. Dann ergriff er meine Hand und fragte: «Warum hast du uns nicht schon vor zwei Monaten besucht?»

Ich war überrascht und bat ihn um eine Erklärung.

Er erzählte mir daraufhin seine Geschichte: «Mein jüngerer Bruder war von Dämonen besessen. Böse Geister quälten ihn Tag und Nacht. Auf dem Sterbebett klagte er: ‹Gibt es keinen Gott, der mich befreien kann?› In Panik begann ich, die Namen aller Götter anzurufen, die ich kannte. Schreiend befahl er mir, aufzuhören. Er sagte: ‹Das sind genau die Götter, die mich quälen.› Dann starb er. Wärst du zwei Monate früher gekommen und hättest uns von Jesus erzählt, hätte mein Bruder den Namen Jesu angerufen, wäre von seinen Dämonen befreit worden und wäre jetzt noch am Leben.»

Ich war am Boden zerstört. Seine Worte «Warum hast du uns nicht schon vor zwei Monaten besucht?» verfolgen mich noch immer.

Es sind Beispiele wie dieses, weshalb ich das Evangelium so vielen wie möglich erzählen will. Noch heute höre ich laut und deutlich die Worte Jesu, die mich nach Bihar gebracht haben: «Mein Sohn, wenn du nicht gehst, wen soll ich senden? Ich habe sonst keinen.»

Einmal begleitete ich ein Team, das sich «Das Evangelium in jedes Heim» nannte, zu den Hügeln von Rohtas. Ihr Teamleiter war ein überzeugter Christ, doch die übrigen Teammitglieder waren lediglich Namenschristen. Ich nahm mir vor, sie das Wort Gottes zu lehren und sie zu ihrer Erlösung zu führen.

Bakla, einer dieser jungen Menschen, beherrschte die Sprache der Uravan. Ich wusste, dass er als Dolmetscher sehr nützlich sein würde, und so überzeugte ich ihn, uns zu begleiten. Als Team marschierten wir zum Dorf Kuba. Wir wollten die Geschichte des blinden Bartimäus mit der Hilfe eines gasbetriebenen Diaprojektors erzählen.

Wir befestigten drei Laken an der Mauer eines Hauses und begannen, die Dias zu zeigen. Unglücklicherweise fingen die Laken aufgrund der Hitze Feuer. Daraufhin versuchte ich, die Bilder der Kreuzigung Jesu zu zeigen, doch aufgrund des hellen Mondes waren sie nicht gut zu sehen. Frustriert fragte ich mich, weshalb Gott nicht eingriff.

Da hörte ich den HERRN sagen: «Genug gepredigt.»

Ich spürte seinen Wunsch, dass ich für die Kranken betete.

Während ich mich auf das Gebet vorbereitete, brachten die Bewohner ein Mädchen herbei, das seit über drei Wochen im Koma lag. Als ich im Namen Jesu betete und meine Hand auflegte, stand sie sofort auf, nahm ihre Matte und rannte davon! Der Glaube der Teammitglieder, die dies gesehen hatten, wurde fester, und auch sie begannen, für die Kranken zu beten.

Dieselbe Liebe, die unser HERR für diese Menschen empfindet, treibt auch mich an. Wenn unser Gott bereit ist zu handeln, wie können wir uns auf die faule Haut legen?

Bis zu ihrem letzten Atemzug

Sister Olive Jarvis, die sich eigentlich zur Ruhe gesetzt hatte und in ihr Heimatland England zurückgekehrt war, kam nach Dehri-on-Sone zurück, um dem HERRN mit Sister Joy Bath zu dienen. Da der geistliche Zustand der Kirche in Dehri sehr fragil war, wollten sie mit uns Gemeinschaft haben und bei uns bleiben.

In unserem verarmten Zustand konnten wir ihnen jedoch keine Unterkunft bieten. Wir sagten ihnen, dass sie bei uns bleiben konnten, und erlaubten ihnen, sich auf der obersten Etage des Gebäudes, in dem wir lebten, ein Wohnhaus zu bauen.

Sie waren begeistert, holten sich die Erlaubnis ihrer Missionsorganisation ein und bauten ihre Wohnung. Da ihr Krankenhaus sich in Dehri befand, kaufte ihre Organisation ihnen ein Auto.

Sister Jarvis kehrte einige Monate später in ihr Heimatland zurück, und eine andere Pflegefachkraft aus England nahm ihren Platz ein. Doch die unerwartete und plötzliche Entscheidung der indischen Regierung, Ausländer nicht mehr als Missionare auf indischem Boden zuzulassen, zwang beide zur Rückkehr in ihr Heimatland. Sie hinterließen uns ihre möblierte Wohnung und ihr Auto.

Die Missionarinnen litten sehr darunter, ihre Arbeit und die Menschen, die sie wie ihre eigene Familie liebten, verlassen zu müssen; Joy weinte, als sie Indien verließ.

Diese Ungerechtigkeit gegenüber den beiden machte die Christen in Dehri wütend.

Joy Bath unternahm alles, um nach Indien zurückkehren zu können, doch ihre Mühe war vergebens. Sie hatte zuerst auf einem Missionsfeld in Simbabwe gearbeitet, dieses Land aber aus Sicherheitsgründen nach einem Mordanschlag an dreizehn Menschen, darunter auch Missionare und Kinder, verlassen müssen. Die Mörder wurden gefasst und bereuten später ihre Taten. Die Missionare kehrten auf das Missionsfeld zurück und nahmen den Betrieb der Schule und des Krankenhauses wieder auf. Auch Joy Bath kehrte zurück.

Als sie einer HIV-positiven Frau bei der Geburt half, fielen einige Tropfen des Blutes der Frau auf eine winzige Wunde an Joys Bein, und sie erkrankte an Aids. Sie musste nach England zurückkehren.

Nach ihrer Rückkehr nach England traf ich sie noch zweimal. Ich erkannte sie nicht wieder. Sie war schwach und komplett erblindet, aber sogar in diesem Zustand war ihr einziges Gebet, dass sie selbst im Tod Gott verherrlichen möge. Ihre greisen Eltern, Brother Victor und Sister Violet, pflegten sie liebevoll. Auch sie hinterfragten Gott nie. Selbst in ihrem Alter war ihr wichtigstes Anliegen, Seelen für Gott zu gewinnen.

Wiedergutmachung

Mein Vater kam nach Bihar, um uns nach dem Tod unseres Sohnes Henceforth zu trösten. Völlig überrascht von der Größe unseres Dienstes gab er zu, dass er niemals erwartet hätte, eine Arbeit solchen Ausmaßes anzutreffen. Heute ist sie noch fünfzig Mal größer!

Er kehrte als stolzer Vater nach Tamil Nadu zurück, legte Zeugnis von unserem Dienst ab und gewann Gebetspartner für uns. Auch die Eltern von Brother Ambrose Nalla Thumbi verbrachten einige Tage mit uns, und sie genossen ihren Besuch.

In den Anfängen unserer missionarischen Arbeit hatten wir beschlossen, dass aufgrund unserer reduzierten Teamgröße keiner innerhalb des Teams heiraten sollte. Brother Danie und Sister Selvi wollten nun heiraten und mussten uns deshalb verlassen. Wir unterstützten sie aber weiter in ihrem Dienst in Uttar Pradesh.

1984 war ein Jahr voller Rückschläge an verschiedenen Fronten. Wir verloren Arbeiter, Besitz und Geld. Erst ging unser Kleinbus kaputt, und dann erlitt meine Frau eine Gallenblasen-Entzündung. Sowohl in Bihar als auch in Tamil Nadu hatten die Ärzte sie davor gewarnt, weitere Kinder zu haben, da die Wahrscheinlichkeit, dass das Kind mit einer Behinderung auf die Welt käme, sehr hoch wäre.

Doch am Ende des Jahres, während unserer jährlichen Gebets- und Fastenzeit, sagte Gott: «Ich will euch alles, was ihr verloren habt, zurückgeben.»

Jonathan Edwards, den wir adoptiert hatten, füllte das Vakuum, das Henceforth zurückgelassen hatte. Doch als Gott uns diese Verheißung gab, fragte meine Frau sofort: «Werde ich das Kind zurückbekommen, das ich verloren habe?»

Gott antwortete: «Für mich ist nichts unmöglich. Ich vermag alles.»

Im Oktober des folgenden Jahres gab Gott uns einen wunderschönen, gesunden Knaben. Er war aktiv, intelligent und gesund. Entzückt nannten wir in «Bringforth» («Hervorbringen»).

Im Jahr 1985, während der Dashahara-Feiertage, einem Hindu-Festival, führten wir zum ersten Mal die Sommerschule für Missionarsausbildung auf einem neu erworbenen Grundstück durch – später sollte dieses Grundstück Teil unseres Sikaria-Campus werden.

Wir hatten die Dauer der Ausbildung von 21 auf 15 Tage reduziert. Fast 500 Menschen nahmen daran teil. Bei meiner hochschwangeren Frau setzten die Wehen ein, doch ich versicherte ihr, dass das Kind erst am 25. Oktober um neun Uhr morgens auf die Welt kommen würde.

Es gab einiges Rätselraten über das Geschlecht des Kindes. Alle glaubten, dass es ein Mädchen sein würde. Doch meine Frau und ich waren uns sicher, dass wir einen Jungen bekommen würden, so wie Gott es uns gesagt hatte.

Am nächsten Morgen brachte ich Rupaleka ins Krankenhaus, um danach eine Bibelstunde zu leiten. Meine Frau hatte sich eine natürliche Geburt gewünscht, und um dies zu garantieren, lief sie die Treppen rauf und runter.

Gott erfüllte ihren Wunsch.

Ich war überglücklich, als ich Frau und Kind bei bester Gesundheit vorfand und sie beide jauchzend mit nach Hause nehmen konnte.

Gott hat uns nicht nur geholfen, die Menschen zu unterrichten, sondern auch ein lebendiger Beweis dafür zu sein, dass er sich um unsere Angelegenheiten kümmert, wenn wir uns um die Dinge Gottes sorgen. Die junge Generation braucht solche Diener Gottes, denen sie nacheifern kann.

Eine unbeantwortete Frage

Unterdessen musste sich unsere Familie im Süden mit zahllosen Problemen herumschlagen. Nach dem Tod meiner ersten Schwester wurde meine dritte Schwester mit meinem Schwager (dem Mann meiner ersten Schwester) verheiratet. Wir dachten, dass dies die beste Lösung für die zwei Kinder (einen vierjährigen Jungen und ein anderthalbjähriges Mädchen) wäre. Meine dritte Schwester bekam dazu dann noch zwei eigene Kinder.

Ihr zweites Kind war nur wenige Monate alt, als eine weitere Tragödie geschah. Mein Schwager, der an jenem Tag Nachtschicht hatte, wurde von Fremden mit einem Schwert angegriffen und halbtot mitten auf der Straße liegen gelassen. Stundenlang schrie er um Hilfe, doch niemand kam, um ihm beizustehen. Schließlich verlor er den Kampf um sein Leben und starb an derselben Stelle, an der er verletzt worden war.

Diese unvorhersehbare Tragödie versetzte die Familie und die Nachbarschaft in einen Schockzustand. Viele Fragen und Zweifel plagten die Menschen. War unser Glaube umsonst? Wir waren praktizierende Christen. Wir halfen einander immer. Wir taten nie jemandem etwas zuleide. Warum erlaubte Gott dann, dass der Familie seines Dieners so etwas zustieß?

Sogar die Nachbarn fragten uns: «Warum hat Gott euch verlassen?»

Es ist eine Frage, die mich noch immer quält. Ich habe die Antwort darauf nicht gefunden und werde sie wahrscheinlich auch nie finden.

Meine Eltern nahmen sich meiner 26-jährigen verwitweten Schwester und ihrer vier Kinder an. Es war eine große Last für meine in die Jahre gekommenen Eltern, doch weder sie noch meine Schwester erwarteten Hilfe von mir. Sie trugen ihr Kreuz mit Geduld.

Arbeit inmitten von Dornen

Als wir die ersten Pläne für ein englisches Gymnasium in Sikaria zu entwerfen begannen, konnten wir aus unseren Erfahrungen im Bereich der Bildung schöpfen. Wir betrieben bereits ein Gymnasium auf Hindi, um den Kindern aus den Dörfern eine Ausbildung zu ermöglichen. Mehr als dreihundert Schüler hatten sich eingeschrieben, und die Schule lief reibungslos unter der exzellenten Leitung eines Bruders, dessen Namen ich hier nicht nennen will. Dieser leistete im Beruf zwar hervorragende Arbeit, doch sein persönliches Leben lag in Trümmern.

Als ich ihm meine Hilfe anbot, verlor er die Beherrschung und streute böswillige Gerüchte unter den Dorfbewohnern aus, um sich an mir zu rächen. Er stachelte sie dermaßen gegen mich auf, dass sie Blut sehen wollten. Eine bis an die Zähne bewaffnete Menge griff mich eines Tages an und konnte nur vor noch größeren Dummheiten bewahrt werden, weil es Menschen gab, die die Wahrheit kannten und sich der Menge entgegenstellten.

Die Wahrheit konnte nicht lange unterdrückt werden, und innerhalb weniger Monate enthüllte Gott sie auch. Danach war dieser Bruder in unserer Region nicht länger willkommen und musste uns verlassen. Weil die Bevölkerung gemerkt hatte, dass wir unschuldig waren, trug unser Dienst keinen Schaden davon. Alle Ehre gebührt dem HERRN.

Wie Paulus wegen einiger Irrläufer oft in erhebliche Gefahr geriet, so erlebten auch wir schwierige Momente. Es schmerzte uns zutiefst, doch meist wurden wir von unserem Schmerz erlöst, wenn diese Brüder ihren Fehler erkannten und wir uns versöhnten. Gott gab ihnen eine zweite Chance. Sie begannen, uns zu verstehen und zu respektieren, und suchten vermehrt unseren Rat. Geduld zahlt sich immer aus!

Uttar Pradesh

Vor vielen Jahren waren englische Pfingstmissionare nach Dudhi, einer kleinen Stadt im äußersten Südosten von Uttar Pradesh, gekommen. Es gelang ihnen, die Herde Christi um einige Familien zu bereichern. Um ihre Arbeit zu erleichtern, hatten sie ungefähr vierzehn Hektar Land erworben. Doch bald mussten sie ihre Aktivitäten aufgrund ihrer Mutterorganisation in England einstellen. Als sie Indien verließen, spendeten sie alles der Elim, die ein Krankenhaus in der Region unterhielt.

Langsam entfernten sich die Kirchenmitglieder vom HERRN und verfielen und verfaulten im System. Verschiedene Konflikte brachen aus, einige davon endeten sogar in Mord innerhalb der Kirchenmauern. Die Heiligkeit der Kirche war nicht mehr gewährleistet. Unter diesen Umständen übergab Reverend D.C. Lewis die Verantwortung an drei gottesfürchtige Menschen und zog nach Renukoot, eine größere Stadt westlich von Dudhi, um dort seinen Dienst fortzusetzen.

Als Hindus und Muslime merkten, dass unter den Christen keine Einigkeit herrschte, versuchten sie, des Landes habhaft zu werden. Sogar Christen beteiligten sich an diesen Machenschaften und bemächtigten sich eines Teils. Der geistliche Niedergang der Gemeinde war unglaublich groß und führte zu unzähligen Gerichtsfällen.

Als die Lage unerträglich wurde, suchten mich einige Menschen aus Dudhi auf und baten mich, bei der Wiederbelebung der Kirche zu helfen. Ich rief einige unerschrockene Christen zu Hilfe und beschloss, dort eine dreitägige Erweckungsversammlung durchzuführen.

Die Konflikte hatten sich derart hochgeschaukelt, dass die zwei Gruppen mittlerweile sogar getrennte Gottesdienste feierten und die Spenden, die sie Sonntag für Sonntag sammelten, gebraucht wurden, um ihre jeweiligen Anwälte zu bezahlen!

Als wir die schmerzhafte Situation sahen, beschlossen wir, dort als Erstes den Sonntagsgottesdienst zu feiern. Wir reisten aus Bihar an, von wo es zu der Zeit weder Bus- noch Bahnverbindungen gab. Zu manchen Orten mussten wir damals auf Lastzügen anreisen, um rechtzeitig anzukommen, und danach viele Kilometer zu Fuß zurücklegen, was während der Regenzeit und im Winter besonders mühsam war.

Wir taten all dies frohen Mutes, nur um die Freude des HERRN im Leben der Menschen zu sehen. Es gelang uns während der Erweckungsveranstaltungen sogar, die beiden zerstrittenen Parteien zu versöhnen.

Doch die Friede-Freude-Eierkuchen-Stimmung hielt nicht lange an. Nach wenigen Monaten begannen einige, unsere Absichten zu hinterfragen, und beschuldigten uns, es auf den Besitz der Kirche abgesehen zu haben. Innerlich getroffen, zogen wir uns zurück. Doch die meisten waren von unserer Entscheidung enttäuscht. Sie flehten uns an, weiterzumachen. Wieder befand sich die Kirche im Chaos, wieder standen sich zwei Parteien verfeindet gegenüber.

Einige Jahre später war die Kirche noch immer eine Herde

ohne Hirte, so dass man wieder an uns herantrat. Wir ertrugen es nicht länger, die Glaubensgemeinschaft in einem derart desolaten Zustand zu sehen, und erklärten uns bereit, die Leitung zu übernehmen, jedoch zu *unseren* Bedingungen.

Wir stellten klar, dass wir uns nur um die geistlichen Belange der Kirche kümmern würden, alles andere interessierte uns nicht. Wir ernannten einen Diener Gottes, zahlten seinen Lohn, renovierten die Kirche, die sich in einem schrecklichen Zustand befand, und konzentrierten uns auf die geistliche Erweckung. Dies war der Beginn unseres Dienstes in Uttar Pradesh.

Madhya Pradesh

Rewa, eine Stadt im Osten des Bundesstaats Madhya Pradesh, wurde lange Zeit von Königen mit eiserner Hand regiert. Sie erlaubten keine Christen in ihrem Reich. Erst als Indien die Unabhängigkeit erlangte, konnten sich Christen über die Grenze wagen.

Einer von ihnen war Brother Varghese aus Kerala, der im Alter von nur sieben Jahren zu predigen begonnen hatte! Er hatte eine Vision und den Ruf erhalten, dort zu dienen. Doch nach seiner Heirat mit einer Krankenpflegerin zog er nach Nordamerika und ließ sich dort nieder. Nur selten kehrte er nach Indien zurück. Auch wenn er treu darin war, bei jeder Visite auch Rewa zu besuchen, war das ursprüngliche Feuer erloschen. In vielen wuchs durch dieses Beispiel für den Lockruf des Geldes die Überzeugung, dass Christen nur des Geldes wegen dienten.

Es gab zu der Zeit einen Regierungsbeamten, der mit der RSS («Rashtriya Swayamsevak Sangh», einer radikalen Hindu-Gruppierung) sympathisierte und ein lebender Fluch für die

Christen war – bis Gott ihn auf wundersame Weise zu sich zog. Dieser Bruder, dessen Namen ich hier nicht nennen will, hatte nach seiner Umkehr das Wort Gottes mit der Hilfe von Brother Varghese studiert und sich taufen lassen, bevor er in den vollzeitlichen Dienst trat.

Er war auf der Suche nach einer guten christlichen Organisation, um dem HERRN zu dienen, da er in vielen christlichen Organisationen Widersprüche zur Heiligen Schrift fand. Er kam zur Überzeugung, dass GEMS seine Kriterien erfüllte, und schrieb uns.

Wir verstanden, dass es sich um einen «mazedonischen Ruf»[11] handelte, und so trainierten wir ihn und schickten ihn zurück nach Madhya Pradesh, um dort zu dienen. Somit hatte unser Dienst nun auch die Grenzen zu diesem Bundesstaat überschritten.

Allgegenwärtige Hilfe

Unzählige Male hat Gott uns vor Menschen beschützt, die uns schaden wollten. Eines Abends schlief Sister Shanti Abraham, die unser Waisenhaus leitete, auf der Veranda mit den Kindern. Plötzlich wurden sie von sechs bewaffneten Männern aus dem Schlaf geschreckt. Sie wusste sich nicht anders zu helfen, als zu beten.

Mitten im Gebet hörte sie, wie einer der Männer sagte: «Die Direktorin wohnt im zweiten Stock, diese Menschen hier unten nützen uns nichts.»

Worauf ein anderer meinte: «Das sind Christen, wir sollten sie in Frieden lassen.» Er verhinderte so, dass ein anderer ihnen etwas zuleide tat.

Als sie zum Rückzug bliesen, stolperten sie über Stacheldraht und verletzten sich. Innerhalb von Sekunden hatte sich das Blatt gewendet. Nun waren sie es, die verängstigt waren und Hilfe brauchten.

Brother Jebakumar Dhanaraj war Bibelschüler in Tamil Nadu, wurde von jener Schule jedoch verwiesen, weil er beim illegalen Alkoholverkauf erwischt wurde. Er ging nach Mumbai und schloss sich dort einer kriminellen Gang an, der «Mudaliar Group». Doch bald schon wurde er von der Polizei gesucht, also zog er weiter, bis er in Bihar landete.

Hier sah er die Kinder unseres Waisenhauses, ihre kleinen Gesichter, und die Freude in ihren Mienen berührte ihn zutiefst. Das verlorene Schaf kehrte zur Herde Christi zurück und widmete dem HERRN sein Leben.

Von seiner inneren Wandlung überzeugt, vertrauten wir ihm die Jungen in Daudnagar an, wo er auch in der Kirche diente. Er heiratete und entschloss sich, Evangelist zu werden. Wir sandten ihn in ein großes Dorf namens Darar.

Kaum dort angekommen, wurde er von einigen jungen Männern aufgehalten und herausgefordert: «Wenn du uns etwas über Jesus erzählen willst, musst du zuerst deinen Glauben unter Beweis stellen. Ein Mädchen liegt seit vielen Tagen im Koma. Solltest du es schaffen, zu beten und sie durch Jesus zu heilen, erlauben wir dir, hier zu predigen.» Damit hatten sie ihn kalt erwischt.

Doch bevor er sich irgendeine Ausrede einfallen lassen konnte, hatten sie ihm das kranke Kind bereits gebracht. Verzweifelt klammerte er sich an den letzten Strohhalm, betete im Namen Jesu und goss etwas Wasser aus einem Kübel auf das Mädchen.

Er traute seinen Augen nicht: Das Mädchen war augenblicklich geheilt. Sie stand auf und begann zu reden.

Die Nachricht verbreitete sich wie ein Lauffeuer, und von diesem Tag an besuchten viele Menschen den Gottesdienst.

Brother Jebakumar Dhanaraj wurde jetzt «Doctor Sir» genannt.

Als ich in der folgenden Woche dem Dorf einen Besuch abstattete, um dort zu predigen, war alles wie verwandelt. Fast 150 Menschen waren anwesend, um das Wort zu hören, und Gott tat viele Wunder. Es ist wundervoll, was Gott selbst durch einen so einfachen Mann wie ihn tun kann.

Das Feuer am Leben erhalten

Die ersten zehn Jahre unseres Dienstes hatten unter dem Zeichen unserer unermüdlichen Anstrengungen gestanden, so viele Menschen wie möglich an so vielen Orten wie möglich zu erreichen. Während der darauffolgenden zehn Jahre erlaubte uns der HERR, unsere Anstrengungen auf die Festigung bereits existierender Missionsfelder und -stationen zu konzentrieren.

Obwohl es nach außen hin den Anschein machte, dass wir den Rhythmus unseres Dienstes verlangsamt hatten, waren wir alle in Wahrheit noch immer mit demselben Eifer und mit derselben Begeisterung bei der Sache.

Unsere Arbeit wuchs weiter. Wollten wir die wachsenden Herausforderungen überwinden, würden wir viele Gebetspartner benötigen, das war klar. Deshalb begannen wir, den monatlichen Rundbrief *To praise and to pray* («Loben und beten») zu veröffentlichen. Ziel dieses Rundbriefs war es, die Menschen zum systematischen und regelmäßigen Gebet für unseren Dienst zu motivieren und zu inspirieren.

Wir glaubten auch, dass meine in Tamil Nadu gehaltenen Botschaften auf Kassette veröffentlicht werden sollten, damit sie für die Arbeit unter unerreichten Völkern gebraucht werden konnten. Brother Porselvan Asir, der heute mit den «Grace Ministries» arbeitet, spielte eine Schlüsselrolle bei der Ausführung dieses Plans.

Der Segen der Kinder

Erlauben Sie mir eine persönliche Bemerkung: Ich hatte mir immer nur Söhne gewünscht. Ich glaubte, dass Mädchen mich von meinem Dienst ablenken würden. Ein Mädchen, so hatte ich immer befürchtet, würde sich unserem einfachen und sparsamen Leben entgegenstellen.

Doch Gott hatte andere Pläne. Unser viertes Kind ist ein Mädchen. Wir gaben ihr den Namen Joy Regina Elizabeth im Andenken an meine Mutter Joy und an Sister Joy, die lange mit uns gearbeitet hatte. Meine Mutter war eine fröhliche und begeisterungsfähige Person. Unsere Tochter schien dieselbe Persönlichkeit geerbt zu haben. Sie begann zu reden, als sie anderthalb Jahre alt war. Im Vergleich zu meinen Söhnen war das sehr früh. Sie war auch ein sehr liebenswertes Kind. Als sie auf die Welt kam, lösten sich alle meine Ängste und Bedenken in Luft auf.

Unser Sohn Bringforth, den wir «Babu» nannten, war ein sehr aktives Kind. Eines Tages, er war ungefähr zweieinhalb Jahre alt, kletterte er auf eine Mauer, an der wir entlang eines Drahtes Rosen aufgehängt hatten. Zum Entsetzen meiner Frau begann Babu an diesem Strick wie Tarzan hin und her zu schwingen. Sie geriet in Panik und schrie auf, womit sie den kleinen Babu derart erschreckte, dass er den Draht losließ und aus einer Höhe von fünf Metern auf den Boden fiel.

Ich hörte die Schreie meiner Frau, eilte sofort herbei und fand Babu regungslos auf dem Boden liegen. Im Nu waren wir von Nachbarn umringt, die wissen wollten, was los war. Ich hob meinen Sohn auf und drückte ihn an die Brust. Ich befürchtete das Schlimmste.

Als ich meinen Blick nervös über seinen kleinen Körper wandern ließ, öffnete er zu meiner Erleichterung die Augen und flüsterte: «Jesus Bhaiya [‹Jesus, großer Bruder› auf Hindi] hat mich gerettet.»

Sie können sich vorstellen, wie erleichtert und glücklich wir waren. Das Unglaubliche dabei war, dass er genau in eine Lücke zwischen zwei Steine gefallen war. Gott hatte seinen Engel geschickt, um ihn zu beschützen, genauso wie er es versprochen hatte.

Oft rufen wir Jesus als «Abba» an, die Heilige Schrift sagt aber: «Er ist auch unser Bruder.» Der kleine, nur zweieinhalb Jahre alte Bringforth besaß die Weisheit, ihn seinen *älteren* Bruder zu nennen. Für mich war das eine Offenbarung.

6. Kapitel
Wir gewinnen Boden

Nicht stehenbleiben

Mit dem Wachstum des Dienstes nahm auch die Zahl der Lehrer zu, die in Bihar arbeiteten. Gott gebrauchte sie, um das Leben vieler anderer Lehrer zu verändern. Später wurden sie zu vollzeitlichen Dienern des Wortes Gottes. Brother Anand und Brother Mariadoss waren zwei von ihnen.

Meine auf Audiokassetten aufgenommenen und in Südindien publizierten Botschaften waren sehr erfolgreich und bewogen viele Menschen, ihr Leben Christus zu widmen.

Brother Asirvatham wurde Mitarbeiter unseres Büros in Tuticorin, später verlegte er seinen Sitz ganz weit in den Süden nach Nagercoil. Er gewann neue Gebetspartner, verteilte Kassetten und warb für unsere Missionsgesellschaft in Nordindien.

Brother Peter Isaac Raj, der seinen Posten als Schuldirektor aufgegeben hatte, wurde unser Pressesekretär in Nazareth, einer Kleinstadt in Südindien.

Brother Porselvan unternahm große Anstrengungen, um unsere Monatsschrift «Yutha Satham» zu editieren. Diese Zeitschrift, die auch heute noch veröffentlicht wird, informiert über die Aktivitäten und Entwicklungen auf den verschiedenen Missionsfeldern der GEMS.

Brother Jack Harris, ein nordamerikanischer Evangelist, der in Südindien finanziell ausgenommen und ausgenutzt worden war, wurde uns von Pastor Dhayanandan vorgestellt. Er erkannte die Bedürfnisse unserer Tätigkeiten in Nordindien und half uns, die benötigte Ausrüstung zu erwerben. Zusätzlich wirkte er unterstützend bei vielen unserer Evangelisations-Veranstaltungen mit. Leider wurde er später von der Regierung des Landes verwiesen.

Ich traf Brother Santhappan, einen Bauunternehmer, in Avadi in der Nähe von Chennai, als er bei einem Evangelisationstreffen Gitarre spielte. Er äußerte seinen Wunsch, uns nach Bihar zu begleiten und ein paar Tage mit uns zu verbringen.

Auf den Hügeln von Rohtas nahm ich ihn mit auf eine Anhöhe. Von dort oben war die Sicht atemberaubend. Während wir den Ausblick genossen, liefen ihm auf einmal Tränen über das Gesicht.

Auf meine Frage, was ihn zum Weinen brächte, antwortete er: «Gott hat mir zu Hause, während ich betete, genau diesen Ort in einer Vision gezeigt. Ich wusste nicht, wo das ist, also dachte ich mir, ich begleite dich, um zu sehen, ob sich das in Bihar befindet. Jetzt weiß ich genau, was Gott von mir erwartet.»

Diese Geschichte erinnerte mich an Brother Rajamani und an die Zeit, als ich noch in der Firma «English Electric Co.» arbeitete. Er war Beamter in der Verwaltung von Chennai und nahm manchmal an unseren Gebetstreffen teil.

Als ich 1973 meine Arbeitsstelle kündigte, war er von meiner Kündigung und der totalen Hingabe an Gott tief beeindruckt. Wenn ein junger Mann in der Lage war, seine Arbeit ruhen zu lassen und auf das Geheiß Gottes hin an einen unbekannten Ort zu gehen, weshalb nicht auch er? Also gab er seine lukrative Anstellung auf, nahm einen Freund mit und besuchte unerreichte Dörfer in der Region von Chennai, um dort zu dienen. Dabei musste er gleichzeitig für seine Familie sorgen.

Seine Frau war geistig labil, und seine Kinder waren über seine Entscheidung überhaupt nicht erfreut. Inmitten dieser Herausforderungen arbeitete er hart daran, das Evangelium zu verkündigen, und trug dabei nichts als seinen Dhoti.

Er schrieb mir, äußerte seinen Wunsch, alle zwei Monate drei Wochen lang in Bihar zu dienen, und bat mich, ihm einen Platz zuzuweisen. Er teilte mir außerdem mit, dass er finanziell nicht auf unsere Hilfe angewiesen sein würde.

Ich teilte ihm das Missionsfeld in Baulia, südlich von Dehri, zu. Am Anfang bewegte er sich dort zu Fuß und verteilte nur Traktate, da er die Sprache nicht beherrschte. Als er dann aber einen Übersetzer fand, begann er, in den Dörfern zu predigen. Er war voller Hingabe und mischte sich nie in die Angelegenheiten anderer ein. Er war ganz auf seine Beschäftigung konzentriert, den Menschen das Evangelium zu bringen.

Auf dem Rückweg von einem evangelistischen Einsatz nach Chennai erlitt er unweit von Vijayawada, zweihundert Kilometer nördlich seiner Heimat, plötzlich einen Schlaganfall und verlor das Bewusstsein. Es gelang dem Zugpersonal, ihn nach Hause zu bringen, aber der Schlaganfall machte ihn zum Behinderten. Er sollte nie wieder gehen können. Doch selbst unter diesen Bedingungen, so schrieb er mir, betete er für eine Person, die seinen Dienst fortsetzen würde.

Als Antwort auf seine aufrichtigen Gebete rief Gott Brother Santhappan. Wie wunderbar sind doch die Wege Gottes! Heute stehen in der Stadt, wo dieser Mann Gottes die Saat des Evangeliums ausstreute, mehrere Kirchen. Dieser eifrige Diener, den wir liebevoll «Rajamani Ayya» nannten, ist nicht mehr unter uns, doch die Erinnerung an ihn lebt weiter.

Ein Segen in Verkleidung

Nun liefen die Vorbereitungsarbeiten für das englische Gymnasium auf Hochtouren, aber es gab immer noch viele Hürden zu überwinden. Wir hofften auf den Erhalt des «No Objection Certificate» (NOC) der Regierung in Bihar, ohne welches wir dem

Prüfungskomitee der indischen Schulen in Neu-Delhi nicht beitreten konnten.

Damals war es alles andere als einfach, das NOC zu erhalten. Mister Karpoori Thakur, der damalige Ministerpräsident von Bihar, war glühender Anhänger von Doktor Ram Manohar Lohia, einem fanatischen Hindu.

Karpoori Thakur glaubte, dass englische Gymnasien unnötig wären, und erließ ein Dekret, welches diese verbot. Wir hatten keine Ahnung, wie wir unter solchen Bedingungen unser NOC erhalten könnten, doch hatten wir vollstes Vertrauen in Gott. Brother Gunasekaran war damals unsere Speerspitze und befasste sich mit der Registrierung unserer Schule. Doch er wurde ungeduldig. Er hatte sich für fünf Jahre als Rektor der Schule verpflichtet, diese waren nun abgelaufen. Da er darauf brannte, als hauptamtlicher Pastor zu arbeiten, bat er mich oft, ihn von seinen Verantwortungen an der Schule zu befreien.

Ich suchte verzweifelt nach einem Ersatz, jemanden mit einer missionarischen Vision. Wir kontaktierten Brother Jebaveeran, einen ehemaligen Missionar, der nun als Lehrer in Dohnavur, Tamil Nadu, an der «Santhosha Vidhyalaya School» arbeitete. Er erklärte sich sofort bereit, den Posten zu übernehmen, jedoch erst nach einem Jahr.

Ich informierte Brother Gunasekaran darüber, dass ich ihn nicht von seinen Verantwortungen befreien konnte, ohne einen Ersatz für ihn zu finden, und bat ihn, sich weiter um die Registrierung der Schule zu kümmern.

Dankenswerterweise sagte er zu.

1988 suchte ein schreckliches Erdbeben mit Epizentrum in Nepal auch die Distrikte Madhubani und Darbhanga in Bihar heim. «World Vision» sandte humanitäre Hilfe in die betroffenen Regionen. Für die Hilfe dieser Organisation fanden sich keine einheimischen Partner, und so wandte sie sich an die GEMS.

Brother Gunasekaran und ich reisten in die betroffenen Gebiete und beschlossen, Brother Ramesh Jha, einen konvertierten Brahmanen, Brother Paulouse, einen ehemaligen Naxaliten (kommunistische Extremisten), und Brother Peter Kumar als Koordinatoren der Hilfsbemühungen zu entsenden.

Die Sprache der dort Ansässigen war der Maithili-Dialekt. Die Bewohner gehörten einer höheren Kaste an, waren also gut ausgebildet. Das verhalf vielen nicht nur zu Arbeitsstellen bei der Regierung, sondern auch zu politischem Einfluss.

Die Region sah sich jährlich großflächigen Überschwemmungen ausgesetzt, Erdbeben verschlimmerten manches Mal alles noch. Unsere Arbeit dort war von Beginn an gesegnet und wurde in der Zwischenzeit bis heute sogar vervielfacht.

Heiner Henny, ein Schweizer Geschäftsmann und Sohn von Pfarrer Gerhard Henny, einem der Gründer der «Schweizerischen evangelischen Bibelschule» (heute «Theologisch-Diakonisches Seminar», TDS Aarau), verfolgte das Ziel, Jesus in seinem Leben an die erste Stelle zu setzen und in seiner Firma bei allen Entscheidungen den Willen Gottes zu suchen.

Heiner hatte Jesus schon früh als seinen persönlichen Herrn angenommen und ein Herz für die Missionsarbeit entwickelt. Auch seine Schwester Elisabeth, eine Pflegefachkraft, hatte ihr Leben dem HERRN geweiht und arbeitete als diakonische Mitarbeiterin in der Pflegeleitung des Altersheims Serata der «Stiftung Gott hilft» in Zizers.

Nach dem Ende seines Studiums als Ökonom an der Universität Basel besuchte Heiner zusammen mit einem gläubigen Freund das Missionsfeld der ÜMG in Singapur, Thailand, Hongkong und auf den Philippinen. Mit sich trug er dabei die Frage, ob ihn sein Ruf nicht in die Mission führen werde.

Die Antwort kam am letzten Tag der Reise. Gott zeigte ihm im Missionshaus in Manila ganz klar, dass es seine Berufung war, als christlicher Geschäftsmann in der Schweiz tätig zu sein.

Heiner machte sich daraufhin unmittelbar nach seiner Rückkehr selbständig und erlebte, wie Gott ihn auf seinem Weg führte. Nach ungefähr zwei Jahren bot sich ihm die Gelegenheit, eine Firma zu erwerben, die er zuvor schon einige Zeit beraten hatte. Der Firma ging es wirtschaftlich äußerst schlecht, weil der ganze Maschinenpark total veraltet war. Ihr eigentliches Kapital lag aber in ihrem wertvollen Grundbesitz.

Heiner hatte es aufgrund fehlender Finanzmittel nie in Betracht gezogen, die Firma selbst zu übernehmen; bis er eines Abends im Gebet eine Offenbarung mit der Aufforderung bekam, die Firma zu kaufen.

Aus Respekt gegenüber solchen Eindrücken betete er um zwei äußere Zeichen, die Gott tatsächlich erhörte und ihm so auf wunderbare Art und Weise zeigte, dass der Kauf der Firma Sein Wille war.

Weil Heiner zum damaligen Zeitpunkt kein eigenes Kapital besaß, finanzierte die Bank den gesamten Kaufpreis des Unternehmens. Gott führte es dann wunderbar, dass die Firma in kurzer Zeit neu strukturiert werden konnte und schwarze Zahlen schrieb. Fünf Jahre später konnte Heiner sie dann an die «Basler Versicherungen» weiterverkaufen.

Dies führte ihn in die finanzielle Unabhängigkeit, und er legte nach dem Verkauf der Firma im Jahr 1987 ein Sabbatjahr ein. Während der Familienferien in Italien zeigte Gott ihm eines Morgens in der Stillen Zeit, dass er für ihn einen Auftrag in Indien bereit hatte.

Heiner war bisher noch nie in Indien gewesen, kannte weder eine Missionsorganisation noch Missionare, die in Indien tätig waren. Er betete, dass Gott ihm eine Tür öffnete, wenn der Eindruck denn von ihm sei. Einige Monate später bekam Heiner von Markus Schweizer, einem Mitglied derselben Gemeinde, die Anfrage, ob er nicht den Vorsitz der «Inter-Mission Schweiz» übernehmen würde.

Die Inter-Mission wurde 1964 von Achim Schneider während der Jesus-People-Bewegung in den 1960er Jahren in Deutschland gegründet. Achim Schneider missionierte damals unter Hippies und Drogenabhängigen in Hannover. Viele kamen durch seinen Dienst zum lebendigen Glauben an Jesus. Es entstand auch eine eigene Gemeinde. Jochen Tewes, ein ausgebildeter Ingenieur, wurde als erster hauptamtlicher Mitarbeiter der Inter-Mission Deutschland nach Indien ausgesandt und heiratete dort die Tochter von Pastor Nickelson aus Kolar Gold Fields im Bundestaat Karnataka.

Im Auftrag der Inter-Mission half Jochen Tewes vielen christlichen Gemeinden und indischen Missionsgesellschaften, Kinderheime zu gründen, die dann von der Inter-Mission finanziert wurden.

1985 war die Zeit reif für die Gründung des Vereins Inter-Mission Schweiz. Seither gibt es mit der Inter-Mission Deutschland und der Inter-Mission Schweiz zwei juristisch total unabhängige Organisationen, die jedoch bis heute nach wie vor zusammenarbeiten und auch einen gemeinsamen Rundbrief herausgeben. Leitung und Aufsicht über die einzelnen Projekte hat immer dasjenige Land, welches für die Finanzierung verantwortlich ist.

Weil Gott Heiner zuvor gezeigt hatte, dass er einen Auftrag in Indien hatte, übernahm er den Vorsitz. In der Folgezeit segnete Gott die Arbeit, und die Inter-Mission Schweiz wuchs um ein Vielfaches.

Nach Heiners Wahl zum Präsidenten bot ihm Peter Will an, ihn mit auf eine Reise nach Bihar zu nehmen. Peter Will hatte selbst ein paar Jahre in Indien gelebt, musste jedoch wegen der Krankheit seines Sohnes Jason mit seiner Frau nach Deutschland zurückkehren. Peter ist Schotte und als Missionarssohn in Peru aufgewachsen, wo sein Vater eine leitende Stellung innerhalb der Arbeit der Freien Schottischen Kirche in Lima innehatte.

Obwohl in einer Missionarsfamilie aufgewachsen, kam Peter später vom Glauben ab und versumpfte. Durch den Aufbruch zur Zeit der Jesus-People-Bewegung kam er mit Achim Schneider in Kontakt, fand seinen Weg zurück zu Gott und schloss sich der damals noch jungen Inter-Mission an. Peter Will ist ein äußerst demütiger, großherziger Diener Gottes, der eine große Liebe zu Indien hat. In der Folgezeit besuchte er Indien mit Heiner zusammen etwa dreißig Mal.

Zum Handeln aufgefordert

Anfang des Jahres 1988 kamen Heiner Henny, Markus Schweizer und Peter Will nach Bihar. Heiner war auf seiner ersten Reise nach Indien tief bewegt von allem, was er sah, und die überall offenkundige Not trieb ihn fast zur Verzweiflung. Er war entsetzt über den schrecklichen Zustand der Straßen, über die riesigen Slums und die Millionen von Menschen, die damals ohne Obdach und sanitäre Anlagen lebten. Obwohl er vorher schon auf seinen Reisen in Afrika und Asien viel Leid gesehen hatte, überstieg die Not in Indien bei Weitem alles, was er je zu Gesicht bekommen hatte. Er empfand das damalige Indien der 80er Jahre als das Schlimmste, was man sich nur vorstellen kann.

Von diesem Erlebnis berührt und getrieben von dem inneren Wunsch zu helfen, stellte er mir viele Fragen über geistliche Themen, über meine Vision für die Mission sowie über die Arbeitsbedingungen der indischen Missionare. Es freute ihn zu sehen, wie unsere Organisation sich ganz auf Gottes Wort und seine Verheißungen stützte und in allen Belangen auf Gottes Führung vertraute.

Wie er heute noch sagt, beeindruckten ihn vor allem die Opferbereitschaft, der Gebetsgeist und auch unsere Bescheidenheit, erlebte Wunder nicht marktschreierisch überall zu verkünden.

So bekannte er uns damals: «Euer Dienst in Bihar ist ganz nach meinem Herzen, und ich kann voll dahinterstehen.»

Heiner zeigte sich erstaunt, als er erfuhr, dass meine zwei ältesten Kinder weit weg in einem Internat in Tamil Nadu waren, obwohl wir in Bihar doch eine Schule betrieben.

Also fragte er mich eines Tages: «Du betreibst eine Schule hier. Weshalb sind deine Kinder dann in einem Internat?» Sie waren damals an der Santhosha Vidhyalaya School in Tamil Nadu.

Ich antwortete: «Solange ich nicht in der Lage bin, den Kindern meiner Mitarbeiter die Gelegenheit zu bieten, an der GEMS-Schule zu lernen, werde ich mir unter keinen Umständen dieses Privileg zugestehen.»

Da er nicht sofort begriff, wie ich das meinte, erklärte ich: «Hätten wir unser eigenes Heim, könnte ich pro fünf einheimische Kinder ein Missionarskind aufnehmen.»

Seine Antwort folgte sofort: «Bring deine Kinder sofort her, damit sie bei euch leben können», und gab mir das Geld für das Heimprojekt.

Ich war sprachlos, denn wenige Tage zuvor hatte Gott mir versprochen: «Deine Söhne werden von ferne kommen» (Jesaja 60,4).

Für unseren Ältesten war es immer hart gewesen, sich von uns zu trennen, und er hatte oft Heimweh. Ein anderer Grund, weshalb ich die Kinder in unserer Nähe haben wollte, war, ihnen die Gelegenheit zu geben, unser Leben zu beobachten und von uns zu lernen. Da dies nun möglich geworden war, dankte und lobte ich Gott ohne Unterlass. Er machte das Unmögliche möglich. Unser Gott öffnet Wege, wo zuvor keine waren.

Die Wohlfühlzone verlassen

In jenem Jahr lud mich Heiner in die Schweiz ein, um in verschiedenen Kirchen Vorträge zu halten. Als ich die Schweiz das erste Mal besuchte, hatte Gott mir versprochen: «Ich werde dich zurückbringen. Du wirst ihnen ein Segen sein.» Jetzt erfüllte Gott seine Verheißung.

Heiner beobachtete mein Leben und meinen Dienst genau. Seine Frau Regula war sehr beeindruckt, als sie erfuhr, dass ich täglich mehrere Stunden auf den Knien im Gebet verbrachte. Meine Freundschaft und Gemeinschaft mit dieser Familie wuchs von Tag zu Tag und tut es noch heute.

Im folgenden Jahr wurde ich erneut eingeladen, doch diesmal begleitete mich auch meine Frau Rupaleka. Heiners Schwester Elisabeth, eine Dienerin Gottes, war von Stress geplagt. Wir schlugen ihr vor, einige Monate bei uns zu verbringen.

Heiner stimmte zu, und so wurden die notwendigen Vorbereitungen getroffen. Elisabeth fühlte sich wohl bei uns, bewegte sich frei in unserer Mitte und wurde eine von uns. Als sie in die Schweiz zurückkehrte, erzählte sie Heiners Familie von ihren Erfahrungen und half mit, dass die Inter-Mission Schweiz unsere Anstrengungen und unsere Hingabe noch mehr wertschätzte. Dies festigte unsere Beziehung zusätzlich.

Während unseres Aufenthalts in der Schweiz besuchten meine Frau und ich auch ein Waisenhaus der «Stiftung Gott hilft» in Zizers mit ungefähr dreißig Kindern. Das Waisenhaus kämpfte mit vielen Problemen, insbesondere im Bereich der Disziplin. Die Kinder waren sehr grob und ungezogen, doch unser eintägiger Dienst dort berührte sie sehr.

Davon zutiefst beeindruckt, ermutigte der Leiter des Waisenhauses die Kinder, unserem Missionswerk in Bihar eine Spende zu schicken. Das Geld, das sie zusammentrugen, wurde uns von Hans Lendi überbracht, einem Ingenieur, der bescheiden lebte und immer nur fünfzig Prozent im Beruf arbeitete, damit er die andere Zeit ehrenamtlich für die Mission tätig sein konnte. Hans kam als Bekannter von Heiner mit ihm zusammen zur Inter-Mission und hatte mit seiner Frau schon Bihar besucht.

Mit diesem Geld bauten wir ein erstes und dringend benötigtes Krankenhaus mit 25 Betten. Dieses Krankenhaus wurde zu einem großen Segen für unseren Dienst.

Die sprechende Puppe

1991 kehrte ich für den Dienst erneut in die Schweiz und nach Deutschland zurück. Es waren segensreiche Tage. Eines Morgens, als wir in Ziefen im Baselbiet bei Heiner und Regula beim Frühstück saßen, begannen Heiners Kinder miteinander in ihrer Sprache zu diskutieren.

Regula wies sie zurecht: «Habt ihr vergessen, dass wir einen Gast am Tisch haben?»

Ich beruhigte sie: «Ihr habt ja nur Söhne. Ihr würdet mehr Spaß haben, wenn ihr auch eine Tochter hättet!» Und ich erzählte ihnen über unsere Tochter Joy folgende Geschichte:

Sie war etwa zweieinhalb Jahre alt und tat nichts lieber, als mich im Büro aufzusuchen und mir die Ruhe bei der Arbeit zu rauben. Sie verlangte ununterbrochen meine Aufmerksamkeit. Wann immer ich zu Hause war – was selten genug vorkam –, redete sie wie ein Wasserfall. Um sie zu beschäftigen, bat ich meine Frau, ihr eine Puppe zu machen, damit sie sich mit dieser unterhalten könnte.

Meine Frau willigte ein und machte ihr eine Puppe aus Stoffresten; wobei es fast etwas übertrieben ist, den formlosen Stoffklumpen, den sie produzierte, eine Puppe zu nennen. Sie bat mich, dieses Ding dennoch meiner Tochter zu übergeben.

Überzeugt, mein Problem losgeworden zu sein, lehnte ich mich zurück, um den Augenblick zu genießen. Doch ich hatte keine Ahnung, was mir bevorstand.

Joy nahm die Puppe entgegen und verzog sich mit ihr. Doch es dauerte nicht lange, und schon kam sie zurück: «Papa, du hast vergessen, mir ein Tuch zu geben, damit ich sie wickeln kann.» Ich holte ihr eins.

Sie gab mir eine ganze Minute, um meine neugewonnene Freiheit zu genießen, dann stand sie wieder vor mir: «Die Fliegen machen uns ganz verrückt. Gib mir ein bisschen Talkumpuder.» Ich gehorchte.

Wenige Minuten später kam sie zurück und sagte: «Das Kind hat Fieber. Bete für es!»

Wenig später klagte sie: «Dein Gebet hat nichts genützt. Komm! Ruf den Fahrer. Wir müssen das Kind zum Arzt bringen!»

Ich war nahe daran, den Verstand zu verlieren.

Als ich dies den Hennys erzählte, lachten sie alle und sagten: «Was deine Tochter braucht, ist eine richtige sprechende Puppe!»

Auf dem Weg zu einer Versammlung machte Heiner einen Umweg und verschwand in einem Spielwarenladen. Da ich sonst nichts zu tun hatte, folgte ich ihm in das Geschäft.

Ich begutachtete gedankenverloren eine «sprechende Puppe», da wandte sich die Verkäuferin auf einmal an mich: «Diese Puppe wurde bereits für Sie verpackt.»

Das musste ein Irrtum sein, denn ich hatte die Puppe ja gar nicht gekauft. Da erfuhr ich, dass Heiner bereits dafür bezahlt hatte.

Ich wollte das Geschenk nicht annehmen und sagte zu ihm: «Wir haben so viele kleine Kinder bei uns. Ich kann meiner Tochter nicht allein eine so teure Puppe geben. Mein Gewissen lässt dies nicht zu.» Ihr Preis betrug umgerechnet etwa 3500 Rupien, was damals eine gewaltige Summe für uns war. Aber Heiner wollte nicht nachgeben.

So fanden wir die Puppe zwei Tage später in unserem Zimmer. Ich brachte sie ihm zurück mit dem Argument, dass ich sie nicht annehmen wolle.

Als wir nach Deutschland zurückkehrten, gab er mir die Puppe wieder. Doch ich hielt an meinem Entschluss fest, weil ich keinen Anstoß erregen wollte.

Heiner hatte schon immer eine tiefe Bewunderung für Sadhu Sundar Singh gehegt, einen berühmten indischen Evangelisten, so dass er sogar seinem ältesten Sohn den Namen Sundar gab. Meine Weigerung, ein teures Geschenk für meine Tochter anzunehmen, schien mit seiner Auffassung von Sadhu Sundar Singhs Lebensphilosophie übereinzustimmen. Unsere Freundschaft wurde auch dadurch immer inniger.

Befreiung aus der Sklaverei

Einige Freunde des «Christlichen Vereins Junger Menschen» (CVJM) in Basel beschloss, ein Projekt unseres Missionswerks in Bihar zu unterstützen. Sie baten mich, eines vorzustellen. Ich fragte Heiner, von welchem Budget ich ausgehen könne. Er nannte einen Betrag von einer Million Rupien.

An dem Tag jedoch, an dem ich mein Projekt hätte vorstellen sollen, zeigte mir Gott im Gebet die Kinder von Karwandiya, etwa zehn Kilometer nordwestlich von Dehri-on-Sone. Diese Kinder waren gezwungen, ab dem zarten Alter von vier Jahren in Steinbrüchen zu arbeiten. Sie alle waren Kinder von Arbeitern, die unter sklavenähnlichen Bedingungen schufteten, um die Schulden abzuzahlen, die ihre Eltern aufgrund ihrer Armut hatten anhäufen müssen. In fast allen Fällen waren die Eltern Analphabeten.

Die Geldverleiher nutzten deren mangelnde Bildung aus, indem sie sie per Daumenabdruck Schuldscheine zu horrenden

Zinsen unterschreiben ließen. Dann wurden die Eltern darüber informiert, dass es ihnen unmöglich sein würde, die Schulden in ihrer Lebenszeit zu begleichen, so dass auch ihre Kinder arbeiten müssten, um den Kredit abzuzahlen.

So wurden die Kinder zur Arbeit gezwungen und gerieten dadurch in den Teufelskreis, aus dem es kein Entkommen gab. Diese kleinen Kinder schufteten in den Steinbrüchen von Sonnenaufgang bis Sonnenuntergang, bei stürmischem Regen und glühender Hitze.

Der Kampf dieser Kinder hatte mich schon immer bewegt, und jetzt gab Gott mir die Gelegenheit, ihnen zu helfen. Ungefähr hundert solcher Kinder waren mir bekannt. Hoffnungsvoll – und vom HERRN geleitet – entwarf ich den Plan für ein Kinderheim. Als Einkommensquelle, die eine gewisse Unabhängigkeit erlauben würde, schlug ich eine Hühnerfarm und eine Fischzucht vor.

Ebenso in meinem Projekt enthalten war der Kauf einiger Lastwagen, die den Eltern der Kinder die Möglichkeit geben würden, etwas Geld zu verdienen. Die Kosten dieses Projekts beliefen sich auf drei Millionen Rupien!

Heiner zeigte sich skeptisch gegenüber der Möglichkeit, dass das Projekt von den Sponsoren angenommen werden würde.

Doch ich sagte voller Vertrauen: «Ich habe dieses Projekt gemäß den Anweisungen des HERRN entworfen. Er wird es auch verwirklichen.»

Als ich unser Vorhaben dem CVJM Basel vorstellte, waren sie begeistert. Sie versprachen, mir ihre Entscheidung in der folgenden Woche mitzuteilen, nachdem das Komitee die Gelegenheit gehabt hätte, das Projekt genauer zu analysieren. Wir waren hocherfreut, als wir von der einstimmigen Annahme des Vorschlags erfuhren!

Der CVJM gab den Startschuss zur Spendensammlung. Ein Sponsorenlauf sollte durchgeführt werden, und für jede Runde, die ein Kind absolvierte, sollten die Sponsoren tausend Rupien spenden. Ungefähr 745 Kinder nahmen die Herausforderung an und mit Begeisterung teil. Einige von ihnen schafften ganze elf Runden! So kam der benötigte Betrag mit viel Spaß und Freude zusammen. Am Rennen nahm auch der damalige Kirchenratspräsident von Basel teil, und auch der indische Botschafter in der Schweiz besuchte die Veranstaltung.

Das Projekt für das Kinderheim wurde lanciert. Wir kauften ein Grundstück in Karwandiya, worauf wir direkt ein Heim bauten und hundert Kinder aussuchten, von denen achtzig unter Nachtblindheit litten, um dort zu leben.

Gott ermöglichte es uns, diesen Kindern reichhaltige Nahrung und medizinische Versorgung zu bieten. Sister Thangathai wurde von ihren Verpflichtungen in der Schule befreit und zur Leiterin des Heimes ernannt. Brother Rajan und Brother Emerson kamen zu ihrer Unterstützung.

Leider lag Karwandiya sehr ungünstig zwischen zwei Dörfern, von denen das eine viele Prostituierte beherbergte und das andere von Kriminellen bevölkert war, die Beziehungen zur regionalen Mafia unterhielten. Laufend wurden uns Wertgegenstände gestohlen. Das machte es uns nicht einfacher, uns um diese Heimkinder zu kümmern, während die Region in unzähligen Problemen versank. Doch was wir nicht wussten: Gott hatte mit dem Ort Großes vor …

Antworten auf Gebete

Während einer meiner Reisen in die Schweiz bat mich Markus Egger, Präsident der Inter-Mission Deutschland, um ein Gespräch. Er berichtete mir von seiner Absicht, ein Waisenhaus in Andhra Pradesh mit achtzig Kindern zu schließen. Anstelle einer Erwiderung darauf erzählte ich ihm von meiner Sorge um körperlich benachteiligte Kinder.

Als Gott uns einmal ein geistig behindertes Kind gab, hinterfragten wir ihn nicht und wälzten uns auch nicht in Selbstmitleid, da wir wussten, dass er uns etwas beibringen wollte. Im Gebet gab uns Gott die Aufgabe, für körperlich behinderte Kinder zu sorgen. Wir wussten, dass die Erziehung von geistig benachteiligten Kindern keine einfache Aufgabe war, und wir fühlten uns nicht darauf vorbereitet.

Daraus entstand der Wunsch, an Polio erkrankten Kindern zu helfen. In den Dörfern von Bihar lebten mehr als 300.000 junge Menschen, die an Kinderlähmung erkrankt waren. Im Gebet baten wir Gott, sich dieses riesigen Bedürfnisses anzunehmen, da diese Aufgabe – einmal begonnen – einen konstanten Fluss von Spenden und gut ausgebildetem Personal verlangen würde.

Nachdem ich meine Ausführungen beendet hatte, meinte Markus Egger, dass seine Organisation damit keine Erfahrungen habe.

Ich sagte zu ihm: «In diesem Fall kann ich mich nicht um weitere Waisen kümmern.»

Da die Zahl der Teilnehmer beim Sommermissionstraining jährlich stieg, machten wir aus dem Lager eine jährliche Konferenz. Zur Konferenz von 1992 reiste ein Team des «Youth Evangelical Service» (YES) aus Nagercoil im tamilischen Distrikt Kanyakumari an, um den Gesang zu leiten. Nach der Konferenz sollte das Team Tata Nagar besuchen. Ich würde mit dem Zug nachkommen und sie später treffen, da ich unsere Arbeit in Renukoot besuchen musste.

Auch Brother Xavier wollte das Team in Tata Nagar treffen. Ich hatte ihm allerdings zuvor aus gutem Grund verboten, mit dem Auto dorthin zu fahren. Das hielt ihn nicht davon ab, auf meine Frau einzureden, um von ihr die Erlaubnis für die Reise zu bekommen. Brother Jeyasingh unterstützte ihn dabei und veranlasste sie am Ende dazu, nachzugeben. Sie fuhren los.

Für den ersten Teil der Fahrt gehorchte Brother Xavier sogar noch meinem Befehl, doch als sie Ranchi erreichten – es war bereits mitten in der Nacht! –, übernahm er das Steuer. Kurz darauf verlor er die Kontrolle über das Fahrzeug und rammte einen Baum mit solcher Wucht, dass alle vierzehn Insassen ins Krankenhaus von Ranchi gebracht werden mussten und ernste Verletzungen davontrugen. Brother Rajivs Bein musste amputiert werden, und Brother Baby erlitt Verletzungen am Rückgrat.

Meine Frau war untröstlich. Da sie meine internen Anweisungen ignoriert hatte, schrieb sie sich die Schuld für das Unglück zu. Noch heute bedauert sie die Entscheidung, die sie an jenem Tag getroffen hatte. Seither hat sie sich nie mehr über meine Anweisungen hinweggesetzt.

Brother Moses und Brother Victor Alfred reisten von Nagercoil an, um die Verletzten zu besuchen. Brother Victor hatte in einer Schule für an Polio erkrankte Kinder gearbeitet, und als er nach Bihar kam, meinte er: «Annan, solltest du je ein Polio-Heim gründen, werde ich mit einigen Freunden dazukommen und helfen», worauf ich ihm erwiderte: «Ich werde dich ganz sicher rufen, wenn wir so weit sind.»

Er war ein drogenabhängiger Krawallmacher gewesen, bevor Gott ihn durch die «Youth Prayer Fellowship» berührt hatte. Er wurde wiedergeboren und komplett verändert.

Einige Monate später, nachdem das YES-Team wieder abgereist war, erhielten wir ein Fax von Markus Egger. Darin sagte er, dass eine Frau aus Schweden, die an Krebs erkrankt war und jetzt im Sterben lag, ihr kleines Haus für eine Wohltätigkeit spenden wollte. Während Markus darüber nachdachte, erinnerte Gott ihn an das Heimprojekt für Polio-Kinder in Bihar. Er teilte uns zudem mit, dass die Inter-Mission bereit wäre, dreißig Kinder finanziell zu unterstützen.

Meine Frau und ich waren begeistert. Nach langen vierzehn Jahren war unser Gebet endlich erhört worden.

Wir eröffneten das Polio-Heim mit dreißig Kindern. Brother Victor, Brother Raju und seine Frau Mercy, die von Beruf Pflegefachkraft war, wurden als Verantwortliche eingesetzt.

Der Herr segnete diesen Dienst, und im Laufe der Jahre pflegten wir mehr als dreihundert Kinder. Ein Schweizer Geschäftsmann mit Firmen in Brasilien übernahm später den Großteil aller Kosten dieser Kinder und tut das bis heute.

Gott, der unsere Herzen kennt, verwandelt unsere Prüfungen in große Siege!

Auf zu neuen Ufern

Als wir unseren Dienst in Teilen von Mithila (einem Gebiet im Nordosten von Bihar und Jharkhand) mit unserem Hauptsitz in Madhubani begannen, schlug die FMPB-Leitung vor, dass wir unsere Tätigkeit an einen anderen Ort verlegten. Wir machten klar, dass uns das unmöglich sei, da dies Teil der Vision Gottes für uns war. Als sie die Früchte unserer Arbeit sahen, ließen sie die Angelegenheit fallen.

Wir organisierten große Evangelisations-Veranstaltungen in Städten wie Muzaffarpur, Darbhanga, Madhubani und Sitamarhi. Diese Versammlungen wurden mit der Hilfe einiger tamilischer Evangelisten wie Brother Owen Roberts (Chennai), Brother Mohan C. Lazarus (Nalumavadi) und Brother Jack Harris (USA) durchgeführt.

Gott verherrlichte seinen Namen durch Zeichen und Wunder bei diesen Versammlungen. In Muzaffarpur leistete die RSS erbitterten Widerstand. In Darbhanga nahmen über zweihundert an Polio erkrankte Kinder an den Versammlungen teil. Am ersten Tag begannen zwei von ihnen zu gehen. Dieses

Zeugnis bewirkte dort einen Durchbruch. In Sitamarhi wurde eine Ärztin, die seit fünfzehn Jahren an Filariose (einer Fadenwurmerkrankung) litt, am ersten Tag der Versammlungen komplett geheilt.

Die Hindus glauben, dass Sitamarhi der Geburtsort *Sitas* sei, der Frau des fleischgewordenen Gottes *Ram* – oder *Rama.*[12] Für Sita soll in Sitamarhi ein Tempel gebaut werden. Die Gottheit Rama wurde angeblich in Ayodhya geboren, einer Stadt im Staat Uttar Pradesh, wo auch ein Tempel für ihn gebaut wurde.

Als wir uns auf den zweiten Versammlungstag vorbereiteten, legte eine Gruppe fanatischer Hindus einen Brand und zerstörte die Bühne, die wir aufgebaut hatten. Sie griffen auch unsere Brüder brutal an. Unser Bruder und Missionar Saravanan erlitt schwerste Kopfverletzungen. Im Jahr 2010 starb er den Märtyrertod.

Das Blut der Märtyrer dient immer als Saat für die Kirche. Jetzt existieren dort Gemeinden, und die Gläubigen versammeln sich regelmäßig, um Gottesdienst zu feiern.

Unerschrocken vorwärts

Wir richteten ein Trainingszentrum für Missionare in Madhubani ein, von wo aus sechs nordindische Arbeiter nach Janakpur in Nepal, einst unter König Janaka die Hauptstadt von Videha[13], gesandt wurden. Dies war die Stadt, in der – nach hinduistischer Überlieferung – die Götter Rama und Sita heirateten.

Während unsere Missionare dort ausgebildet wurden, fand zur gleichen Zeit eine Konferenz für Polizeibeamte statt. Die Missionare sangen christliche *bhajans,* eine Art indischer Andachtslieder, und trommelten am Straßenrand.

Ein hochrangiger nepalesischer Polizeioffizier fuhr vorbei, sah die Menschenmenge und wollte wissen, was da vor sich ging. Das führte dazu, dass die Missionare auf die Polizeiwache gebracht und befragt wurden, nur um weiter mutig Jesus, den Retter der Welt, zu verkünden und festgenommen zu werden. Davon ließen sie sich allerdings nicht abschrecken und sagten, dass Jesus sie befreien würde. Der Offizier lachte nur.

Unerschrocken sangen die jungen Männer bis zum Morgengrauen christliche Lieder. Auch die Polizisten machten mit und tanzten zur Musik. Im Gefängnis herrschte Begeisterung!

Der Unteroffizier, der die Morgenwache übernahm, erhielt von seinen Untergebenen eine äußerst kuriose Auskunft. Sie sagten ihm, dass dort *mahatmas* («große Seelen» auf Hindi) gefangen gehalten würden.

Kurzerhand befahl er ihnen, den Gefangenen eine Dusche zu ermöglichen und ihnen Frühstück zu bringen – und trat ab. Er hatte die Männer noch nicht einmal gesehen!

Nachdem sie geduscht und gefrühstückt hatten, wurden sie freigelassen. So kehrten sie an den Ort zurück, an dem sie verhaftet worden waren, und nahmen ihre Predigt wieder auf.

Der Polizeioffizier, der sie ursprünglich festgenommen hatte, war über ihre Freilassung mehr als verwundert. Trotzdem befahl er seinen eigenen Untergebenen, die jungen Männer zu schützen.

Solche Erlebnisse stärkten den Glauben unserer Mitarbeiter gewaltig.

Aus den Klauen des Todes befreit

Die Geschichte von Neval Kishore aus dem Dorf Sidhauli ist außergewöhnlich. Er litt an Lepra im fortgeschrittenen Stadium. Seine Nase war entstellt, und er hatte mehrere Hautgeschwüre. Als seine Organe zu versagen begannen, wurde er ins «Darbhanga Medical College and Hospital» eingeliefert.

Doch die Ärzte gaben alle Hoffnung für ihn auf. Sie baten seine Verwandten, ihn nach Hause zu bringen, damit er die letzten Minuten in der Gegenwart seiner Liebsten verbringen konnte.

Derweil traf seine Familie die Vorbereitungen für die Bestattung. Der Scheiterhaufen wurde errichtet, und sein Bruder ging in die Stadt, um neue Kleider für die letzten Riten zu kaufen. An seinem Sterbebett stellte jemand das Radio an, und Neval hörte einen Prediger die Geschichte von Lazarus erzählen, den Jesus von den Toten auferweckt hatte.

Für Neval Kishore war Jesus bis dahin nur ein weiterer Gott neben den 330 Millionen Hindu-Göttern gewesen. Da er nichts mehr zu verlieren hatte, sagte er sich, es könne nicht schaden, Jesus anzurufen. Noch während er darüber nachdachte, fühlte er, wie eine Art elektrischer Stoß durch seinen Körper ging. Seine Kraft war zurückgekehrt! Er stand auf und ging hinaus.

Seine Frau war erschrocken, ihn auf den Beinen zu sehen, und rannte zum Haus ihrer Verwandten. Die Nachricht verbreitete sich wie ein Lauffeuer, und bald war das ganze Dorf in heller Aufregung.

Seine Lepra war aber noch nicht geheilt, und so wurde er in ein christliches Lazarett für Leprakranke in Muzaffarpur in Bihar verlegt. Eines Tages, als er einer Predigt und christlichen Liedern lauschte, die aus einem Lautsprecher an der Wand seines Zimmers erklangen, beschloss er, mehr über Jesus in Erfahrung zu bringen.

Man sagte ihm, dass er am Gottesdienst einer nahe gelegenen Kirche teilnehmen könne. Frohen Mutes tat er das am folgenden Tag. Er hörte, wie Sünde Schmerzen verursacht und wie Jesus unsere Sünden vergeben und uns von unserem Schmerz befreien kann.

Als er seine Sünden eine nach der anderen bekannte und um Vergebung bat, wurde er komplett geheilt. Nach dieser Heilung suchte er den Pastor einer Methodistengemeinde auf und bat ihn um eine Bibel.

Der Pastor verweigerte sie ihm und behauptete, er sei dazu nicht autorisiert. Doch Neval gab nicht auf, und es gelang ihm, eine Bibel zu erwerben und mithilfe einiger Missionare der FMPB zu studieren.

Durch unseren Dienst empfing er die Taufe im Heiligen Geist und wurde zu einem wertvollen Mitarbeiter unseres Werkes.

Hilfe von unerwarteter Seite

Unsere Bemühungen, das No Objection Certificate (NOC) zu erhalten, um den Betrieb der neuen Schule aufnehmen zu können, wurden uns von Regierungsbeamten erschwert. Sie verlangten Bestechungsgelder in der Höhe von 150.000 Rupien.

Ich weigerte mich, dem Druck nachzugeben, und setzte all mein Vertrauen auf Gott. Eines Tages fanden wir das NOC dann zu unserer großen Überraschung in der Post.

Wir erfuhren später, dass Eisenbahnminister Lalu Prasad Yadav fünf seiner neun Kinder in einem Internat eines englischen Gymnasiums in Ranchi untergebracht hatte. Als sie nach drei Monaten zum ersten Mal heimkamen, sprachen sie fließend Englisch. Unvermittelt ordnete er an, allen Schulen, die es beantragt hatten, das NOC zu gewähren. Unsere Schule war die erste, die davon profitierte.

Es gelang uns auch, Mitglied des «Council For The Indian School Certificate Examinations» (CISCE) in Neu-Delhi zu werden, und dies ohne jegliche Schwierigkeiten und zusätzliche Kosten – aber dank der Hilfe von Dr. Mathew, dem Sekretär der «Bible Society of India» in Ranchi.

Noch immer sind wir dankbar, wie Gott alles in die Wege geleitet hat, um uns die Eröffnung der Schule zu ermöglichen.

Wenn wir unsere Sorgen dem HERRN zu Füßen legen, wird er sich ihrer annehmen. Ich kann es bezeugen: Er wird einen Gerechten niemals fallenlassen (vgl. Psalm 55,23).

«Verlass dich auf den HERRN von ganzem Herzen, und verlass dich nicht auf deinen Verstand, sondern gedenke an ihn in allen deinen Wegen, so wird er dich recht führen» (Sprüche 3,5f.).

Brother Gunasekaran, Brother Jebaveeran, Sister Jeyavadana und Sister Jeya Prakash leiteten nacheinander diese Schule. Sie mussten viele Probleme an verschiedenen Fronten überwinden.

Die Verwaltungen anderer Schulen gönnten uns unser rasches Wachstum nicht und stellten uns Hindernisse in den Weg. Einige Brahmanen erklärten uns zu ihren Todfeinden, weil wir Christus verkündigten. Einige Politiker und Journalisten, die mehrheitlich auch Brahmanen waren, unterstützten sie. Sie stifteten die Schüler unserer Schule an, unseren Besitz zu plündern, und wurden im entstandenen Chaos dabei noch von einigen Dorfbewohnern unterstützt. Und all dies direkt vor der Nase der Regierungsbeamten.

Der Gerechtigkeit wurde schließlich Genüge getan, als einem der Reporter von Unbekannten der Hals aufgeschlitzt wurde. «Die Rache ist mein», sagt der HERR, und wir erlebten dies viele Male in Daudnagar, Dudhi und Dalmianagar.

Als ich damals meinen Dienst aufnahm, lebte ich mit meinen Mitarbeitern zusammen. Ich unterrichtete, inspirierte und begleitete sie sogar auf ihren Missionseinsätzen. Doch als die Zahl unserer Mitarbeiter stetig zunahm und der Dienst sich ausweitete, wurde es praktisch unmöglich, diese Praxis aufrechtzuerhalten.

Die Mitarbeiter strengten sich an, doch sie hatten Schwierigkeiten, mit den Problemen zurechtzukommen, denen sie in ihren Einsatzgebieten begegneten. Ich konnte sie nicht mehr so begleiten, wie ich es gerne getan hätte. Das belastete mich sehr.

Eines Tages, als ich für sie betete und fastete, kam mir eine Idee. Wieso lud ich nicht einfach einige Familien zu uns ein, damit sie uns beobachten und so von uns lernen konnten? Damit hätten wir gleichzeitig auch die Gelegenheit, unsere Freundschaft zu stärken.

Um dies in die Praxis umzusetzen, brauchten wir ein zusätzliches Gebäude, in dem wir gleichzeitig zwölf Familien unterbringen konnten. Ich erstellte einen Plan und berechnete Länge und Breite des Gebäudes. Während ich daran arbeitete, hörte ich eine Stimme in meinem Innern, die mich anwies, hinauszugehen und das Feld auszumessen.

Ich gehorchte, und Gott führte mich in einen ungenutzten Bereich unseres Grundstücks. Mit der Hilfe eines Kollegen maß ich das Feld aus. Zu meiner großen Überraschung stimmten die Maße meines Planes mit den Ausmessungen des Feldes überein. Ich musste nicht einmal einen Baum fällen!

Begeistert rief ich meine Frau Rupaleka herbei und erzählte ihr alles, was geschehen war. Dann zeigte ich ihr das Grundstück, und wir beteten dort gemeinsam. Der Plan bekam den Ehrenplatz an der Wand meines Büros.

Brother Mariadoss, der in der Finanzabteilung arbeitete, kam eines Tages im Büro vorbei und sah ihn an der Wand hängen. Nachdem er sich meine Erläuterungen angehört hatte, lächelte er skeptisch und meinte: «Bruder, hast du vergessen, dass wir unseren Arbeitern noch den Lohn der letzten zwei Monate schulden?»

«Für Gott ist nichts unmöglich», antwortete ich etwas kryptisch.

Im selben Jahr wurde ich eingeladen, auf St. Chrischona bei Basel in der Schweiz zu predigen. Fast vierhundert Menschen waren gekommen. Nachdem ich mit meiner Botschaft am Ende angelangt war, herrschte im Saal absolute Stille. Es schien, als ob meine Worte keinen so großen Eindruck gemacht hätten.

Doch das war nicht, was Gott mir sagte, als er mich mitten in der Nacht weckte, um mir mitzuteilen, dass ich bis zum Mittag einen Scheck über 1,8 Millionen Rupien erhalten würde, um den Bau des Gebäudes für unsere Mitarbeiter zu finanzieren.

Voller Freude erzählte ich dies am nächsten Morgen meiner Frau und ging frühstücken.

Heiner Henny empfing mich mit einem breiten Lächeln und den zwei Worten: «Gute Nachrichten.»

Bevor er irgendetwas sagen konnte, fragte ich: «Hast du einen Scheck im Wert von 1,8 Millionen Rupien erhalten?»

Er war total überrascht und wollte mir nicht glauben, als ich ihm sagte, was mir in der Nacht verraten worden war. Also bat ich ihn, meine Frau danach zu fragen.

Sie antwortete ihm, dass wir 1,8 Millionen Rupien für unser Projekt erhalten würden, was damals etwa 30.000 Schweizer Franken bzw. 36.000 DM entsprach, was heute etwa 18400 Euro entspricht.

Sprachlos übergab er mir den Scheck. Es freute ihn, dass Gott machtvoll die Herzen der Menschen berührt hatte. Nach meiner Predigt hatte Edgar Schmid, der von 1967–1991 Direktor der Pilgermission St. Chrischona war, unsere Bedürfnisse mit Heiner besprochen und ihm noch in derselben Nacht den Scheck überreicht.

Als ich nach Indien zurückkehrte, stellten wir das Gebäude innerhalb von achtzehn Monaten fertig. Wenig später begann ich, unsere Mitarbeiter zu Training und Gemeinschaft einzuladen. Gott gebraucht uns, indem er in unserem Herzen den Wunsch und das Anliegen weckt, das zu tun, was ihm gefällt.

Bildung für alle

Während einem unserer Gespräche diskutierten Heiner und ich über die Schulbildung armer Kinder in Bihar. Um dieses Problem anzugehen, entwarfen wir folgenden Plan:

1. Die Gründung von 100 Schulen, jede mit einer Kapazität von 150 Schülern.
2. Das Land für die Schulen muss von den Einheimischen gespendet werden.
3. Spender aus der Schweiz werden den Bau von jedem Schulgebäude von mindestens 140 Quadratmetern unterstützen.
4. Die GEMS wird die Lehrer anstellen und ausbilden.
5. Die GEMS wird den Betrieb der Schule finanziell sicherstellen.
6. Um das Geld für den Betrieb dieser Hindi-Schulen zu generieren, müssen einige englische Schulen gegründet und die bereits existierenden Schulen mit der Hilfe der Inter-Mission Schweiz gestärkt werden.
7. Die Inter-Mission wird fünf Jahre lang bei der Entlohnung der Lehrer helfen.
8. Um das Ziel von 100 Schulen in fünf Jahren zu erreichen, müssen 20 Schulen jährlich gegründet werden.
9. Dieses Programm soll im Jahre 1995 lanciert werden und im Jahr 2000 ausgeführt sein.
10. Die Sponsoren sollen jährlich einen Lagebericht erhalten.

Die oben aufgeführten Punkte wurden vom Vorstand der Inter-Mission nach einer intensiven Debatte angenommen. Es bestanden einige Einwände:

1. Warum sollte nur die GEMS so stark unterstützt werden? Warum kann man das Geld nicht gerechter unter allen 26

Organisationen, die von der Inter-Mission unterstützt werden, aufteilen?
2. Wird die GEMS in der Lage sein, 100 Schulen zu betreiben und zu verwalten?
3. Wird es möglich sein, 500 Lehrer in Bihar auszubilden?
4. Wird es der GEMS gelingen, genügend Mittel zu generieren, um diese Schulen dann nach fünf Jahren eigenständig zu finanzieren?

Die Antwort auf meine jahrelangen Gebete erfolgte nicht ohne anfänglichen Widerstand einiger Vorstandsmitglieder der Inter-Mission Schweiz, doch ich betete weiter. Endlich meldete sich mein Freund Heiner Henny zu Wort und führte folgende Punkte aus:

1. Im Vergleich zu anderen Organisationen ist die GEMS produktiver.
2. Im Vergleich zum enormen Bedürfnis im armen Bihar sind die Bedürfnisse in Südindien geringer.
3. Wir könnten zunächst 20 Schulen gründen und betreiben und dann, anhand der Resultate, eine Entscheidung für die weiteren 80 Schulen treffen.

Das Komitee beschloss schließlich, Heiners Vorschlag anzunehmen. Es beschloss auch, dass die Verpflichtung gegenüber dem Schulprojekt keinesfalls die Unterstützung, die sie anderen Missionen bereits zugesagt hatten, in Mitleidenschaft ziehen würde.

Ich lobte Gott für seine Hilfe und stürzte mich sofort in die Arbeit. Wir stellten Lehrer an und bildeten sie unter der Leitung von Brother John Nagendran und Brother Mariadoss in Baulia und Jehanabad aus. Die Anzahl der Zimmer der englischen Gymnasien und Heime wurde erhöht.

In zwanzig Dörfern wurde uns von Einheimischen Land gespendet. Dann begann der Bau der Gebäude. Sister Jeyavadana diente als Koordinatorin des Projekts. Unsere unverzüglichen Handlungen überzeugten alle Mitglieder des Komitees der Inter-Mission Schweiz davon, dass wir tatsächlich in der Lage waren, hundert Schulen zu betreiben.

Die Nachfrage nach Ausbildungsplätzen überstieg unsere Erwartungen derart, dass wir an einigen Orten zwei Gebäude errichten mussten, da die Zahl der Schüler die vorgesehenen 250 Studienplätze weit überstieg. Es war ein doppelter Segen, da die Schulen gleichzeitig Arbeitsplätze für viele Christen boten, die ihr Leben dem HERRN übergeben hatten.

Wie geplant gründeten wir auch in Renukoot, Dudhi und Bhabua englischsprachige Gymnasien. Unsere Freude war grenzenlos, als wir unser Ziel von einhundert Schulen in fünf Jahren erreichten, und wir priesen Gott dafür.

Fast 17.000 Schüler kamen durch dieses Projekt in den Genuss einer soliden Ausbildung. Zu Beginn waren es noch unsere eigenen Missionare, die die Schulen leiteten und verwalteten, doch im Laufe der Zeit konnten wir qualifizierte Verwalter anstellen, die die Schulen effizient führten.

Wir trafen diese Entscheidung bewusst, um in Zukunft zu verhindern, dass dortige Probleme die Arbeit unserer Missionare erschweren konnten. Wir hatten dabei vergangene Schwierigkeiten der Pastoren in Tirunelveli vor Augen, die zusätzlich die Aufgabe des Schulkorrespondenten hatten übernehmen müssen. Gott gab uns die Weisheit, die richtigen Entscheidungen zu treffen.

Heute zählen einige der Schulen achthundert Schüler. Die meisten bieten nun auch die Oberstufe an. Lange Zeit erhielten unsere Schulen keine Hilfe vonseiten der Regierung. Als diese dann Prüfungen gemäß Standard VIII einführte und Programme für Gratismahlzeiten, Schulmaterial und Fahrräder an ihren Schulen lancierte, verloren einige unserer Schulen auch noch etliche ihrer Schüler.

Doch als sie die Qualität der Bildung und Erziehung sowie die Hingabe unseres Personals erkannten, sandten die Eltern ihre Kinder zurück an unsere Schulen. Viele der Schüler, die sonst keine Aussicht auf eine solide Ausbildung gehabt hätten, studierten später an Universitäten und wurden Ärzte und Ingenieure. Alle Ehre gebührt Gott und nur Gott!

Die Bevölkerung profitierte von der Infrastruktur unserer Schulen aber auch in geistlicher Hinsicht, indem die Schulen am Sonntag als Kirchen dienten. Viele Lehrer betätigten sich auch in der Missionsarbeit und halfen in den lokalen Gemeinden mit.

Gott lenkte unsere Schritte und half uns, sie gut auszubilden. Sister Jeyavadana, Brother Suresh Dhanakumar, Brother Mariadoss und Brother Rakesh übernahmen in dieser Reihenfolge die Verantwortung für diesen Dienst.

Doch angesichts der vierzig Millionen Kinder in Bihar, die noch immer keinen Zugang zu einer guten Schulbildung haben – so denken wir manchmal –, scheinen all unsere Anstrengungen nicht mehr zu sein als ein Tropfen auf einen heißen Stein.

Die Haltungen verändern sich

Drei Tage lang dienten Brother Santhappan und seine Frau Elsie in einem Ort namens K6. Sie versammelten Kinder unter einem Baum, brachten ihnen Lieder bei und erzählten ihnen Geschichten über Jesus.

Die Kinder hörten mit einem Mal auf zu streiten und Schimpfwörter zu benutzen. Als die Dorfbewohner die sichtlich positiven Veränderungen an ihren Kindern sahen, baten sie die Missionare, ihren Dienst fortzusetzen.

Brother Santhappan akzeptierte ihr Anliegen und fragte nach einem Platz, an dem er die Kinder versammeln könne. Ihnen wurde ein hinduistischer Tempel, dessen Decke aus Asbest bestand, zur Verfügung gestellt, um etwa 75 Kinder zu unterrichten und ihnen auch mehr über Jesus zu erzählen.

Die Kinder stammten alle aus extrem armen Familien; sie besaßen nicht einmal angemessene Kleidung. Sister Elsie nähte Kleider, indem sie einige ihrer alten Saris dazu verwendete.

In einer Ecke des Tempels stand ein Götzenbild. Eines Tages meinten die Kinder aus eigenem Antrieb heraus: «Dieser Gott da tut gar nichts», trugen ihn hinaus und warfen ihn weg. Danach vervielfachte sich der Segen.

Der Dorfoberste spendete sein Land und vergrößerte so die 0,8 Hektar, die wir bereits von der Regierung erhalten hatten. Ich legte den Grundstein einer Schule und einer Kirche in der Anwesenheit der Dorfbewohner, die sich dort versammelt hatten.

Verantwortung übernehmen

Nach der Gründungszeremonie wollte ich mit den Kindern reden und setzte mich zu ihnen. Ich ergriff die Hand des Kindes, das neben mir saß, und bemerkte, dass es wie ein Frosch kauerte und kaum etwas zu sehen schien. Dieser Junge sah nur auf einem Auge und war auch sonst sehr schwach.

Er lachte mich jedoch an und begrüßte mich mit einem fröhlichen: «Gelobt sei der HERR, Onkel!»

Er hieß Sambu und meinte, dass er neun Jahre alt sei. Sein Zustand war erschreckend.

Ich fragte nach seinen Eltern und sagte ihm, dass ich sie gerne kennen lernen würde.

Seine Mutter kam und stellte sich mir vor. Als ich mich bei ihr nach Sambu erkundigte, erzählte sie: «Er war ein normales und aktives Kind bis zu seinem fünften Lebensjahr. Dann erkrankte er an Polio und wurde zum Krüppel.»

Doch das erklärte nicht, weshalb er kaum etwas sah. Ich fand heraus, dass er dies purer Unwissenheit verdankte. Als er etwa sieben Jahre alt war, beklagte er sich über Augenschmerzen. Auf Anraten einiger Dorfältester wurde eine Mischung mit flüssigem Latex in seine Augen gegossen. Das Kind weinte bitterlich unter schrecklichen Schmerzen. Ein Auge versank komplett in der Augenhöhle, und das andere wurde dermaßen beschädigt, dass ihm darauf nur etwa zwanzig Prozent des Augenlichts blieben.

Während ich diese Geschichte hörte, liefen mir die Tränen übers Gesicht. Mein Herz litt mit ihm, denn all dies hätte problemlos vermieden werden können, wenn seine Familie nicht so unwissend gewesen wäre.

Als ich noch immer darüber grübelte, kam Brother Santhappan und sagte: «Du musst deshalb nicht weinen. Er schafft alles, was er sich vornimmt. Er begleitet mich sogar auf meinen Missionsreisen!»

Ich fragte Brother Santhappan, wie der Junge das schaffte.

Er antwortete: «Er kriecht auf Händen und Füßen. Er ist mein Gesangspartner, und wenn ich predige, sitzt er still in einer Ecke und betet, bis ich fertig bin. Danach greift er sich Traktate mit dem Mund und verteilt sie.»

Wieder traten mir Tränen in die Augen. Ich war überwältigt. Ich wandte mich an Sambu und fragte: «Warum tust du all das?»

Seine Antwort machte mich sprachlos: «Wenn ich meinem Volk das Evangelium nicht bringe, wer tut es sonst?»

Mein Herz explodierte fast vor Freude.

Wir nahmen ihn sofort unter unsere Fittiche. So wurde er der

Erste, den wir in unserem Heim für an Polio erkrankte Kinder aufnahmen. Zwölfmal wurde er im Christian Medical Hospital in Vellore operiert, bevor er wieder einigermaßen gehen konnte. Auch seine Augen wurden behandelt. Nach einiger Zeit gelang es ihm, Texte zu lesen.

Als die medizinische Behandlung abgeschlossen war, fragte ich ihn, was er werden wolle. Stolz sagte er, dass er dem HERRN dienen wolle, indem er seinem Volk das Evangelium bringt.

Nach dem Abschluss der zehnten Klasse studierte er an unserer Bibelschule. Heute arbeitet er als Evangelist in seinem Dorf und kümmert sich um fünf Kinder. Möge Gott noch viele Sambus mit einem Herzen für das eigene Volk aufrichten!

Unsere Horizonte erweitern

Renukoot ist eine Industriestadt. Die Firmengruppe «Birla» ließ sich hier nieder und bot vielen Menschen eine Arbeitsstelle. Missionare der «Elim Missionary Society» hatten sich in dieser Gegend lange vor uns niedergelassen. Um den Bedürfnissen der christlichen Familien, die auf der Suche nach Arbeit dorthin zogen, nachzukommen, gründete Reverend David Charles Lewis in der Stadt eine Kirche. Einige der Kirchenbesucher waren aus Uttar Pradesh, die meisten aber kamen aus Kerala und hatten einen syrisch-orthodoxen Hintergrund, was dem Reverend, einem Pfingstler, die Arbeit schwierig machte.

Auf der Suche nach einem Nachfolger fanden unsere Missionare in Mister S. Williams aus Lucknow in Uttar Pradesh einen geeigneten Kandidaten. Um ihn als Missionar auszurüsten, sandten sie ihn auf die Bibelschule in Hardoi. Er wurde dann nach seiner Rückkehr zum Pastor jener Kirche ernannt.

Man wollte die Aktivitäten der Kirche erleichtern und baute ein Haus für den Pastor auf einem neu erworbenen Grundstück. Es befand sich in einer entlegenen Gegend, ungefähr vier Kilometer von der Stadt entfernt, und besaß keine geeigneten Zugangsstraßen. Doch das durfte dem Vorhaben nicht im Weg stehen.

Zu Beginn der Bauarbeiten hatten der Bau des Pfarrhauses und eines Raumes für die Sonntagsschule Priorität. Damit während der Grundsteinlegung Gottesdienste stattfinden konnten, wurden diese im Sonntagsschulraum abgehalten. In einem Gottesdienst brachen Keraliten[14] einen Streit vom Zaun und verließen die Gemeinde. Es blieben nur fünfzehn Gottesdienstbesucher, darunter auch der Pastor.

Wenige Monate später kehrte auch Reverend D.C. Lewis in sein Heimatland zurück. Davon unbeeindruckt setzte Pastor S. Williams seinen Dienst fort. Er lebte mit seinen neun Kindern und seiner kranken Frau von einem winzigen Monatslohn. Sie hatten weder sauberes Trinkwasser noch sanitäre Einrichtungen. Auch die Kirche wuchs nicht. Zu allem Übel musste er auch die benachbarten Grundstücksbesitzer von seinem Land fernhalten.

Die Gemeinde kümmerte sich nicht um die Schwierigkeiten ihres Pastors. Trotz all dieser Probleme hielt Pastor Williams durch und setzte seinen treuen Dienst fort. Er besuchte einige wenige christliche Familien in Obra und Renusagar und leitete dort Versammlungen. Gott segnete diese. Doch die Kirche besaß nicht die Kraft, um den geistlichen Eifer der Menschen aufrechtzuerhalten.

Im Jahr 1980 stellte die «Elim Missionary Society» ihre Grundstücke in Renukoot und Dehri-on-Sone unter die Aufsicht der GEMS.

Die «Birla»-Gruppe beabsichtigte, eine Fabrik hinter unserem Grundstück in Renukoot zu bauen. Das Management kontaktierte mich, weil ein geplanter Zufahrtsweg von der Hauptstraße zur Fabrik über unser Grundstück führen sollte. Ein anderer Bauunternehmer, Mister Dayashankar Singh, der ebenfalls ein Grundstück besaß, das den Weg zur Fabrik blockierte, löste das Problem, indem er ihnen einen alternativen Zugangsweg anbot.

Daraufhin wurden viele Wohnviertel in unserer Nachbarschaft errichtet, und die Grundstückspreise schossen in die Höhe. Dies gab uns Verhandlungsspielraum, und wir beschlossen, dem Zufahrtsweg zuzustimmen, vorausgesetzt, wir erhielten gewisse Privilegien von der Firma. Eine Mauer wurde zum Schutz um die Kirche herum gebaut. Eine Ecke des Grundstücks würde als Friedhof dienen. Wir beschlossen, auch hier ein englisches Gymnasium zu bauen.

Brother Jeyasingh David, ein Luftwaffenoffizier, kehrte nach seiner Ausmusterung in seinen Heimatort Nagercoil zurück und eröffnete dort eine Kokosfaserfabrik. Die Fabrik machte enorme Verluste. Während dieser Testphase besuchten er und seine Frau Johnsey eine von Reverend Theodore Williams geleitete Versammlung, bei der sie den Ruf in den Dienst erhielten.

Sie gehorchten dem Herrn, schlossen ihre Firma und nutzten ihre Zeit zum Predigen. Während einer meiner Versammlungen erhielten sie den Ruf nach Nordindien und kamen nach Bihar, um mit uns zu arbeiten. Nachdem sie einige Jahre in Sikaria gedient hatten, gingen sie nach Renukoot.

Als wir den Gründungsprozess des englischen Gymnasiums in Erinnerung an Reverend D.C. Lewis in Renukoot einleiteten, versuchten einige Christen mit der Unterstützung von Hooligans und Aufrührern, unsere Pläne zu vereiteln. Pastor Williams verteidigte uns und schlug den Widerstand zurück.

Wir fasteten und beteten Tag und Nacht, bis Gott unsere Gebete erhörte. Es gelang uns, die Schule trotz des Widerstandes aus der Taufe zu heben. Seitdem ist sie stetig gewachsen, und heute ist sie eine angesehene Schule und bietet über zweihundert Schülern eine solide Ausbildung. Sie ist Mitglied des «Council For The Indian School Certificate Examinations» (CISCE) in Neu-Delhi. Gott stellte uns auch die Mittel für die Errichtung einer großen Gebetshalle auf dem Grundstück der Schule zur Verfügung.

Dann konzentrierten wir unsere Anstrengungen auf den Bau von Gymnasien in den benachbarten Regionen. Dies erwies sich als hervorragendes Instrument, um das Evangelium zu verkünden. Zudem wurden einige Kirchen in der Region um Renukoot herum gegründet, um den geistlichen Bedürfnissen der Christen gerecht zu werden.

Obwohl einige sogenannte «nominelle Christen» (Namenschristen) uns aus verschiedenen Gründen vor Gericht anklagten, hat uns Gott siegreich geleitet. Die Gründung von hindisprachigen Gymnasien erlaubte es uns, unseren Dienst bis in den Distrikt Sonbhadra im Bundesstaat Uttar Pradesh und sogar bis in den Bundesstaat Madhya Pradesh auszuweiten.

Den Drohungen widerstehen

Unser 100-Schulen-Projekt umfasste auch die Gründung von fünfzehn Schulen in der Region von Rohtas. Wir hofften, dass diese Schulen auch unserer Evangelisationsarbeit auf den Hügeln zugutekommen würden. Brother Shanmugam stammte aus einer überzeugten Hindu-Familie in Tuticorin, doch er nahm Jesus als seinen Herrn und Heiland an. Er brannte darauf, sich zusammen mit seiner Frau Mary auf den Hügeln niederzulassen und dort zu dienen.

So wurde die Evangelisationsarbeit – inmitten der Bedrohung durch die Naxaliten – in dieser Region wiederbelebt. Das Ehepaar wurde von der mutigen und unermüdlichen Arbeit von Brother Saravanan und seiner Frau unterstützt.

Brother Augustin Rajasekar von der «Intercessory Prayer Group» in Mudalur brachte des Öfteren Menschen nach Bihar, um in ihnen die Liebe und eine Vision für Nordindien zu wecken. Brother Chandran, ein Regierungsbeamter aus Chennai, war einer von ihnen. Er wollte dieselbe Vision und Liebe in noch mehr Menschen wecken und begann, GEMS-Versammlungen in Chennai zu organisieren. Er richtete zwei Zimmer in seinem Haus für diese Arbeit ein.

Eine andere Person, die von Brother Augustin Rajasekar nach Bihar gebracht wurde, war Brother Antony Raj, der der Kirche in Kirubasanam angehörte. Die schrecklichen Bedingungen, unter denen die Menschen in den Hügeln von Rohtas lebten, bewegten ihn, dortzubleiben und unter ihnen zu dienen. Er heiratete eine Krankenschwester namens Allin. Zusammen arbeiteten sie für die Verbesserung der Lebensumstände der Hügelbewohner. Sie hatten drei Kinder.

Unglücklicherweise erkrankte Allin und starb im besten Alter. Sie war eine liebevolle und gastfreundliche Seele gewesen, die jedem stets mit einem Lächeln begegnete.

Obwohl der Dienst in Rohtas von vielen Rückschlägen geprägt war, konnte er dank des selbstlosen Einsatzes zahlloser Diener Gottes fortgesetzt werden.

Die verwandelnde Macht Jesu

Die erlösende Macht Gottes hatte die Haltung vieler Christenfeinde verändert, nicht einmal Mörder und Naxaliten blieben von ihr «verschont». Ich möchte von einigen dieser Ereignisse erzählen, bei denen Menschen mit solchen Biografien berührt wurden und ihr Leben Christus übergaben.

Raja Ram, alias Paul Singh, war ein desillusionierter junger Mann. Nachdem er seinen Vater noch im Kindesalter verloren hatte und seine Mutter ihn mit einem anderen Mann verlassen hatte, wurde er innerlich bitter und entwickelte einen Hass auf die Welt. Sich selbst überlassen, gelang es ihm irgendwie, seine Schulausbildung abzuschließen.

Um die Leere in seinem Herzen auszufüllen und den Schmerz zu lindern, schloss er sich den Naxaliten an. Sein Leben wurde verwandelt, als er die Liebe und Begeisterung der Kinder in unserem Waisenhaus kennen lernte. Er übergab sein Leben dem HERRN und ging auf die Bibelschule. Nun ist er ein aktiver Diener Gottes und arbeitet unter den Hochschulstudenten in Gaya.

Jogheshwar Peter, ein Hindu-Priester, der sich nachts als bewaffneter Räuber verdingte, wurde von der erlösenden Gnade Gottes verändert. Als talentierter Komponist und Sänger benutzt er seine Talente heute, um Gott zu verherrlichen.

Baleshwar Timothy, angezogen von der Botschaft der Liebe, wurde ein überzeugter Anhänger Christi. Früher war er ein extremistischer Bajrang-Dal-Aktivist[15] gewesen.

Suresh Kumar, der Anführer einer Gruppe von Naxaliten, tauschte seine Waffe gegen das Evangelium und ist jetzt ein Soldat Christi.

Die Liebe Gottes verwandelte Umesh Paswan, einen Kriminellen, in einen Diener Gottes.

Rakesh und Vinod, früher Waffenschmuggler, bauen heute am Reich Gottes.

Sashikumar (Name geändert) war ein Naxalit, der als Anführer von 127 Männern in den Hügeln von Rohtas lebte. Nachdem er von mir gehört hatte, ließ er mich wissen, dass er mich geheim zu treffen wünschte. Ich versprach ihm Stillschweigen und schlug ihm einen Treffpunkt vor.

Als ich ihn an der vereinbarten Stelle sah, begrüßte ich ihn herzlich mit einer Umarmung und nannte ihn meinen Bruder. Bei unserer Umarmung konnte ich die Waffe an seinem Rücken spüren. Er hatte um ein zweistündiges Gespräch gebeten, doch ich sagte ihm, ich hätte nur 45 Minuten Zeit.

Nachdem wir eine Weile miteinander gesprochen hatten, berührte ich ihn unabsichtlich, worauf er eine Zeichensprache zu benutzen begann. Ich war etwas verdutzt, ignorierte es jedoch, da ich annahm, dass er Spione ausgemacht hatte und sie nun in die Irre führen wollte.

Eine Woche später erfuhr ich durch Missionare, was wirklich geschehen war: In dem Moment, in dem ich ihn berührt hatte, verlor er vorübergehend die Stimme. Er war verängstigt und fragte die Missionare, weshalb das geschehen war. Als sie ihm sagten, dass ich ein vom Heiligen Geist gesalbter Diener Gottes war, war er wirklich sprachlos. Er hatte nie zuvor davon gehört. Er wollte mehr über den Heiligen Geist erfahren. So erhielten die Missionare die Gelegenheit, mit ihm über das Evangelium zu reden und ihm ein Neues Testament zu geben.

Sashikumar konnte seinen neugefundenen Glauben nicht für sich behalten, und so verkündete er seinen Glauben an Jesus Christus bei einem Extremistentreffen in Delhi. Dies verärgerte seine Kollegen dermaßen, dass sie heimlich sein Essen vergifteten. Er genoss sein Mahl noch, verlor aber kurze Zeit später das Bewusstsein. Sie ließen den Totgeglaubten zurück, um ihn später in den Yamuna-Fluss zu werfen.

In einem noch halbbewussten Zustand hatte er jedoch den Namen Jesu angerufen, und die Wirkung des Giftes war schnell verflogen. Er konnte entkommen und rannte zu unserem Haus.

Kaum hatte ich die Tür geöffnet, sagte er: «Jesus lebt», und erzählte mir dann seine Geschichte. Er versprach uns, von nun an für Jesus zu leben. Er bat mich, ihm mehr über Jesus beizubringen, damit er ein wahrer Jünger Jesu sein konnte.

Sein Leben war allerdings weiterhin in Gefahr. Er wurde gleichzeitig von der Polizei und von Kopfgeldjägern gejagt. Extremisten, die sich früher seine Freunde genannt hatten, wollten jetzt sein Blut fließen sehen. Dann verunglückte seine elfjährige Tochter tragischerweise in einem Feuer. Sein starker Glaube an Christus zeigte sich, als er die Nachricht stoisch entgegennahm und meinte, seine Tochter sei jetzt bei Jesus, er werde sie bald wiedersehen.

Einige Monate später, als er auf dem Weg zu einem Treffen mit mir war, wurde er von der Polizei verhaftet. Die Verantwortung, für seine Frau und die drei verbliebenen Kinder zu sorgen, fiel auf uns. Doch er nutzte die Gelegenheit dazu, seinen Mitgefangenen von Jesus zu erzählen.

Er gab sich aber nicht damit zufrieden, als Einzelkämpfer im Gefängnis zu evangelisieren, sondern lud irgendwann auch uns noch ein, mit den Gefangenen über die Liebe Christi zu reden. So ermöglichte es Gott uns, durch einen ehemaligen Extremistenführer zahlreiche Gefangene für sein Reich zu gewinnen.

Das Evangelium Christi hat die Macht, sogar Mörder in nützliche Mitglieder der Gesellschaft und des Reiches Gottes zu verwandeln. GEMS arbeitet weiterhin unter dem Motto: «Menschen verwandeln, um Nationen zu verwandeln.» Es ist in der Tat eine Gute Nachricht für verlorene Seelen.

Tochter, du bist kostbar

Wir gründeten ein Trainingsprogramm in Gamaria in Jharkhand, an dem ausschließlich Frauen teilnehmen konnten. Doch einige asoziale Personen griffen diesen Dienst an, so dass wir es auf das Grundstück der GEMS in Sikaria verlegten. Zu Beginn war Sister Thangathai für das Frauenzentrum verantwortlich, danach übernahm Sister Packialatha die Verantwortung. Sister Thangathai, Sister Packialatha und Sister Regina waren Lehrerinnen an unseren Schulen, und später wurden sie Missionarinnen.

Um Kinder in die Herde Christi zu bringen, gründeten wir einen besonderen Dienst. Wir produzierten Lieder, Bücher und Monatszeitschriften für sie. Heute erreichen wir dank dieser Literatur Tausende Kinder mit dem Evangelium.

Sister Vasuki, Sister Rani und Sister Catherine beschlossen, unverheiratet zu bleiben, um dem Reich Gottes zu dienen. Ihr Opfer für das Evangelium ist nachahmenswert.

Gott schenkte uns auch ein Gebäude, in dem wir zwanzig Frauen gleichzeitig ausbilden können. Diese Frauen waren aufgrund ihres Glaubens von ihren Familien verstoßen worden. Wir bringen ihnen jetzt die Stick- und Nähkunst bei. Nach ihrem Training erhalten sie eine Nähmaschine, damit sie ihren Lebensunterhalt verdienen können. Brother Michael und seine Frau Jhansi übernahmen die Verantwortung für dieses Programm.

Die erste Trainingseinheit in Sikaria war so erfolgreich, dass wir eine zweite Einheit in Patna gründeten und etwas später eine dritte in Makdhampur. Alle drei Einheiten arbeiten erfolgreich. Wir planen, weitere Einheiten an anderen Orten zu eröffnen.

7. Kapitel
Über die Grenze

Exponentielles Wachstum und erweiterte Horizonte

Gottes Verheißung auf «Wachstum im dritten Jahrzehnt» erfüllte sich in allen Bereichen des GEMS-Dienstes. Während Heiner Hennys Besuch in Bihar im Jahr 1989 sah er mit Freude, was wir durch unsere Arbeit erreicht hatten. Einmal, wir standen auf dem knapp drei Hektar großen Nachbargrundstück und sprachen über unser Missionsfeld, kam er auf das Thema «Expansion» zu sprechen.

Er meinte, die Größe unseres Grundstücks genüge den Ansprüchen unseres Dienstes nicht mehr. Also schlug er vor, mehr Land zu akquirieren, das er auch gerne finanzieren würde. Falls die Preise sich in vernünftigem Rahmen bewegten, würde er uns das Okay für den Landerwerb geben.

Einige Monate später erzählte mir der Besitzer des Grundstückes, auf dem wir gestanden und uns unterhalten hatten, dass er es verkaufen wolle. Eine Stahlfirma hätte ihm 3,2 Millionen Rupien geboten.

Ohne Hintergedanken fragte ich: «Hast du vergessen, dass dein Nachbar eine Schule ist?» Er war zwar bereit, uns das Grundstück zu verkaufen, doch ich verwarf die Idee, da der von ihm verlangte Preis viel zu hoch war. Er überstieg unsere Mittel, also verschwendete ich keinen weiteren Gedanken mehr daran.

Zwei Monate später suchte er mich abermals auf und fragte, wie viel wir dafür zahlen würden. Ich bot ihm 1,4 Millionen Rupien an, also damals etwa 25.000 Schweizer Franken bzw. 30.000 DM, was heute etwa 15300 Euro entspricht. Er wollte 1,6 Millionen, nur noch die Hälfte dessen, was die Stahlfirma ihm geboten hatte! Das Angebot war zu gut, um es auszuschlagen. Ich erbat mir einen Monat Bedenkzeit, da eine Reise nach Europa vor mir lag.

Mit meiner Frau flog ich zu Heiner in die Schweiz, wo wir zehn Tage verbrachten. Weder sie noch ich verloren in der Zeit auch nur ein Wort über das Grundstück. Wir setzten unsere ganze Hoffnung auf Gott und waren uns sicher, dass er das Nötige in die Wege leiten würde.

Gemäß unserem Reiseplan sollte ich nach Deutschland weiterreisen und meine Frau nach Indien zurückfliegen. Heiner brachte uns zum Flughafen, doch auf der Fahrt dorthin schien ihn irgendetwas zu bedrücken. Ich fragte ihn, ob er sich unwohl fühle. Er antwortete, dass Gott ihn die ganze Nacht nicht habe zur Ruhe kommen lassen, und wollte wissen, ob er mir irgendetwas versprochen habe.

Ich blickte mit einem dankbaren Lächeln zu meiner Frau und erwähnte die drei Hektar Land. Da erinnerte er sich an sein Versprechen und entschuldigte sich für sein Versäumnis. Er versicherte uns, dass wir das Geld noch vor meiner Rückkehr erhalten würden.

Wir waren sprachlos: Das war für uns die Bestätigung von Gottes Verheißung! Der Verheißung Gottes aus dem Jahr 1973, als er mir im Gebet sagte: «In diesem Jahr wirst du essen, was von selbst wächst, im zweiten Jahr, was daraus resultiert. Im dritten Jahr aber säe und ernte, pflanze Weinberge und iss seine Früchte.» Ich verstand jetzt, dass dies die Erfüllung der Verheißung im dritten Jahrzehnt unseres Dienstes war.

Gottes Agenda folgt einer anderen Zeitrechnung als unsere Pläne.

Wir hatten vor, etwa zweihundert Gebiete nach Postleitzahlen zu evangelisieren, die das Evangelium noch nicht erreicht hatte. Wir nannten es das PEACE-Programm, «Pin Code Evangelism and Church Establishment» («Postleitzahlenevangelisation und Kirchengründung»).

Nachdem wir die notwendigen Informationen gesammelt hatten, erließen wir einen Missionsaufruf an Christen in Nord- und Südindien und wählten dann im Jahr 2000 vierhundert Personen für ein 21-tägiges Trainingslager aus, um sie für den PEACE-Dienst vorzubereiten. Diese wurden dann unter der Leitung erfahrener Missionare in die verschiedenen Regionen geschickt, wo sie zwei Jahre lang dienten. Wir nannten sie die PEACE-Missionare.

Das Projekt machte es uns möglich, mit Gottes Hilfe innerhalb von zwei Jahren zweihundert neue Missionsfelder zu erschließen. Die Mitarbeiter, die länger bleiben wollten, wurden danach zu vollzeitlichen Missionaren.

Irgendwann wurde uns klar, dass viele Hochschulen nicht einen einzigen Christen unter ihren Studenten hatten. Um vierzehn Universitäten in Varanasi, Patna, Allahabad, Ranchi, Dhanbad, Muzaffarpur, Tatanagar und Gaya mit dem Evangelium zu erreichen, riefen wir im Jahre 2002 die STORM-Bewegung – «Students Out-Reach Ministries» («Studenten-Erreich-Dienst») – unter der Leitung von Brother Isaac Jeyakumar ins Leben.

Wir sahen diese Arbeit als Teil unserer missionarischen Horizonterweiterung. Der HERR berief dazu Brother Isaac, einen hohen Beamten im Ministerium für Landwirtschaft, und seine Frau Dolly, eine Hochschuldozentin. Beide gaben ihre komfortable Tätigkeit auf, um dem HERRN zu dienen.

Während unserer Gebets- und Fastenzeit im Jahr 2000 erhielten wir die Prophezeiung, dass diejenigen, die in Bihar ausgebildet worden waren, auf Missionsfeldern in unzugänglichen Ländern der Welt arbeiten würden.

Brother Sam und Sister Sophia aus Tuticorin arbeiteten zu

der Zeit unter Studenten. Als sie von unseren Plänen erfuhren, die Menschen in Afghanistan zu erreichen, boten sie uns freiwillig ihre Dienste an. Wir sandten sie in den Iran, wo sie einige Jahre unter afghanischen Flüchtlingen arbeiten sollten.

Unterdessen hatten unsere Rundbriefe auch Geschwister in Singapur berührt. Einige von ihnen gründeten die GEMS-Singapur. Ihre missionarischen Anstrengungen brachten das Evangelium zuerst nach Malaysia, dann nach Myanmar. Nepal, bis dato ein verschlossenes Land, öffnete sich, und wir konnten auch dort dienen.

Die Ausweitung unseres Dienstes überschritt so Staatsgrenzen, neue Missionsfelder wurden in vielen weiteren Nationen gegründet, und wir sahen mit unseren eigenen Augen die Erfüllung der Prophezeiung. In demselben Maß, in dem unser Horizont sich ausdehnte, stillte Gott auch unsere wachsenden Bedürfnisse. Unsere Anstrengungen, ein missionarisches Bewusstsein unter den Südindern zu wecken, führten dazu, dass viele von ihnen unseren Dienst unterstützten.

Wir verdanken es der Treue Gottes, dass alle unsere Mitarbeiter von indischen Christen finanziert werden.

Helfende Hände aus ganz Tamil Nadu

Meine Predigten bei Konferenzen und Erweckungsversammlungen hatten zur Folge, dass unsere Unterstützer immer zahlreicher wurden. Die Erfahrungen auf dem Missionsfeld inspirierten meine Zuhörer, und die kraftvolle Predigt, mit der das Evangelium mutig verkündigt wurde, hinterließ einen tiefen Eindruck bei ihnen. Ihre Liebe für verlorene Seelen wuchs. Man wollte uns nun auf alle möglichen Weisen unterstützen.

Speziell im Distrikt von Kanyakumari fühlten sich die Menschen durch die Missionsdienste der «Youth Prayer Fellowship»

(YPF) und der «Nagercoil Prayer Fellowship» (NPF) zur Mitarbeit motiviert. Brother Rolands und Brother Jacob von der NPF waren die Schlüsselfiguren dieser Bewegung. Zwei von Brother Rolands Kindern sind heute GEMS-Missionare. Brother Kanagaraj (aus Verkizhambi) konzentrierte sich auf den Westen des Distrikts von Kanyakumari.

Anfänglich war ich in Chennai noch herzlich willkommen geheißen worden, und viele Pastoren hatten mich in ihre Kirchen eingeladen. Jetzt allerdings schlug die Stimmung um. Ihnen gefiel meine Haltung gegenüber ihrer Wohlstandsdoktrin nicht.

Mit biblischen Grundsätzen widersetzte ich mich vehement dieser Lehre. Ich nannte dabei niemanden namentlich, doch es fühlten sich etliche von mir angegriffen. Sie nahmen mir meine Haltung sehr übel und versuchten, andere von ihrer Meinung zu überzeugen. Ich hatte kein Problem damit, Pastoren entgegenzutreten, die das Volk Gottes in die Irre führten und es dazu benutzten, ihre eigene Habgier zu befriedigen. Einige Pastoren befürchteten, dass die Menschen ihre Spenden, auf die sie einen Anspruch zu haben glaubten, nach Nordindien schicken könnten!

Ich widersetzte mich Missionsdiensten, die die Menschen daran hinderten, Gottes Willen zu tun. Dabei merkte ich, wie ich missverstanden wurde, wenn ich gelegentlich meinen Kummer angesichts solcher Pastoren und Dienste zum Ausdruck brachte. Einige unterstützten mich jedoch, als sie erkannten, dass meine einzige Absicht war, die Verwässerung und Verfälschung des Wortes Gottes zu verhindern.

Die jüngere Generation akzeptierte meine Botschaft mit größerer Bereitschaft. Es war noch nicht alles verloren. Geschwister wie Pastor Arputharaj (aus Poonamallee, einem Vorort von Chennai) tat öffentlich seine Unterstützung für unsere Missionare kund.

Ich erwähne mit Dankbarkeit auch die Unterstützung von Brother Antony Livenus in den Distrikten Tuticorin und Tirunelveli, von Brother Peter Isaac Raj in der Region von Nazareth und die Unterstützung der «All Night Prayer Fellowship» in Sawyerpuram, ebenfalls in Tuticorin. Sie waren es, die in ihren Regionen die Menschen für unseren Dienst mobilisierten.

Später erhielten wir durch Brother Ebenezer zusätzliche Unterstützung, der, mit der Hilfe von Pastor Joseph Balachandran und Pastor Rajan (Pasumalai), seine Anstrengungen intensivieren konnte.

Brother Albert half uns in der Region von Madurai. Pastor Ravi Gomas (Kovilpatti im Distrikt Thoothukudi) und Brother Arockian rekrutierten Unterstützer in Kovilpatti, Sattur und Sivakasi. Brother Godwin, Pastor Sekar und Pastor Nallathambi führten GEMS-Dienste in der Region von Kodaikanal ein. Brother Xavier und Brother Ravi machten unseren Dienst in Trichy (Kurzform; eigentlich Tiruchirappalli) und Tanjore (heute Thanjavur) bekannt.

Brother Emerson, Brother Arputharaj, Brother Ravi Samraj und Brother Jebaraj gewannen Unterstützer in Coimbatore und Umgebung. Brother Asirvatham war von unschätzbarem Wert auf unserer Suche nach Unterstützern in Regionen, in denen uns niemand kannte. Pastor Vincent und die Mitglieder seiner Kirche arbeiteten für uns in der Region von Pondicherry.

Keine Waffe gegen meine unerschütterliche Gottesliebe

Nach dem traurigen Tod von Brother Peter Isaac Raj übernahm Brother Asirvatham die Leitung der Öffentlichkeitsarbeit, Brother Albert Paul leitete das dazugehörige Büro. Sie alle waren ehrenamtlich tätig. Dabei trugen sie die Verantwortung für die Unterstützung unseres Dienstes und machten die GEMS in der Folge zu einer von Freiwilligen getragenen Organisation. Heute haben wir mehr als dreihundert ehrenamtliche Mitarbeiter, die aktiv die Arbeit der GEMS bekannt machen.

Meine Veranstaltungen in Tamil Nadu begannen, riesige Menschenmengen anzulocken. Vielen, die dem Wort Gottes nicht treu blieben, gefiel das ganz und gar nicht. Da ich aber offen auch die ansprach, die andere Menschen vom Wort Gottes entfernten, schuf ich mir viele Feinde.

In Nagercoil musste ich öffentlich einen Pastor zurechtweisen, der einige Tage vorher bei einer Versammlung die Wohlstandsdoktrin gepredigt hatte. Das ärgerte diesen dermaßen, dass er eine Bande Krawallmacher zu mir schickte. Sie drohten mir mit ernsthaften Konsequenzen, sollte ich die geplanten Versammlungen durchführen.

Auch meinen Chauffeur Brother Amalraj verschonten sie nicht. Doch er hatte Courage genug, ihnen zu entgegnen: «Ich weiß, dass Brother Jebakumar keine Angst hat. Er wird nicht zurückweichen, und ich werde ihn zu den Versammlungen fahren.» Dann fügte er noch hinzu: «Wir werden ja sehen, was passiert.» Wütend zog die Bande ab.

Die Veranstaltung begann, doch sie erkannten bald, dass ein frontaler Angriff keine gute Idee wäre, da die versammelte Menge sehr groß war. Also wählten sie eine subtilere Taktik: Sie fanden einen Rowdy, füllten ihn mit Alkohol ab, gaben ihm ein Messer und wiesen ihn an, sich als Teilnehmer auszugeben und um Gebet zu bitten; um dann, wenn er nahe genug war, anzugreifen. Dieser Plan wurde allerdings von den Organisatoren aufgedeckt, und der Mann konnte festgenommen werden.

Doch damit war die Geschichte noch nicht zu Ende. Später erfuhren wir, dass ein weiterer Rowdy angeheuert worden war, um auf mich zu schießen. Er wurde jedoch von der Macht Gottes gehindert, bevor er handeln konnte. Ein paar Teilnehmer und Schüler der «Duthie Secondary School» fanden ihn in einem verlassenen Ortsteil bewusstlos auf dem Boden liegend. Sie holten ihren Heimleiter herbei, der ihn wachrüttelte, im Glauben, es handle sich bloß um einen Betrunkenen. Verwirrt fragte der Mann: «Ist er entkommen?», ergriff seine Waffe und flüchtete.

Solche Attacken waren nicht selten, aber letztlich scheiterten sie alle. In Bihar waren Angriffe dieser Art sogar die Regel, doch dort waren sie einfacher zu verzeihen, da die Menschen, die diese Verbrechen begingen, Christus nicht kannten. Im Süden jedoch waren die Täter oftmals Christen!

Als sie die riesigen Mengen von Unterstützern für unseren Dienst sahen, begannen einige Missionsorganisationen eine vorgetäuschte Werbekampagne, um die Menschen davon abzuhalten, für uns zu spenden. Sie scheiterten in ihrem Vorhaben, denn die Gemeinden der «Church of South India» (C.S.I.), der Pfingstgemeinschaften und der lutherischen Kirchen sagten uns ihre volle Unterstützung zu.

Unsere Organisation war an keine Denomination gebunden und brachte Menschen mit der gemeinsamen Vision zusammen, den König der Könige in jedem Winkel der Erde bekannt zu machen.

GEMS wurde in Mumbai durch Brother Daniel und Pastor Densingh bekannt gemacht. Brother James, Brother Godwin, Brother Sujar, Doktor Sam und Brother Job führten den GEMS-Dienst mithilfe der Pastoren Manivannan und Theodore in Bangalore (heute offiziell Bengaluru; die Hauptstadt des Bundesstaates Karnataka und drittgrößte Stadt Indiens) ein. Sie alle gehörten unterschiedlichen Denominationen an und arbeiteten dennoch als ein Team.

Es gelang uns auch in Südindien, in vielen Herzen das missionarische Feuer zu entfachen. Nicht wenige gaben ihre Arbeitsstelle auf, um unter dem Dach der GEMS zu dienen, ohne Zweifel daran, von der Vision Gottes geführt zu sein.

So brachte Gott viele talentierte Brüder und Schwestern zu uns: Die Familien von Brother Arulraj, Brother Arockiadoss, Brother Ashok, Brother Prabakar und Brother Bell sind nur einige Beispiele dafür. Sie hatten von Gott einen Ruf erhalten, und diesem verpflichteten sie sich zum treuen Dienst.

Doch auch viele junge Menschen folgten dem Ruf Gottes; einer von ihnen ist Pastor Gell Knight aus dem Bundesstaat Kerala, ein großer Unterstützer unseres Dienstes. Oder auch die Familie von Brother John, die sich als unschätzbare Hilfe für die Arbeit im Bundesstaat Andhra Pradesh erwies.

Wir haben keinen Zweifel daran, dass Gott unsere Organisation segnet.

Giganten bezwingen

Mehrere Monate lang wurden wir auf dem Missionsfeld im Bezirk Hatta (im Bundesstaat Madhya Pradesh) immer wieder von ein und derselben Person belästigt. Er versperrte die Türen unserer Schule, bedrängte den Pastor und die Mitglieder unserer Kirche und versuchte, uns auch sonst überall ein Ärgernis zu sein.

Sobald ich davon erfuhr, ließ ich ihn wissen, dass ich ihn gern kennen lernen wollte, und lud ihn zu mir ein. Er kommunizierte mir daraufhin, dass er eine zu wichtige Persönlichkeit sei, um irgendwo hinbeordert zu werden. Falls ich mich mit ihm treffen wolle, müsse ich schon zu ihm kommen.

Darauf ließ ich mich allerdings nicht ein, sondern bat einen lokalen Polizeibeamten, dem Mann klarzumachen, dass er zu mir ins Büro zu kommen habe. Dabei sollte er ihm aber auf jeden Fall deutlich machen, dass er ihn nicht verhaftete. Der Polizeibeamte suchte ihn auf und nahm ihn ohne Widerstand mit.

105 Kilometer legte der Mann dann mit seinem bewaffneten Leibwächter auf dem Motorrad zurück, um mich zu treffen. Während der Fahrt wurden sie in einen kleinen Unfall verwickelt. Der Mann wurde von einem Lastwagen gerammt und vom Motorrad geschleudert. Auf dem Boden liegend, hörte er eine Stimme: «Du wirst in Kürze mein Kind sehen. Sieh zu, dass du dich anständig benimmst.» Völlig perplex stand er auf, klopfte sich den Staub von den Kleidern, setzte seine Reise fort und erreichte schließlich unser Grundstück.

Meiner ansonsten unerschrockenen Sekretärin Sister Dorothy rutschte beim Auftritt des Kriminellen und seines bewaffneten Leibwächters das Herz in die Hose. Sie war zuvor Angestellte der Bundesregierung gewesen, hatte ihre Arbeitsstelle aber aufgegeben, um dem Herrn zu dienen. Verängstigt kam sie in mein Büro und informierte mich über das Eintreffen der beiden Männer. Ich wies sie an, den Pöbler hereinzubitten.

Trotz seines Unfalls inszenierte er, bei mir angekommen, ein arrogantes Spektakel.

Der Mann hatte unseren Campus genau in dem Moment erreicht, in dem die Kinder das Heim verließen, um zur Schule zu gehen. Mit in Szene gesetzter Überheblichkeit und Arroganz betrat er mein Büro und zog einen Stuhl heran, um sich zu setzen.

Ich zeigte mich ungehalten und gab ihm eine Lektion, wie man sich ordentlich benimmt: «Wenn man ein Büro betritt, setzt man sich erst, wenn man dazu aufgefordert wird.»

Da er es nicht gewohnt war, dass man so mit ihm umging, erhob er sich augenblicklich wieder.

Ich bat ihn höflich, sich zu setzen.

Sein Leibwächter hatte die ganze Zeit über still neben ihm gestanden.

Da ich mir die Gelegenheit nicht entgehen lassen konnte, fragte ich ihn: «Wer ist größer? Jener, der den Krüppel gesundmacht, oder der, welcher den Gesunden zum Krüppel macht? Wer ist furchtloser: Jener, der die Welt ohne Waffe bereist, oder der, der seine Waffe immer mitnimmt, wohin er auch geht?»

Der Leibwächter war noch nie mit einer solchen Frage konfrontiert worden und schaute etwas unglücklich aus der Wäsche. Ich mimte den perfekten Gastgeber und bot ihm ein kaltes Getränk an.

Da er von meinem Empfang noch immer irritiert war, lehnte er das Getränk dankend ab. Er stammelte irgendetwas über die Nutzlosigkeit seines teuren Gewehrs und machte sich aus dem Staub. Der Gigant war bezwungen.

Als Sister Dorothy sah, wie dann der Pöbler schweigend verschwand, kommentierte sie die Szene erstaunt mit: «Er kam wie ein Löwe und ging wie ein Schaf!»

Das Beste an der ganzen Geschichte ist, dass Gott dem Mann die Augen öffnete. Als er nach Hause kam, erzählte er unserem Missionar, dass er seit langem auf der Suche nach Gott gewesen war und dass er ihn endlich gefunden hatte. Er versprach dem Missionar, dass er alles tun würde, um ihn zu beschützen.

Einige unserer Missionarinnen besuchten ein nahegelegenes Dorf namens Navadi, um dort das Evangelium zu verkündigen. Dort stießen sie auf Widerstand und wurden von sechs Studenten der «Banaras Hindu University» davongejagt.

Diese Studenten suchten mich auf, um mir mitzuteilen, dass sie sich von der Art und Weise, wie die Missionarinnen über ihre Götter sprachen, beleidigt und verletzt gefühlt hatten. Sie wollten, dass ich meine Leute anwies, nur über Jesus zu sprechen und nicht über ihre Götter.

Ich antwortete: «Wir haben nicht einmal genügend Zeit, um über Jesus zu reden. Weshalb sollten wir über eure Götter reden? Selbst wenn wir es täten: Unser Leben würde nicht ausreichen, um die Namen eurer 330 Millionen Götter aufzuzählen!»

Dies leuchtete ihnen ein, und sie waren nun bereit, mir zuzuhören. Sie kauften uns sogar ein Neues Testament ab, bevor sie sich verabschiedeten! Wir begriffen schlagartig, dass alle, die in mein Büro kamen, von der unwiderstehlichen Gegenwart Gottes berührt wurden. Hatte nicht auch König Saul, der David verfolgte, in der Gegenwart Samuels prophezeit?

Der Eifer für Gott ist nicht aufzuhalten

Erst rückblickend wird erkennbar, wie oft ich den Attacken des Feindes ausgesetzt war! Ich erlitt zwei schwere Unfälle. Beim ersten, mit dem Motorroller, musste eine Wunde in meinem Gesicht mit 23 Stichen genäht werden. Der zweite, diesmal mit einem Motorrad, kostete mich vier Zähne.

Auch meine Frau hatte kein einfaches Leben. Als Kind litt sie an schweren Ausschlägen. Ihr Leiden war so groß, dass sie sogar daran gedacht hatte, sich in einen Kanal zu stürzen, um ihren Schmerzen ein Ende zu setzen. Die Ausschläge kamen und gingen. Als sie unser drittes Kind erwartete, schwollen ihre Beine an und sonderten ein Sekret ab, so dass es ihr unmöglich war, zu gehen. Sie litt auch an Magenproblemen und musste sich deshalb drei Operationen unterziehen. Bei einem Missionsdienst erkrankte sie an Filariose, einer Fadenwurminfektion.

Mitten im Unterricht an einer Schule in Chatni Bigha, in der Nähe von Rohtas, brachen die Ekzeme erneut aus. Die

Schwestern, die sie begleiteten, bewunderten ihr Durchhaltevermögen.

Das Thema des Kurses war «Jesus heilt». Während sie mit den Kindern über dieses Thema sprach, betete sie zu Gott um Heilung.

Und Gott heilte sie und ehrte damit ihren Glauben und ihren Mut. Bis heute hat sie nie wieder an Ausschlägen gelitten. Gott gewährte ihr Heilung und entfernte so alle Hürden, die sich unserem Dienst in den Weg gestellt hatten.

Die Flügel ausbreiten

Unterdessen ergaben sich neue Gelegenheiten, in Europa meine Botschaft weiterzugeben. Eine Schwester stellte Kassetten mit meinen Predigten unter dem Titel «Gottes Plan und Gottes Diener» her und schickte sie nach Holland.

Meine Worte hinterließen in der dortigen tamilischen Gemeinschaft offenbar einen mächtigen Eindruck, so dass sie mich einluden, in ihrer Kirche zu predigen. Dies öffnete die Tore zu vielen tamilischen Gemeinden in Europa.

Nach diesen positiven Erfahrungen ließen sich Brother Alegandran und seine Frau dazu ermutigen, Kopien dieser Kassetten auch in Deutschland und Kanada zu verteilen. Brother Kamal tat dasselbe zuerst in Paris und dann in England.

Über Brother Vamadeva gelangte eine Kassette nach Kanada zu Brother Ravi. Meine Botschaften berührten sein Herz. Er beriet sich mit seinem Pastor Reverend Gnanasekaran und lud mich und meine Frau dann zu sich nach Kanada ein. Er übernahm sogar unsere Reisekosten, obwohl er ein krankes Kind zu Hause hatte und in finanzieller Not steckte.

Gott segnete unseren Dienst in Kanada, und wir kehrten zurück mit weiteren Zusagen finanzieller Unterstützung. Die Brüder (Sundar Savarimuthu, Muthuraja, Ravi und Vamadeva) brannten darauf, GEMS auch in Kanada zu gründen. Sie selbst wollten in der Missionsarbeit tätig werden und den GEMS-Diensten in Indien und Sri Lanka helfen. Sie gründeten GEMS Kanada.

Zunächst unterstützten sie fünfzig Kinder in Sri Lanka und zehn Kinder in Bihar. Aber zwischen Pastor Gnanasekaran und seiner Kirche brach ein Konflikt aus, und er verließ die Gemeinde, um seine eigene Kirche zu gründen. Doch dies hatte keine Auswirkungen auf uns, da die Gemeinde uns weiterhin unterstützte.

Brother Sundar Savarimuthu, der GEMS Kanada leitete, besuchte Indien mehrere Male mit seiner Frau, um in unserem Dienst mitzuarbeiten. Sie stellten uns vielen Pastoren in Kanada vor und wählten sogar eine Missionarin aus Bihar zur Braut ihres Sohnes.

Brother Oswin Michael, der dem HERRN in den USA diente, ermutigte Menschen in New York und New Jersey, unseren Dienst in Nordindien zu unterstützen. So wurde GEMS USA gegründet.

Zu Beginn unserer Arbeit hatten wir unsere Aufgabe ausschließlich in Bihar gesehen. Doch dann spürte Brother Allwyn ein großes Bedürfnis, das Evangelium den Menschen in Nepal zu bringen. In der Folge führte er viele Seminare für Pastoren im Himalaya-Staat durch.

Die GEMS nimmt Fahrt auf

Die Zahl der Teilnehmer am jährlichen Missionstrainings-Programm wuchs von Jahr zu Jahr. Wir begannen mit 1200 Teilnehmern und zählen jetzt 12.000. Da wir mit diesem Wachstum nicht Schritt halten konnten, verringerten wir die Trainingsdauer auf fünf Tage.

Jedes Jahr haben wir ein anderes Thema, wozu wir herausragende Männer Gottes als Sprecher einladen. Pastor Prathapsingh, Pastor Thomas Raj, Sister Padma Mudaliar und Brother Sam Jebadurai aus Chennai, Pastor Ratnam Paul (aus Palayamkottai), Pastor Joseph Balachandran (aus Madurai), Pastor Rajan (aus Pasumalai), Pastor John Ilangovan (aus Mysore), Brother Zac Poonan (aus Bangalore), Brother David Stewards (aus Kodaikanal), Pastor David Pragasam (aus Coimbatore) und Pastor Samuel Doctorian (aus der libanesischen Hauptstadt Beirut) waren nur einige unserer ehrenwerten Redner, die die Leidenschaft der Christen dort entfachten.

Einmal luden wir einige Brüder aus Singapur ein, um uns im Wort Gottes zu unterrichten. Sie beobachteten unseren Dienst sehr genau, denn sie waren überzeugt, viel von uns lernen zu können, und dankten Gott für das, was er für uns getan hatte. Brother Jim Hock und Brother Wee Tiong Howe zeigten sich besonders beeindruckt. Wir luden sie ein, unsere jährlichen Seminare für mehr als tausend Missionare zu leiten.

Mit ihrer Hilfe organisierten wir auch Evangelisations-Versammlungen in Patna und Ranchi. Tausende aus der Region Patna, aus Ortschaften wie Fatuha, Danapur, Anisabad, Karol, Masaurhi, Ranchi und Raxaul hörten die Gute Nachricht.

Wir zeigten einen Film über die Kreuzigung Jesu und erklärten das Gesehene, um dem Publikum zu einem tieferen Verständnis dafür zu verhelfen. Es war eine sehr effiziente Methode, das Evangelium zu verkündigen.

Die Brüder Jim Hook und Wee Tiong Howe waren vom Ergebnis so sehr beeindruckt, dass sie eine Umfrage im Staat Bihar durchführten, um die benötigte Anzahl solcher Filmteams zu berechnen. Sie rekrutierten diese und beschafften auch die notwendigen Fahrzeuge und Projektoren. Dadurch konnten nicht nur Tausenden von Menschen Bibelfernkurse angeboten werden; es erwies sich im Nachhinein auch für alle unsere Missionsfelder als Segen.

Brother Jim Hook, der das Ganze etwas beschleunigen wollte, fragte mich: «Was können wir tun, damit sich das Evangelium schneller ausbreitet?»

Ich antwortete, dass die Missionare größere Gebiete abdecken könnten, wenn sie Motorräder hätten.

Als er nach Singapur zurückkehrte, schickte er uns umgehend Geld für zehn Gefährte. Doch es gab ein Problem mit der Bank, und das Geld erreichte uns nicht. Es blieb trotz intensiver Suche verschollen. Da wir die zehn Motorräder schon bestellt hatten, mussten wir sie wohl oder übel irgendwie aus eigener Tasche bezahlen.

Als ich elf Monate später wieder in Singapur war, übergab er mir dann das Geld in bar. Ich kehrte nach Indien zurück, und was fand ich vor? Das verschollene Geld lag auf unserem Konto! Ich informierte Brother Hock umgehend und versprach ihm, den Betrag, den er mir persönlich überreicht hatte, zurückzugeben, doch er bestand darauf, dass wir zehn zusätzliche Motorräder kauften!

Manchmal arbeitet Gott auf solche Weise, um seinen Segen zu vervielfachen.

Brachland in Bihar

Etwa achtzehn Kilometer von Jehanabad entfernt liegt Masaurhi, eine berüchtigte Stadt, in der vier extremistische Gruppierungen ihr Unwesen treiben. Niemand wagte es, nach 17 Uhr das Haus zu verlassen.

Eines Tages, als ich in Masaurhi war, erhielt ich von Gott den Befehl, dort eine Evangelisations-Versammlung abzuhalten.

Ich rief meine Missionarskollegen zusammen und teilte ihnen mein Vorhaben mit.

Sie waren entsetzt, wollten sich mir aber anschließen. Bevor wir losziehen konnten, mussten wir die Erlaubnis des Generalinspektors der Polizei einholen.

Sogar *er* zögerte, uns die Erlaubnis zu geben, sagte dann aber trotzdem: «Ich weiß, dass Brother Augustine Jebakumar Gottes Wort gehorcht. Er wird sich nicht aufhalten lassen, selbst wenn wir ihm Einhalt gebieten.» Wir erhielten die Bewilligung. Er half uns, wo er konnte, und sandte sogar seine Frau in Begleitung von Polizeibeamten, damit sie an den Versammlungen teilnehmen konnte.

Eine Hindu-Organisation bekam von unserem Vorhaben Wind und plante, eine ähnliche Veranstaltung in noch größerem Rahmen am gleichen Tag abzuhalten! Sie machten uns alles nach. Sie luden Gelehrte aus Ayodhya, einem der sieben heiligen Orte des Hinduismus, ein und druckten sogar ihre Flugblätter in derselben Farbe wie unsere. Sie taten alles, was in ihrer Macht stand, um unsere Versammlung in den Schatten zu stellen.

Doch als der Tag kam, brachte Gott etwa 20.000 Menschen zu unseren Versammlungen, während die andere Seite lediglich 200 Anhänger mobilisieren konnte. Viele Menschen aus der Umgebung kamen zu Fuß, um uns zu hören, und auch viele der Sadhus gaben unserer Versammlung den Vorrang!

Die Organisation dieser Konferenzen führte zu einem Durchbruch, und neben der GEMS konnten sieben weitere Missionsorganisationen dort Fuß fassen. Gott erlaubte uns, in jeder Stadt, in der wir Versammlungen abhielten, eine Kirche zu gründen, wenn auch nicht immer ohne Widerstand. In Aurangabad zerstörten Randalierer unsere Lautsprecher am letzten Tag der Veranstaltung. Ähnliche Zwischenfälle gab es in Gaya und Wazirganj (in Uttar Pradesh).

In der Apostelgeschichte lesen wir von Zwischenfällen, die wesentlich schlimmer waren; doch sie hielten uns nie ab und beeinflussten unsere Arbeit nicht. Mit der Macht des Evangeliums schritten wir voran.

Um mit dem außergewöhnlichen Wachstum Schritt zu halten, erwies es sich als unausweichlich, dass wir die Missionsfelder auf der Grundlage ihrer jeweiligen Sprache und Geographie organisierten. Ich durfte Leiter ernennen und ihnen die Verantwortung für bestimmte Regionen übertragen:

- Brother Gunasekaran – Norden von Bihar und Mithila
- Brother Jeyasingh David – Jharkhand und Sonbhadra
- Brother Ambrose Nallathambi – Bhojpuri I
- Brother Samuel – Bhojpuri II
- Brother John Nagendran – Magahi I
- Brother Victor Immanuel – Magahi II

Im Laufe unserer PEACE-Initiative erlebten wir großes Wachstum in den Kirchen, was zusätzliche Einteilungen notwendig machte:

- Brother Samuel Daniel – Bhojpuri III
- Brother Santhappan – PEACE I
- Brother Shanmugam Jacob – PEACE II
- Brother Mathews – PEACE III
- Brother Arjun Karmlri – Jharkhand

Auf nach Westindien

Nach einer Erweckungsveranstaltung in Kolhapur im Bundesstaat Maharashtra bat mich eine kleine Gruppe von Mitarbeitern, einen Leiter für sie zu finden. Einer von ihnen war Brother

Girish. Er stammte aus dem Bundesstaat Kerala und war in einer Hindu-Familie aufgewachsen. Später nahm er Christus an und wurde ein engagierter Christ.

Die Bitte dieser Gruppe veranlasste uns, 500 Dörfer in Maharashtra zu «adoptieren», in denen Christus noch nicht verkündet worden war. Nach einer anfänglichen Führungskrise übertrugen wir zuerst Brother Rajesh Duthie und später Brother Sanjay die Leitung der Gruppe.

Brother Rajesh Duthie, ein ehemaliger Hochschuldozent, promovierte jetzt in Computerwissenschaften und diente dabei unablässig dem HERRN. Der Eifer für die Arbeit des HERRN hatte ihn nach Maharashtra gebracht. Schon als Kind hatte er sich zu Christus bekehrt, und auch seine Frau Sheila (die jüngste Tochter von Brother Roland aus Nagercoil) liebte Gott zutiefst und hatte schon in jungen Jahren eine Leidenschaft für die Missionsarbeit entwickelt.

Zusammen widmeten sie sich dem missionarischen Dienst und stießen dann zu uns. Sie brachten ihren Wunsch zum Ausdruck, vollzeitlich als GEMS-Missionare zu arbeiten, also veranlassten wir für sie ein zweijähriges Praktikum mit der «Indian Missionary Association» (IMA). Nach Ablauf dieser Zeit kamen sie nach Bihar. Sister Sheila wurde später meine persönliche Sekretärin.

Unter der Leitung von Brother Rajesh schufen wir eine Forschungs- und Entwicklungsabteilung (Qualitätsmanagement). Dies erlaubte es uns, unsere Aktivitäten zu beurteilen und zu verbessern und die Möglichkeiten einer weiteren Expansion auszuloten.

Bettiah wird zu Bethel

Vom Erfolg des PEACE-Projektes ermutigt, «expandierten» wir in die Stadt Bettiah, nahe der Grenze zu Nepal. Einige wenige christliche Organisationen hatten schon versucht, sich dort niederzulassen, waren aber nicht in der Lage gewesen, ihren Dienst aufrechtzuerhalten.

Vor fast vier Jahrhunderten war ein katholischer Missionar aus dem Ausland hierhergezogen und hatte durch sein Gebet bewirkt, dass die Frau des damaligen Prinzen geheilt wurde. Als Zeichen seiner Dankbarkeit schenkte ihm der Prinz vierzig Hektar Land, auf denen die erste katholische Kirche entstand.

Vor etwa hundert Jahren wurde an gleicher Stelle dann eine anglikanische Kirche für die britischen Militärangehörigen gebaut. Doch das Gotteshaus verfiel zur Ruine. Was blieb, war eine einzige Schwester, die – schwer unter dem Zerfall der Kirche leidend – diese aufsuchte, um in ihren Mauern zu trauern.

In den folgenden Jahren wurden wieder eine Kirche und eine Schule von Missionaren der «American AG» gegründet. Viele Mädchen bekamen dadurch das erste Mal in ihrem Leben die Chance auf eine Ausbildung.

Unglücklicherweise ereilte durch die Heimkehr der Missionare auch diese Institution das Schicksal des Verfalls. Eine der Schülerinnen besagter Schule, Sister Kamala Kashap, arbeitete als Rektorin unseres Gymnasiums in Sikaria. Sie arbeitete gewissenhaft und legte bis zu ihrem Tod Herz und Seele in ihren Dienst.

Der GEMS-Dienst in Bettiah begann mit Versammlungen unter Pastor Joseph Balachandran und Brother Berchmans. Unser souveräner Gott half uns, der zerfallenen anglikanischen Kirche neues Leben einzuhauchen. Brother Mathews und Sister Suriya spielten gleichzeitig eine wichtige Rolle für die Missionsdienste in der Region.

Gott vergisst fröhliche Spender nicht

Unsere Arbeit erstreckte sich jetzt bis zur Stadt Raxaul in Bihar, ebenfalls an der Grenze zu Nepal. Am Stadtrand hatte Dr. Cecil Duncan ein Krankenhaus errichtet. Er liebte die Nepalesen wie sein eigenes Volk und widmete sich hauptsächlich dem Dienst im Himalaya-Staat. Leider wurde er später von der nepalesischen Regierung ausgewiesen.

Die meisten Patienten in Raxaul waren Nepalesen. Acht Jahrzehnte lang hatte dieses Krankenhaus dem Volk in der Region einen beispiellosen Dienst erwiesen.

Doch das Evangelium war nicht gepredigt worden. Also übernahmen wir die Aufgabe, dies nachzuholen; tatsächlich fanden viele Menschen bei unseren Versammlungen Christus.

Doch am unglaublichsten sind die Ereignisse, die zur Gründung einer Kirche in dieser Stadt führten. Diese Kirche vereinte nicht nur die Schicksale vieler Menschen aus allen möglichen Regionen, sondern sie macht auch deutlich sichtbar, wie wunderbar Gott Menschen leitet, um seine Kirche zu errichten.

Es war wahrlich ein lukrativer Posten in Singapur, den Brother Paul aufgab, um uns in Tamil Nadu zu unterstützen. Als er dann hörte, dass in Nordindien Missionare gebraucht wurden, folgte er dem Ruf und schloss sich der GEMS an. Er wurde nach Raxaul geschickt. Seine jeweiligen Vermieter warfen ihn hier fortlaufend hinaus, da sie sich an seinen Haus-Gottesdiensten stießen. Er benötigte dringend ein unabhängiges Grundstück für eine Kirche, in der ihm niemand dazwischenfahren konnte. So begann er, dafür zu beten.

Einige Jahre zuvor war Brother Christudoss aus Kerala nach Raxaul gekommen, um unter den Leprakranken zu arbeiten. Er kaufte ein Grundstück, baute einige Häuser für die obdachlosen Patienten und erwarb Webstühle, damit die Patienten einen Beruf ausüben und so ihren Unterhalt verdienen konnten.

Eines Tages wurde er Zeuge einer tragischen Szene: Er sah ein sechsjähriges Mädchen, das seine leprakranken Eltern auf einem kleinen Karren vor sich herschob. Davon mitgenommen, führte er die drei zu seinem eigenen Grundstück, behielt sie bei sich, sorgte für sie und brachte dem Mädchen das Weben bei, damit sie ihren Unterhalt verdienen konnte. Sie wuchs zu einer selbstbewussten Frau heran und sorgte für ihre Familie.

In einer ähnlichen Situation befand sich eine andere Familie mit einem elfjährigen Sohn. Brother Christudoss nahm sich auch dieser Familie an.

Als diese beiden Kinder das Erwachsenenalter erreicht hatten, arrangierte Brother Christudoss ihre Hochzeit. Doch das Glück hielt nicht lange an. Der frischgebackene Familienvater verstarb tragisch kurz nach der Geburt des ersten Kindes. Jetzt musste die junge Frau sechs Mäuler füttern, ihre Eltern, ihre Schwiegereltern, ihre kleine Tochter und sich selbst. Außerdem trug die junge Mutter das lebenslange Stigma ihrer Tochter mit sich, ein Enkelkind leprakranker Großeltern zu sein. In ihrer vorausschauenden Art hatte sie zuvor ein kleines Grundstück erworben, das sie verkaufen wollte, um der Tochter die Ausbildung zur Krankenschwester zu finanzieren.

Sie besuchte regelmäßig die von Brother Paul geleiteten Gottesdienste. Als er eines Sonntags die Gemeinde bat, um ein Kirchengrundstück zu beten, spendete sie ihr kleines Stück Land – ihren ganzen Besitz!

Noch in Singapur hatte Brother Paul Geld für die Hochzeit seiner Schwester gespart. Vom Opfer dieser Frau berührt, leerte er jetzt sein Konto, um das Fundament der neuen Kirche auf dem gespendeten Grundstück zu legen. Doch noch immer fehlte ihm das Geld für den Bau des Kirchengebäudes.

Brother Matthew, der Missionsfeldleiter, berichtete mir von diesem Bedürfnis, worauf ich ihm versprach, dafür zu beten, und mich hastig verabschiedete, da ich in die Vereinigten Arabischen Emirate reisen wollte.

Nach einer meiner Veranstaltungen in Schardscha in den Emiraten kam ein Bruder auf mich zu und meinte, dass er vor seinem eigenen Haus eine Kirche bauen wolle. Er übergab mir einen Scheck. Zwei Tage später erzählte er mir ganz nebenbei, dass er seine Arbeitsstelle verloren hatte.

Seine Fröhlichkeit befremdete mich. Hatte er nicht soeben seinen Lebensunterhalt verloren? Meiner sichtlichen Verwunderung bewusst, erzählte er mir, dass Gott ihn überreich gesegnet hatte, indem er ihm innerhalb weniger Stunden nach seiner Kündigung einen noch besseren Posten gegeben hatte.

Unser HERR bleibt uns nie etwas schuldig. Heute ist dieser Mann verheiratet und hat für seine Familie ein großes Haus gebaut. Es war die Spende dieses Bruders, die uns den Bau der Kirche in Raxaul ermöglichte.

Gott vergaß auch die arme Frau nicht, die ihr Grundstück gespendet hatte. Ihre Tochter machte – genau wie die Mutter es sich erhofft hatte – die Ausbildung zur Krankenschwester. Als der Rektor der Schule von ihrer Geschichte erfuhr, gewährte er ihr ein volles Stipendium!

Gott vergaß auch Brother Paul und seine Frau Kiruba nicht. Sie wurden nach über sechs Jahren Ehe mit einem Sohn gesegnet.

Wann immer ich diese Kirche sehe, bin ich einfach zu Tränen gerührt. «Gebt, so wird euch gegeben. Ein volles, gedrücktes, gerütteltes und überfließendes Maß wird man in euren Schoß geben; denn eben mit dem Maß, mit dem ihr messt, wird man euch zumessen» (Lukas 6,38). Was Jesus sagt, tut er auch – noch heute!

Ein andermal leitete ich Evangelisations-Veranstaltungen in Tambaram in Tamil Nadu.

Eine Frau kam auf mich zu und sagte: «Ich bin alleinstehende Mutter. Mein Mann hat mich wegen einer anderen verlassen, und ich muss alleine für mich und meine zwei Töchter sorgen. Ich arbeitete als Lehrerin in Hyderabad. Ich hörte deine Botschaften auf Kassette, und sie berührten mein Herz. Am gleichen Tag beschloss ich, dass ich alles in meiner Kraft Stehende für den HERRN tun würde. Hier ist all mein Schmuck, den ich dem HERRN widmen möchte.» Sie legte mir eine Tasche voller Schmuck in die Hand.

Komplett überfordert mit der Situation protestierte ich: «Deine Töchter sind im heiratsfähigen Alter. Du wirst diesen Schmuck benötigen, um ihnen zu helfen.»

Mit Tränen in den Augen sagte sie: «Aber ich habe Gott versprochen, dass ich den Schmuck seinem Dienst spenden würde. Ich kann ihn nicht zurücknehmen.»

Zögernd nahm ich den Schmuck an und verwendete ihn für die Missionsarbeit.

Zwei Monate später erhielt ich einen Brief von ihr, in dem sie mir mitteilte, dass ihre zwei Töchter akzeptable Bräutigame gefunden hatten.

Mein Herz tanzte vor Freude, als ich den Brief las. Ein Arzt hatte sie in Begleitung seiner Eltern und Freunde besucht. Er warb um die Hand der älteren Tochter und erklärte sich sogar bereit, alle Hochzeitsausgaben zu übernehmen. Sein Freund, der von Beruf Ingenieur war, tat es ihm gleich und warb um die Hand der zweiten Tochter. Nicht einmal in ihren wildesten Träumen hätte sie dies zu hoffen gewagt.

«Wer um Christi willen seinen Besitz verliert, wird niemals arm.» Wie wahr sind doch diese Worte!

Ich erinnere mich an einen ähnlichen Zwischenfall, den ich in Pondicherry erlebte. Ich besuchte dort regelmäßig die Kirche von Pastor Vincent. Er war immer bestrebt, unseren Dienst zu unterstützen, und ermutigte seine Gemeinde, unseren Missionaren zur Weihnachtszeit neue Kleider zu spenden.

Während einem meiner Besuche im Dezember predigte ich an drei aufeinanderfolgenden Tagen. Ich sollte auch am Sonntag predigen, an dem das neue Gotteshaus eingeweiht werden sollte.

Da Weihnachten vor der Tür stand, bat Pastor Vincent seine Gemeinde, die Weihnachtsgeschenke mitzubringen, damit er mir diese übergeben konnte.

An besagtem Sonntag tauchte ich etwas zu früh in der Kirche auf, doch ich wurde bereits von einer älteren Dame erwartet, die mir vierzig neue Hemden und etwas Bargeld in die Hand drückte. Sie hatte zehn Kinder und einen Nichtsnutz als Mann, der nur dann zu Hause auftauchte, wenn er etwas brauchte. Sie verdiente ihren Lebensunterhalt, indem sie auf Müllhalden Plastiksäcke sammelte und diese dann einer Recyclingfirma verkaufte. Mit sieben Kindern – von den zehn waren drei bereits verheiratet – lebte die Familie von der Hand in den Mund.

Ich fühlte mich sehr unwohl in der Situation, denn es fiel mir überaus schwer, ein so großes Geschenk von einer so armen Frau anzunehmen. Alles, was ich über die Lippen brachte, war: «Warum?»

Unter Tränen sagte sie: «Ich kann nicht nach Nordindien gehen. Ich bin Analphabetin. Ich bin alt und muss meine Familie unterstützen. Dies ist das Mindeste, was ich für den Herrn tun kann. Bitte weise meine Spende nicht zurück.»

Widerwillig nahm ich die Geschenke an.

Als ich von diesem Ereignis auf einer Pastorenkonferenz in der Schweiz erzählte, war mein Übersetzer davon dermaßen überwältigt, dass er auf dem Heimweg sagte: «Ich werde die Kosten für die Hochzeiten ihrer sieben Kinder übernehmen.»

Gott tilgt seine Schulden immer.

Brother Samuel Daniel aus Chennai, Brother Arockiadoss aus Trichy, Brother Manoharan und Brother Ashok aus Erode und ihre erwachsenen Kinder traten unserem Dienst bei. Brother Jeyapaul (ebenfalls aus Erode) überzeugte seine Kinder, Missionare zu werden.

Mariammal Mary aus Virudhunagar, die beide Hände verloren hatte, sammelte begeistert Spenden und schickte uns das Geld. Menschen in widrigen Lebensumständen, die sich mit dem Verkauf von Snacks auf der Straße gerade das Nötigste kaufen konnten, sandten einen Teil ihres mageren Einkommens, um unseren Dienst zu unterstützen. Sie bewiesen, dass das Reich Gottes auf solchen Opfern gründet.

Die Arbeit eines Einzigen

Brother Naglesh, ein Wahlkanadier aus Sri Lanka, arbeitete einige Zeit als Fahrer für eine Schule. Er kannte Christus und lebte mit seiner ganzen Familie in der Nachfolge. Als schweigsamer Mann suchte er immer nach praktischen Wegen, um Gott zu dienen. Er eignete sich also Wissen über die Verwendung von Computern an, um mit ihrer Hilfe das Evangelium verkündigen zu können. Danach verarbeitete er meine Kassettenpredigten zu MP3-Dateien und lud sie auf eine Internetseite hoch (www.tamilchristian.com).

Dies war eine überaus lobenswerte Arbeit und dazu ein großer Durchbruch, da er mich dadurch in Kontakt mit Tamilen auf der ganzen Welt (in über 110 Ländern) brachte. Viele haben seither allein durch die Botschaften auf der Website ihr Leben dem HERRN übergeben.

Wenn ich andere Länder bereise, treffe ich oft Menschen, die sich auf diese Weise bekehrt haben. Gott hat mich durch dieses Kommunikationsmittel in 48 verschiedene Länder gebracht, auch in einige verschlossene Länder wie Vietnam, den Iran, Afghanistan, Myanmar und die Mongolei. Schließlich wurden auch in Sibirien viele Menschen von meinem Dienst gesegnet. Gott gebührt alle Ehre!

Gott kann Berge versetzen

Gott bereitete nicht nur Menschen vor, die darauf brannten, alles für sein Reich zu tun; er setzte auch Menschen in Schlüsselpositionen – vor allem auf Ämtern – ein, damit wir unseren Dienst ohne größere Schwierigkeiten fortsetzen konnten.

Wir planten eine große Evangelisationskampagne für die Einwohner von Patna. Innerhalb eines Monats wollten wir das Evangelium mit der Hilfe von 200 Missionaren in 500.000 Haushalte bringen. Eine achttägige Veranstaltung sollte den Höhepunkt bilden.

Das Vorhaben war nicht ohne Hindernisse. Das Trinkwasser der Missionare war verunreinigt und führte dazu, dass alle erkrankten. Sie litten an Fieber und Durchfall und arbeiteten doch unermüdlich weiter.

Die Bewilligung für die Kampagne hatten wir zwei Monate im Voraus beantragt. Jetzt ließ sich die Regierung mit der Ausstellung auf einmal Zeit. Obwohl wir die Bewilligung nicht erhielten, beschlossen wir, im Glauben vorwärtszugehen und die Plakate drucken zu lassen. Wir gingen sogar so weit, sie zum Unmut der verantwortlichen Behörden in der Stadt zu verteilen.

Die Versammlungen sollten von Sonntag bis Freitag dauern, und kurz davor hatten wir die erforderliche Bewilligung noch immer nicht erhalten. Als wir die Bühne aufbauten, fragten uns die Polizeibeamten, ob wir denn eine Erlaubnis dazu besäßen. Wir antworteten, dass sie bereits unterwegs sei, und fuhren mit den Arbeiten fort.

Weiterhin taten wir alles, um sicherzustellen, dass es keine Probleme gab. Wir hatten einen Bus organisiert, der unser ganzes Equipment wie Generatoren, Lautsprecher, Scheinwerfer und das entsprechende Team transportieren sollte.

Da wir am Freitag vor der Eröffnung noch immer keine schriftliche Bewilligung in den Händen hielten, schickte ich drei Brüder zu Mister Lalu Prasad, einem wichtigen Mann, dessen Frau damals Ministerin von Bihar war. Sie sollten die Bewilligung persönlich abholen.

Er hörte uns an und rief dann die zuständige Behörde an. Er wünschte eine Erklärung für die Verzögerung. Offenbar hatte die radikale Hindu-Gruppierung RSS eine Bewilligung für Versammlungen an denselben Tagen beantragt. Daher sah man sich nicht in der Lage, eine Entscheidung zu treffen.

Mister Lalu Prasad verlor die Fassung und sagte: «Dies ist meine Versammlung. Gewähren Sie augenblicklich die notwendige Bewilligung!»

Wir erhielten die Erlaubnis am Samstagmittag, und alles verlief ohne Probleme.

Wenn unsere Gedanken und Absichten korrekt sind und wir auf Gott vertrauen, kann nichts und niemand uns im Wege stehen. Er beseitigt alle Hürden. Es ist in der Tat ein Privileg, ihm dienen zu dürfen. Ist er nicht der HERR der Heerscharen, der für uns in die Schlacht geht?

Wie heißt es doch in Sprüche 21,1: «Des Königs Herz ist in der Hand des HERRN wie Wasserbäche; er lenkt es, wohin er will.»

Bihar hat viele politische Konflikte erlebt. Wir hatten wieder einmal – lange im Voraus – eine Veranstaltung organisiert. Es war die Zeit, in der Mister Jayaprakash Narayan, ein populärer Politiker, einen viertägigen *bandh* (einen Generalstreik) ausrief.

Alles stand still. Öffentliche Verkehrsmittel wie Busse und Züge fuhren nicht. Büros öffneten nicht.

Es gab sporadische Fälle von Polizeigewalt, um den Aufstand zu unterdrücken. Das Militär marschierte in Dehri-on-Sone auf. Sektion 144 der Strafprozessordnung «Illegale Zusammenkunft» wurde in Kraft gesetzt. Öffentliche Versammlungen wurden tagsüber verboten, und zusätzlich durfte nachts niemand auf die Straße.

Wir hatten das Datum der Evangelisations-Veranstaltungen nicht festgelegt, ohne vorher nach Gottes Willen gefragt zu haben. Trotz der angespannten Situation gingen wir deshalb zum Veranstaltungsort direkt hinter der Polizeistation, um die letzten Vorbereitungen zu treffen. Einige Polizeibeamte wollten die Bewilligung sehen, die von einem ranghohen Polizisten ausgestellt werden musste.

Während die Missionare weiterarbeiteten, eilte ich mit dem ausgefüllten Antrag in der Hand zum Haus des Polizeisuperintendenten. Im vollen Lauf betete ich: «Oh Herr, in den Tagen Elisas hast du das aramäische Heer mit Blindheit geschlagen. Hilf auch mir jetzt. Dass du die Augen des Superintendenten blind machst, ist alles, was ich jetzt brauche.»

Ich kam gerade noch rechtzeitig. Der Beamte verließ gerade das Haus. Er hatte soeben die Nachricht erhalten, dass vier Menschen von Polizisten erschossen worden waren.

Ich reichte ihm den Antrag, worauf er mich fragte, worum es sich denn handle. Ich sagte ihm die Wahrheit. Nachdem er wortlos ein «Bewilligt» auf das Formular geschrieben und es unterzeichnet hatte, bat ich ihn höflich, das Formular noch abzustempeln. Da er in Eile war, forderte er mich auf, in sein Büro zu gehen und es selbst zu machen.

Ich konnte es kaum glauben. Meine Augen füllten sich mit Tränen, als ich proklamierte: «Wie mächtig ist doch der HERR, unser Gott!»

Eine Lektion in Gottesliebe

Brother Kumar, ein in der Schweiz lebender Flüchtling aus Sri Lanka, ließ sich mit seiner Frau Neelajani bei einer unserer Versammlungen taufen. Die beiden legten eine Intensität und Leidenschaft für die Liebe Gottes an den Tag, die mich tief beeindruckte – und mir oft die Worte raubte.

Als ich wieder einmal in der Nordschweiz zu Gast war, rief Brother Kumar mich an und erzählte mir von einem schweren Arbeitsunfall, der ihn für zwei Monate ins Krankenhaus gebracht hatte. Die Ärzte wiesen ihn danach an, für einige Zeit nicht alleine Auto zu fahren. Jetzt wollte er mich unbedingt sehen, aber seine Frau war im sechsten Monat schwanger und konnte ihn nicht begleiten.

Also ignorierte er die Anweisungen der Ärzte und legte die sechsstündige Wegstrecke selbst mit dem Auto zurück, um mir Kleidung für Missionare zu übergeben. So traf er bei mir ein. Die Fahrt hatte ihn ermüdet, ich hingegen war in Eile, weshalb wir uns nur kurz unterhielten und miteinander beteten. Er übergab mir einen Briefumschlag und verabschiedete sich. Ich warf den Umschlag auf meinen Tisch und kümmerte mich um andere Dinge.

Als ich am Abend zurückkam, fiel mein Blick auf den Umschlag. Etwas zerstreut öffnete ich ihn, nur um plötzlich wie aus dem Schlaf aufzuschrecken: Der Umschlag enthielt einige hunderttausend Rupien! Ich setzte mich, um den Schock zu verdauen. Da klingelte das Telefon.

Es war Brother Kumar, der mir mitteilte, er sei wohlbehalten zu Hause angekommen.

«Warum? Warum eine so gewaltige Summe?», rief ich überwältigt in den Hörer. Er antwortete, dass ihm nach seinem Arbeitsunfall gekündigt worden war und er von seiner Firma eine

Abfindung erhalten hatte. Der Betrag im Umschlag entsprach dieser Entschädigung.

Ich konnte es noch immer nicht fassen. Er erklärte mir weiter, dass er versuchte, das Evangelium mit möglichst vielen zu teilen, ihm dabei die Sprache und sein geschwächter körperlicher Zustand aber ein Hindernis waren. Also hatte er sich überlegt, die Entschädigungssumme unserem Dienst zu spenden, damit so Tausende die Liebe Gottes erleben könnten.

Zutiefst gerührt nahm ich das Geld für den Dienst am Herrn an. Wir verwendeten es, um eine kleine Druckerei einzurichten, was uns in der Verkündigung des Wortes Gottes eine große Hilfe war.

Dieser Bruder stellte mir außerdem einen kompletten Monat lang sein Haus zur Verfügung, damit ich dieses Buch schreiben konnte. Er ist beileibe kein vermögender Mann, doch ermöglichte er mir einen sehr angenehmen Aufenthalt und half mir, wo er nur konnte.

Menschen wie er opfern ihren Komfort und führen ein einfaches Leben, damit sie so viel wie möglich von ihrem Reichtum in den Bau des Reiches Gottes investieren können.

Hilfe von oben

Eines Tages, ich arbeitete gerade in meinem Büro, kam ein Fremder zu mir und fragte mich, ob ich an einem Grundstück interessiert sei. Ich begleitete ihn, um es mir anzusehen. Leider war es ein ganzes Stück von unserer Liegenschaft entfernt, was es für uns uninteressant machte.

Auf dem Rückweg zeigte ich ihm ein knapp zwei Hektar großes Stück Land, an dem ich stattdessen sehr interessiert war. Er meinte, dass dieser Kauf unmöglich sei, da die Regierung das Land bereits erworben hatte.

Einige Tage später kam ein anderer Immobilienhändler vorbei und bot mir genau das Grundstück an, an dem ich interessiert war! Ich wollte ihm klarmachen, dass das Land bereits von der Regierung gekauft worden war, da zeigte er mir alle Dokumente und legte mir die tatsächlichen Besitzverhältnisse vor.

Leider konnte ich ihm nur knappe anderthalb Millionen Rupien anbieten. Ich sagte ihm, dass ich das Land erst bezahlen würde, wenn das Grundstück auf den Namen der GEMS eingetragen war. Zu meiner Überraschung stimmte er zu! So gelangte ich zur Gewissheit, dass Gott das Land für uns reserviert hatte.

Nachdem alle Formalitäten erledigt waren, begannen wir, das Grundstück zu umzäunen. Währenddessen kamen einige Dorfbewohner herbei und fingen einen Streit an. Sie ließen sich durch nichts beruhigen, also riefen wir die Polizei.

Die Beamten verlangten unsere Baugenehmigung und versuchten damit, die aufgebrachte Menge von der Richtigkeit unserer Aktivitäten zu überzeugen. Doch die Spannung nahm weiter zu.

Es kam so weit, dass die Dorfbewohner den Unterinspektor mit sich zerrten und einsperrten. Jetzt war es auf einmal ein Problem zwischen Polizei und Dorfbewohnern geworden.

Das Kuriose an der ganzen Sache war, dass wir, während all dies vonstattenging, nicht einmal das Geld hatten, um das Grundstück zu bezahlen. Uns blieb nur das Gebet.

Als Antwort darauf erhielten wir eine E-Mail. Darin stand: «Eure Organisation scheint Geld für eine ehrenwerte Sache zu benötigen. Teilt uns eure Bedürfnisse mit, und wir schicken euch das Geld.»

Wir antworteten augenblicklich, man schickte uns das Geld. Bis heute haben wir keinen blassen Schimmer, wer diese Spender waren. Kann es irgendeinen Zweifel daran geben, dass wir all dies Gott verdanken?

Die Menschen ausrüsten

Nachdem wir darüber gebetet hatten, beschlossen wir einmütig, dieses von Gott geschenkte Land für die Ausbildung von christlichen Leitern zu gebrauchen. Zu jener Zeit hatte Reverend David Bennett gerade eine 3000-seitige Studie über die verschiedenen Missionsorganisationen in Indien abgeschlossen. Das Buch zeigte auf, dass die dringendste Aufgabe der indischen Kirche die systematische Ausbildung von Führungspersönlichkeiten war.

Als Antwort auf das Buch beschloss eine christliche Stiftung, der GEMS zu helfen, und fragte uns, was denn unsere Bedürfnisse seien. Wir sandten ihnen einen Entwurf für das geplante Bibelinstitut («Timothy Bible College») zu. Wir teilten ihnen auch unsere Pläne für ein einjähriges Trainingsprogramm mit. Daraufhin übernahm die Stiftung nicht nur die Baukosten für die Schule, sondern auch die Unterhaltskosten für das Ausbildungsprogramm.

Eines der vielen Dinge, die wir tun wollten, war die Gründung des «Junior Evangelical Trust» (JET) – einer separaten Abteilung, um eine große Zahl von Freiwilligen auszubilden. Unser Plan sah ein fünfzehntägiges Ausbildungsprogramm für 10.000 Mitarbeiter vor. Die Idee dahinter war, dass diese Freiwilligen auf einer wöchentlichen Basis mit einer Million Kindern arbeiten sollten.

Auch dieser Vorschlag fand Anklang bei einer Stiftung. Sie zahlte den Bau des Gebäudes, inklusive der Küche und der Bibliothek. Gott sandte uns zudem nicht nur finanzielle Hilfe, sondern auch die Brüder Suresh und Joseph aus Südindien, die die Projekte koordinierten und überwachten. Der HERR ermöglichte es uns, Hunderte von Menschen für den Dienst in der Kirche und für die Arbeit unter Kindern auszurüsten.

Frauen waren ein weiteres wichtiges Anliegen. Wir gründeten den «Women Empowering Trust» (WET), um Frauen zu helfen, in ihrem Zuhause, in der Kirche und auf dem Feld Gottes Liebe «auszustrahlen».

Dieses Programm wurde lange Zeit von meiner Frau geleitet und veränderte das Leben unzähliger Schwestern. Heute sind sie wertvolle Instrumente Gottes. Sie haben gelernt, die Bedürfnisse der Menschen, denen sie begegnen, zu erkennen und ihnen das Evangelium auf wirksame Art zu verkündigen.

Um unsere Freunde islamischen Glaubens zu evangelisieren, gründeten wir den «Neighbours Evangelical Trust» (NET). Unser Ziel war, eine spezielle Ausbildung anzubieten, ein Trainingszentrum für Bibelstudien zu bauen, Lager für sie zu organisieren und ein Heim namens «Rahsmi Home» zu errichten, um Kinder, die Christus angenommen hatten, zu betreuen.

Gott war so gnädig, diese Projekte zu segnen, so dass sie heute erfolgreich betrieben werden können.

Gott ermöglichte uns zudem, an sieben verschiedenen Orten ein «Discipleship Training Centre» (DTC) aufzubauen. Es bietet Christen einen sechsmonatigen Kurs zur Unterstützung ihrer lokalen Kirche an. Auch das «Institute of Community Transformation» (ICT) wurde gegründet, welches in einem zweijährigen Training das Handwerkszeug für die Arbeit auf neuen Missionsfeldern vermittelt.

Diese Kurse befähigten die Missionare, den Glauben frisch Bekehrter zu nähren, und die Zahl derer, die den Glauben aufgeben, hat sich dadurch merklich verringert.

Eine Festung für die Menschen

Gott hatte unvermittelt begonnen, im Heim für Missionarskinder tätig zu werden. Der Heilige Geist bewegte Kinder im Alter zwischen sieben und vierzehn Jahren, an den Ufern des Sone-Flusses mehrere Stunden miteinander im Gebet zu verbringen und manchmal auch zu prophezeien.

Eine der Missionarinnen, die mit den Kindern arbeiteten, nahm einige der Prophezeiungen der Kinder auf Tonband auf und spielte sie uns ab. Auf den Aufnahmen hörten wir, wie die Kinder von einer Christenverfolgung innerhalb von sechs Monaten sprachen.

Christen konnten sich damals in Indien noch ungehindert in der Gesellschaft entfalten und wurden nicht verfolgt. Die Kinder sagten weiter, es sei notwendig, mehr zu beten.

Sofort erzählte ich Heiner Henny davon.

Genau sechs Monate später wurden im Bundesstaat Gujarat 84 Kirchen niedergebrannt, und in verschiedenen Regionen brachen Christenverfolgungen aus. Bald berichtete die internationale Presse davon.

Heiner rief mich an und fragte, was ich zu tun gedachte.

Ohne nachzudenken, sagte ich: «Ich werde Hebammen wie damals Schifra und Pua in Ägypten aufstehen lassen und helfen.»

Er antwortete, dass ich kein Krankenhaus für die Ausbildung von Hebammen besaß, worauf ich bekannte: «Gott sieht!»

In der folgenden Woche meldete sich Heiner erneut. Er schien von den Ereignissen ziemlich erschüttert zu sein und fragte, was wir benötigten.

Ich erklärte ihm, dass wir ein Krankenhaus mit hundert Betten und einige Gebäude für die Ärzte und Pflegefachkräfte bräuchten.

Drei Tage später rief er wieder an und sagte, dass Gott mit ihm gesprochen und ihn und seinen Freund Hugo Roth angewiesen hätte, eine kleine Firma in Brasilien, die sie zusammen besaßen, zu verkaufen und mit dem Ertrag den Bau des Krankenhauses zu finanzieren. Er wies mich an, loszulegen und mir um die Finanzen keine Sorgen zu machen.

Ich traute meinen Ohren nicht. Es war unglaublich, wie schnell Gott gehandelt hatte! Heute haben wir ein Krankenhaus und eine Pflegerschule, die dem Volk dienen und Gott verherrlichen.

Gleich zu Beginn des Krankenhausbetriebs schickte uns Gott Dr. Ashok und Dr. Malleshwari. Später boten uns viele Ärzte, Pflegefachkräfte und Techniker aus verschiedenen Regionen des Landes ihre Dienste an. Auch die Krankenhäuser «Christian Mission Hospital» in Vellore, «Christian Fellowship Hospital» in Oddanchatram, «Catherine Booth Hospital» in Nagercoil und die von Dr. Jairus gegründete «Medivision» boten ihre Unterstützung an. Die Hilfe, die wir von Dr. Thomas Phillip und Dr. Isaac Jebaraj erhielten, war zudem sehr ermutigend.

Durch das Krankenhaus öffnete Gott uns viele weitere Türen für medizinische Hilfe wie Impfkampagnen gegen Hepatitis B, Typhus und Kinderlähmung, die Unterstützung von Leprakranken der «Tambaram Leprosy Mission» (TLM), Gratisabgaben von Medikamenten an Tuberkulose-Patienten und die Durchführung von medizinischen Lagern.

Dr. Lucy Mathen und Dr. Helen Rao führten kostenlose Augenoperationen durch. Dr. Jakin und Brother Timothy bildeten Missionare aus, damit diese medizinisches Wissen weitergeben konnten. Heute profitieren Tausende von den medizinischen Dienstleistungen des Hospitals.

Als ich einmal den Bau des Krankenhauses kontrollierte, das nun schon fast fertig war, hörte ich tief in meinem Innern eine Stimme: «Ruf Laluji an.» Sofort legte ich ein voraussichtliches Eröffnungsdatum für das Krankenhaus fest und wies die Arbeiter an, sich zu beeilen.

Mister Lalu Prasad Yadav nahm unsere Einladung an und versprach, zusammen mit seiner Frau, die damals Regierungschefin des Staates Bihar war, an der Eröffnungsfeier teilzunehmen.

Brother Rajadurai bereitete alles für ihre Ankunft vor und tat, was in seiner Macht stand, um einen reibungslosen Ablauf zu gewährleisten. Ich traf Mister Lalu nicht persönlich. Stattdessen brachte ihn Gott zu unserem Campus. Er war überaus beeindruckt und dankte uns für die erbrachten Dienstleistungen. Schließlich veranlasste er, die Zufahrtsstraße zum Krankenhaus den Qualitätsanforderungen anzupassen. Diese Kosten beliefen sich auf eine Höhe von anderthalb Millionen Rupien.

Die «ehrenwerte Vereinigung»[16] erfuhr bei der Eröffnungsfeier von unseren medizinischen Dienstleistungen, zusammen mit über 20.000 Menschen. In Funktion des Eisenbahnministers veranlasste Mister Lalu später auf unseren Antrag hin den Bau einer Eisenbahnlinie von Chennai nach Gaya. Er sorgte auch dafür, dass unsere 300 Missionare für den halben Preis zu einer Missionarskonferenz in Chennai fahren konnten. Dies führte aber leider zu Missmut in der öffentlichen Wahrnehmung, da man glaubte, dass uns die Regierung bevorzugt behandle.

Auch die darauf folgende Regierung war von der außergewöhnlichen Leistung unseres «Industrial Training Institute» (ITI) und unserer Pflegerschule beeindruckt. Das von unseren von Polio betroffenen Kindern inszenierte Theaterstück fesselte ihre Aufmerksamkeit.

Unsere Dienstleistungen wurden im ganzen Staat bekannt, weil uns der Regierungschef Mister Nitish Kumar, der stellvertretende Regierungschef Mister Sushil Kumar Modi, der Gesundheitsminister Mister Chandra Mohan Roy und der Regierungssprecher Mister Uday Narain Choudhary hin und wieder zu unserer Arbeit gratulierten. So erfüllte sich auch der Vers:

«[...] damit sie eure guten Werke sehen und euren Vater im Himmel preisen» (Matthäus 5,16).

Die Polizei und andere wichtige Institutionen bekamen gehörigen Respekt vor uns. Viele Beamte bewunderten unsere Arbeit und lobten unseren Dienst in Bihar. Auf unserem Grundstück wurden eine Poststelle und eine Telefonzentrale eingerichtet. Obwohl dies Hass in den Herzen derer schürte, die uns verachteten, lobten die Zeitungen unsere Arbeit immer wieder wortreich.

Entgegen aller Wahrscheinlichkeit

Brother Jesudoss war Rektor eines angesehenen ITI in Südindien, als er den Ruf erhielt, Gott zusammen mit seiner Frau und ihrem dreijährigen Sohn in Bihar zu dienen. Er übernahm die Leitung des beruflichen Ausbildungszentrums in Karwandiya, das wir gegründet hatten, um den Kindern ein Handwerk beizubringen, und das nun zu einem ITI aufgewertet wurde.

Eines Tages entrissen bewaffnete Männer der Mutter ihren dreijährigen Sohn und entführten ihn. Sie verlangten ein Lösegeld in Höhe von fünf Millionen Rupien. Alle Bemühungen der Polizei, das Kind zu finden, blieben erfolglos.

Es war gegen sieben Uhr abends. Ich betete ohne Unterlass, bis Gott zu mir sagte: «Ich habe dir bereits die Menschen gegeben, die du brauchst, um das Kind zu retten.»

Verwirrt antwortete ich: «Wer sind diese Menschen?»

Er zeigte mir drei Gesichter und sagte: «Es sind unsere Mitarbeiter, die früher solche Verbrechen begingen. Übertrage ihnen die Verantwortung, das Kind zu finden.»

Das taten wir umgehend. Drei Tage später hatten sie das Versteck der Entführer ausfindig gemacht und ließen uns wissen, dass das Kind wohlauf war. Nach acht Tagen konnten wir das Kind befreien, ohne einen einzigen Paise bezahlt zu haben.

Dies erneuerte unseren Eifer und unsere Begeisterung, so dass wir noch intensiver für den HERRN arbeiten konnten.

Die verschiedenen Missionsdienste und die Zahl der Mitarbeiter wuchsen stetig an, was in uns das Bedürfnis weckte, eine Abteilung zu gründen, die sich ausschließlich unseren Bautätigkeiten widmete.

Gott schenkte uns talentierte, aufrichtige und gut ausgebildete Mitarbeiter für diese Abteilung. Brother Arjun Karmali war der Erste, der die Verantwortung für diese Abteilung übernahm. Es folgten ihm Brother James, Brother Balan und Brother Stalin. Die baulichen Ausführungen unserer Projekte wurden von Brother Rajan und Brother Daniel überwacht.

Wir gründeten eine Einheit für IT-Kurse, die wir «GEMS Institute of Future Technology» (GIFT) nannten. Geleitet wurde sie zuerst von Brother Suresh und später von Brother Jeyaseelan. Hunderte Schüler absolvierten diese Kurse. Wir kauften zeitgleich Computer, um die administrative Arbeit zu vereinfachen. Dies erlaubte uns, viel Büroarbeit mit weniger Helfern zu bewältigen.

Doch nicht alles war ein solcher Spaziergang. Ständig sahen wir uns schwierigen und herausfordernden Situationen gegenüber. Gesundheitsprobleme und Familienkrisen zwangen Missionare und Mitarbeiter zur Rückkehr nach Tamil Nadu. Einige mussten aufgrund ihres Verhaltens entlassen werden. Andere fielen den Täuschungen Satans zum Opfer und zerstörten ihr Leben. Nur die Wachsamen schafften es, die Angriffe des Teufels abzuwehren.

So wie Gott Mose nach dessen Ableben durch Josua ersetzte, so brachte Gott uns fortlaufend neue Mitarbeiter.

Auch in meinem persönlichen Leben erfuhr ich im Laufe der

Jahre viele Rückschläge. Der traurige Tod meines Schwagers erschütterte unsere Familie. Meine jüngste Schwester ist sechzehn Jahre jünger als ich, und man kann sich vorstellen, wie sehr ich die kleine Schwester immer geliebt und verwöhnt habe. Mein Schwager entstammte einer streng katholischen Familie. Als er nach seinem Schulabschluss keine Anstellung finden konnte, warf ihn die Familie kurzerhand aus dem Haus.

Eines Tages hörte er zufällig eine meiner Predigten. Der HERR berührte ihn, und er wurde Teil unserer Familie, um uns in unserem Dienst zu unterstützen. Kurze Zeit später segnete ihn der HERR mit einer Stelle bei den Bundesbahnen. Er trug bereitwillig alle Hochzeitskosten. Dann starb er plötzlich an Herzstillstand.

Eine weitere Tragödie ereilte uns mit dem Tod des Bruders meiner Frau. Er hatte immer ein gottloses Leben geführt. Dann rief er mich eines Tages an und bat mich, für seinen dritten Sohn zu beten, der unter Epilepsie litt. Ich betete für ihn, und er wurde geheilt. Das nutzte ich als Gelegenheit, um meinen Schwager zu Gott zu führen. Er starb innerhalb von zwei Wochen nach einem unerwarteten Herzinfarkt und hinterließ seiner Frau drei kleine Kinder.

Solche Vorfälle erschütterten uns, doch unser Glaube blieb fest.

Trost und Unterstützung

Der Bruder meiner Frau starb, als wir gerade in Tamil Nadu ein Treffen abhielten. Meine Schwiegereltern waren vom Ableben ihres Sohnes am Boden zerstört, weshalb ich es als gut und richtig erachtete, dass meine Frau einige Zeit bei ihnen blieb.

Doch meine Schwiegermutter wollte davon nichts wissen: «Ihr seid Missionare, unsere Trauer sollte euch nicht von eurer

Arbeit abhalten.» So groß war ihre Hingabe an den HERRN. Mein Schwiegervater kehrte erst mit 94 Jahren zum HERRN zurück, meine Schwiegermutter verbrachte ihre letzten Jahre bei uns in Bihar und starb im Alter von 93 Jahren. Sie wurde in Bihar begraben, wie sie es sich gewünscht hatte.

Viele Menschen unterstützten uns mit Gebeten und mit Geld. Ich erinnere mich an eine 84-jährige Witwe im Distrikt Kanyakumari in Tamil Nadu, die einmal meine Hand ergriff und sagte: «Mein Sohn, du bist ständig auf den Knien, um zu beten, doch du kannst getrost jede Nacht zwischen ein und vier Uhr morgens schlafen, da ich in dieser Zeit auf meinen Knien bin und für dich und deinen Dienst bete.»

Als ich das hörte, kamen mir die Tränen. Es erinnerte mich an eine Frau aus den USA, die jeden Cent, den sie verdiente, unserem Dienst in Bihar spendete. Viele andere opferten wie sie ihr Einkommen oder fielen auf die Knie, um unsere Arbeit zu unterstützen. Nur Gott kann derart großzügige Herzen schaffen!

Liebe kleine Olive

Es ist eine schreckliche Sache, die überall in Indien und speziell in Bihar passiert. Eltern werfen ungewollte Babys – vor allem Mädchen und uneheliche Kinder – wie Müll weg. Viele solcher Babys können gerettet werden und finden ihren Weg in unser Heim.

Eines Tages erreichten uns drei solcher Neugeborenen, derer sich meine Frau drei Wochen lang liebevoll annahm. In Kürze hatte sie sich in eines dieser Babys besonders verliebt. Als es zu uns kam, war es zwei Tage alt. Rupaleka drückte ihren Wunsch aus, das Kind zu adoptieren.

Obwohl mich das anfangs etwas überrumpelte, stimmte ich

dennoch freudig zu, da auch ich mein Herz an dieses Kind verloren hatte. Wir nannten sie Olive Magdalene, da sie uns an dem Tag gebracht wurde, an dem die Missionarin Olive gestorben war.

Olive war ein hübsches Mädchen von einnehmender Persönlichkeit. Es war unmöglich, dieses Kind nicht zu mögen. Es war sehr intelligent und scharfsinnig und hatte auf jede Frage eine Antwort parat. Olive wurde zu einer hervorragenden Schülerin, die bald fließend Tamilisch, Hindi und Englisch beherrschte. Sie betete mit der Macht des Heiligen Geistes und brachte auch ihren Freunden das Beten bei.

Ach, wir liebten sie von ganzem Herzen. Doch unsere Freude war nur von kurzer Dauer. Sie fiel im zarten Alter von nur sieben Jahren einer Krankheit zum Opfer und ließ uns in tiefer Trauer zurück.

Unsere adoptierte Tochter blieb uns lebhaft in Erinnerung. Sie hatte die Gabe der Prophetie und vor ihrem Ableben viele Male prophezeit.

Vier Tage vor ihrem Tod rief sie meine Frau zu sich und sagte: «Amma, Jesus hat mir gesagt, dass du von nun an nie wieder Geschwüre an den Beinen haben wirst.»

Aufgrund ihrer Diabetes-Erkrankung hatte meine Frau seit vier Jahren Geschwüre. Doch seit dieser Prophezeiung litt sie nie wieder unter Geschwüren.

Olive hatte gelernt, sehr genau auf Gottes Stimme zu hören. Kurz bevor sie starb, sagte sie: «Ich habe gesehen, dass mein Name im Buch des Lebens eingetragen ist.»

Linderung für den Schmerz

Sechs Monate danach kamen drei weitere Babys zu uns. Wieder einmal bewegte eines von ihnen das Herz meiner Frau ganz besonders, da es ein kränkliches Kind war, das sich häufig erbrach. Sie wollte es adoptieren, doch ich ertrug den Gedanken nicht. Der Verlust unserer geliebten Olive wog noch schwer auf meinem Herzen. Aber nach zehn Monaten war dieses Kind das einzige, für das wir keine Adoptiveltern finden konnten.

Eines Tages rief mich meine Frau während einer meiner Dienstreisen an und sagte, dass soeben ein weiteres Baby eingetroffen war.

Etwas irritiert fragte ich: «Hast du denn sonst nichts zu tun?»

Sie antwortete: «Komm heim und schau dir das Baby an. Danach reden wir weiter.»

Als ich nach Hause kam, lag ein gewickeltes Baby auf meinem Bett. Und es entspann sich in meinem Leben ein weiteres Mal eine Geschichte, die den, der sie hört, zu Tränen rühren kann …

Die Mutter des Mädchens hatte es nur zwei Tage nach seiner Geburt auf die Bahngleise gelegt, damit es der Zug zerquetschte. Doch an dem Tag hatte der Zug etwas Verspätung, und als er sich schließlich näherte, war das Kind schon von den Schienen gerollt. Das Baby war vor seinem sicheren Tod bewahrt worden.

Doch sein «Todeszug» war gerade erst ins Rollen gekommen. In seiner Verlassenheit witterten zwei wilde Hunde das kleine Bündel und fingen an, sich an seinem linken Arm und rechten Bein satt zu fressen. Sie wurden erst von einem Bauern gestoppt, der zufällig vorbeikam.

Er sah, dass das Kind noch lebte, verscheuchte die Hunde, wickelte das Neugeborene in ein paar Lumpen und brachte es in das öffentliche Krankenhaus. Dieses rief dann meine Frau an.

Rupaleka holte das Baby ab und wies es in unser Krankenhaus ein. Es war in einem erbärmlichen Zustand. Ein Arm war komplett abgerissen worden, doch die Ärzte fanden keine Haut, um den Schulterknochen abzudecken. Wir konnten nur beten.

Und das Wunder geschah: Während wir noch beteten, wuchs Fleisch über den nackten Knochen. In dieser einen Woche waren noch fünf weitere Wunder nötig, um das Baby zu retten.

Wir nahmen es als unser Kind an, da wir wussten, dass dies Gottes Plan war. Wir nannten es Sharon Maria. Nun tat ich mich auch leichter damit, noch ein weiteres Kind zu adoptieren, das uns zehn Monate davor gebracht worden war. Wir nannten dieses Mädchen Shekina Jarvis.

Wir lernten viel von diesen beiden Kindern. Sie brachten uns bei, Gottes Liebe noch tiefer zu erfahren und alles in unserer Macht Stehende für Gott zu tun.

Völlige Hingabe

Es ist meine feste Überzeugung, dass «ein treuer Mann von vielen gesegnet» wird (Sprüche 28,20) und dass, «wer in Unschuld lebt, sicher lebt» (vgl. Kap. 10,9). Diese Überzeugung gab mir die Kraft, die Wahrheit nicht zu verschweigen, wenn ich sprach. Ich nannte die Dinge beim Namen, sei es in meinen Predigten oder in persönlichen Gesprächen. Ich konnte es nicht ertragen oder ignorieren, wenn jemand vom heiligen Wort Gottes abwich.

Dies bereitete nicht jedem Diener Gottes Freude. Das kümmerte mich jedoch nicht weiter, da es nicht meine Absicht war, den Menschen zu gefallen. Ich wusste, dass ich nicht würdig war, ein Diener Christi genannt zu werden, wenn ich ihm nicht gefiel. Dank dieser Überzeugung war ich in der Lage, die Hingabe der Menschen durch meine Botschaften zu fördern und sie zu ermutigen, ihren Wohlfühlbereich zu verlassen und für den HERRN zu arbeiten.

Jesus sagt: «Denn euer Vater weiß, was ihr bedürft» (Matthäus 6,8). Ich nahm ihn beim Wort und betete nie für eines meiner Bedürfnisse, sondern vergoss Tränen für die verlorenen Seelen und trauerte, wann immer jemand dem Reich Gottes Schaden zufügte. Ich achtete immer darauf, alle Ehre Gott zu geben, denn nur er hat sie verdient. Mein einziger Wunsch ist es, meinem HERRN bis zum Ende treu zu sein.

Der brennende Wunsch, mich Gott ohne Makel zu präsentieren, bewog mich, ein transparentes Leben zu führen. Mein Leben ist ein offenes Buch. Jederzeit können meine Geschwister auf mich zukommen. Viele verstehen das nicht, aber ich bin mir sicher, dass dies der Weg Christi ist.

Das sind seit jeher meine Richtlinien:

- Lass die brennende Liebe für den HERRN nicht erkalten.
- Hege den innigen Wunsch, ein nützliches Gefäß in seinen Händen zu sein.
- Sei dem, der dich gerufen hat, bis zum Ende treu.
- Kümmere dich mit Hingabe um die Gemeinde Gottes.

Gott weiß um unsere Bedürfnisse

Als ich damals meinen Dienst begann, besaß ich keine Transportmittel. Ich ging überall zu Fuß hin und verkündete das Evangelium. Ich legte am Tag bis zu zwanzig Kilometer zurück. Irgendwann schenkte mir jemand sein altes Fahrrad, mit dem ich bis zu dreißig Kilometer am Tag zurücklegen konnte.

Eine Frauengruppe in England gelangte zu der Überzeugung, dass ich ein besseres Transportmittel benötigte, und kaufte mir ein altes Motorrad. Ich legte darauf fast 120.000 Kilometer zurück. Wenig später schenkte mir Gott ein schnelleres Motorrad.

Kurz darauf wurde es einigen Brüdern gestohlen, die es sich von mir geliehen hatten. Sie erzählten mir nervös von dem Diebstahl und befürchteten einen Wutausbruch.

Doch stattdessen beruhigte ich sie: «Gelobt sei der HERR. Vielleicht will Gott mir eine größere Maschine mit 250 Kubikzentimeter Hubraum geben.» Obwohl ich es nur im Spaß gesagt hatte, gab Gott mir in der folgenden Woche tatsächlich ein 250er-Motorrad!

Einige Tage später baute ein afrikanischer Mitarbeiter damit einen Unfall. Das Vorderrad wurde dabei komplett zerstört, doch der Fahrer kam glücklicherweise mit ein paar wenigen Kratzern davon.

Ich ersetzte das kaputte Rad und benutzte das Gefährt weiterhin. Es sah komisch aus. Kinder lachten mich aus, wenn ich an ihnen vorbeifuhr.

Es dauerte nicht lange, bis Gott mir ein brandneues Auto gab. Nach einigen Monaten befahl mir Gott, es Pastor Dhayanandan zu schenken. Ich schwang mich also wieder auf mein altes Fahrrad.

Dann bot mir Gott die Möglichkeit, ein Moped zu kaufen. Als wir unsere Missionsarbeit in Madhubani begannen, spendete ich es den Missionaren, da sie es dringend brauchten. Ein Gebetspartner aus Sawyerpuram erfuhr, dass ich wieder mit dem Fahrrad unterwegs war, und schenkte mir seine «Royal Enfield Bullet», damals ein Geschoss von einem Motorrad!

Reverend Rick Shelton, in dessen Kirche ich in den USA gepredigt hatte, bat seine Gemeinde, Geld zu spenden, und kaufte mir davon ein Auto. Nachdem ich es eine Weile benutzt hatte, zeigte mir Gott einen schwachen und gesundheitlich angeschlagenen Missionar, der unter harten Bedingungen arbeitete. Gott forderte mich auf, ihm das Auto zu geben.

Ich gehorchte augenblicklich und reiste die nächsten acht Monate entweder zu Fuß oder mit dem Bus. In Bihar ist es nichts Außergewöhnliches, auf dem Dach eines Busses unterwegs zu sein. Ein Bus kann bis zu 250 Menschen auf seinem Dach transportieren! Unerschrocken setzte ich meinen Dienst fort und fuhr manchmal sogar auf Güterzügen!

Auf einer Europareise fragte mich ein Pastor nach dem Automodell, das ich fuhr. Ich erzählte ihm, wie Gott mich angewiesen hatte, mein Auto jemandem zu geben, der es dringender benötigte als ich.

Er erzählte diese Geschichte weiter, woraufhin sein Freundeskreis beschloss, mir ein Auto zu kaufen. Ich wies das Angebot zurück, da ich nichts aus Mitleid erhalten wollte. Nur wenn es dem Willen Gottes entsprach, würde ich es annehmen.

Nachdem sie dreimal darüber gebetet hatten, zeigte sich deutlich, dass es Gottes Wille war. Ich akzeptierte den «Ford Sierra», und er wurde der GEMS gestiftet.

Alles, was wir jemals gekauft haben, ist im Besitz unserer Organisation, und ich will, dass dies bis zum Ende so bleibt. Ich will auf dieser Erde weder Hab noch Gut besitzen. Meine Frau und die Kinder sind sich dessen bewusst. Ich habe meinen Kindern oft gesagt, dass ich ihnen nur zwei Dinge geben kann: eine Ausbildung und Jesus. Sie respektieren meine Haltung und sind zufrieden mit dem, was sie haben.

Seine Wege sind nicht unsere Wege

Eines Tages saß ich am Indira-Gandhi-Flughafen in Neu-Delhi und wartete auf den Abflug in die USA. Auf einmal machte mich der HERR auf eine tamilische Familie aus Sri Lanka aufmerksam, die in New York lebte. Er sagte mir, dass er sie darauf vorbereite, mir ein Auto zu kaufen.

Ich war mir nicht sicher, was ich mit dieser Information anfangen sollte, denn ich kannte diese wundervolle Familie gut und wusste auch, dass sie nicht sonderlich gut betucht war. Sie verfügte nicht einmal über ausreichend Mittel, um den Bau ihres Hauses abzuschließen.

Ich versuchte, den Gedanken an das Auto zu verdrängen, doch Gott kam ein zweites Mal darauf zu sprechen, als wir gerade über Pakistan flogen.

Gleich nach der Landung in Amsterdam rief mich meine Frau an und erzählte mir von Sister Allins Tod. Sie hinterließ ihren Mann und drei Kinder. Ich war mit meinen Gedanken noch bei dieser Hiobsbotschaft, da unterbrach der HERR meinen Gedankengang einmal mehr mit der Familie in New York.

Nachdem ich meinen Dienst in Kalifornien getan hatte, reiste ich nach Washington D.C. weiter. Das Ehepaar, das der HERR mir mehrmals gezeigt hatte, holte mich am Flughafen ab.

Kaum war ich eingestiegen, sagten beide gleichzeitig: «Bruder, wir haben beschlossen, dir ein Auto zu kaufen.»

Ich erwiderte erst mal nichts darauf. Nach meinen Predigten in Washington fuhren wir zu ihnen nach New York.

Beim Abendessen herrschte Schweigen, was dem Mann unangenehm zu sein schien: «Du glaubst wahrscheinlich, dass wir es uns nicht leisten können, dir ein Auto zu kaufen, nicht wahr? Doch so schwierig ist das nicht. Wenn wir pro Monat tausend Dollar zurücklegen, sollten wir innerhalb eines Jahres in der Lage sein, es dir zu kaufen.»

Ich schwieg weiter. Nun war mir klar, dass sie die Mittel dafür nicht besaßen, sondern nur den Wunsch hatten.

Einige Tage später fuhr er mich zum Zahnarzt, um meine Zähne behandeln zu lassen. Auf dem Weg dorthin zeigte er mir ein Auto und meinte, ich sollte genau dieses Modell in derselben Farbe kaufen.

Jetzt erzählte ich ihm von dem Gespräch, das ich seit einigen

Tagen mit Gott führte. Ich bat ihn, mich nicht weiter mit dem Autokauf zu belästigen.

Er erwiderte gelassen: «Wenn Gott es gesagt hat, wird er es auch tun.»

Es war immer noch Juni. Ich war für die Behandlung meines Zahnes bei einem Zahnärzte-Ehepaar aus Kerala. Beide waren Christen und wollten kein Geld für meine Behandlung. Im Juli war ein Baum auf ihre Praxis gefallen, und sie hatten eine große Summe von der Versicherung erhalten. Sie zogen für den Wiederaufbau ihrer Praxis einen Bauunternehmer heran, der ihnen versicherte, dass die Reparaturen mindestens zwei Monate in Anspruch nehmen würden.

Etwas verzweifelt beauftragten sie meinen Bekannten aus New York, der nicht nur besseres Material verwendete, sondern die Arbeit auch in ganzen vier Tagen erledigte. Und das war nicht alles. Ihnen blieben noch 20.000 Dollar von der Versicherungssumme übrig. Sie bestanden darauf, ihm die gesamte Summe zu geben.

Im August predigte ich mit meiner Frau in Kanada. Niemand anderes als mein Bekannter aus New York tauchte auf, um mir die verbliebene Summe zu überreichen! – Ich war absolut sprachlos.

Gott sprach, und die Welt entstand. Er vermag alles, und nichts kann ihn aufhalten. Mit der Versicherungssumme kauften wir einen Van, den «Toyota Innova», für die GEMS.

Der Herr ist unser Hirte

Wir folgen strikt der Devise, dass nur das ausgegeben wird, was für einen spezifischen Zweck vorgesehen ist. Diese Richtlinie wurde schon einige Male hinterfragt, doch es gelang uns immer, an ihr festzuhalten.

Wir besaßen ein altes Fahrzeug, das wir für Fahrten in die neun Kilometer entfernte Stadt benutzten. Das Auto befand sich in bedauernswertem Zustand, und mit der Zeit häuften sich die Pannen. Besonders frustrierend wurde es, wenn wir auf dem Weg zum Bahnhof stehen blieben und unsere Missionare deswegen den Zug verpassten.

Meine Frau hatte irgendwann genug davon. Sie war verantwortlich für die Organisation unserer Transporte und wollte das Auto durch ein gebrauchtes, aber fahrtüchtiges Gefährt ersetzen. Brother E.C. Johnson, der im knapp 140 Kilometer entfernten Patna diente, trieb uns den Kleinbus «Maruti Suzuki Omni» auf, der sich im Besitz eines Bruders befand. Er handelte den Preis herunter und schickte uns den Wagen.

Als ich nach Hause kam, machte ich sogleich eine Testfahrt und war hochzufrieden: Wir hatten einen guten Deal gemacht. Also wies ich unsere Finanzabteilung an, die notwendigen Zahlungen zu veranlassen.

Während des Mittagessens fragte mich der HERR, von welchem Konto ich das Geld zu nehmen gedachte.

Ich ging augenblicklich in Verteidigungshaltung und schob Brother Johnson die Schuld zu: «Es ist nicht mein Fehler. Brother Johnson hat den Deal ohne meine vorherige Einwilligung abgeschlossen.» Ich wusste, dass das eine faule Ausrede war, und mir war nicht ganz wohl dabei.

Ohne etwas gegessen zu haben und mit der Frage meiner irritierten Frau, ob ich denn krank sei, verließ ich den Mittagstisch und ging in mein Büro.

Am Abend brachte ich immer noch keinen Bissen runter. Der HERR plagte mich die ganze Nacht hindurch, bis ich im Morgengrauen schließlich unter Tränen zugab, falsch gehandelt zu haben. Ich bat ihn um Vergebung.

Meine Frau fragte mich nochmals, ob ich krank sei, darum erzählte ich ihr, was vorgefallen war. Ich war froh, dass ich mich mit Gott versöhnt hatte. Danach ging ich in die Morgenandacht, die wir täglich um fünf Uhr in der Früh abhalten – auch im Winter.

An jenem Tag ging ich früher als sonst ins Büro. Als ich dort ankam, entdeckte ich zu meiner Überraschung einen Umschlag auf dem Schreibtisch. Das war seltsam, da in unserer Region die Post erst nachmittags vorbeikommt.

Neugierig öffnete ich den Brief und fand darin einen Scheck über exakt die Summe, die wir für den Kauf des Autos benötigten! Auf einem beiliegenden Zettel stand, dass das Geld für einen Notfall bestimmt sei. Wir haben nie erfahren, wer uns den Scheck geschickt hat. Wie wachsam ist doch unser Gott und wie gnädig! Er verhinderte, dass wir unser Versprechen brechen mussten.

Ein andermal bestellte das Kinderdienst-Team ohne meine Zustimmung Bücher aus Bangarapet in der Nähe von Bangalore. Die Bestellung sollte in der Niederlassung des Kurierdienstes abgeholt werden.

Die Mitarbeiter kamen in mein Büro und baten um das Geld. Ich sagte ihnen wahrheitsgemäß, dass wir kein Geld hatten. Dann schlug ich vor, dass wir uns alle auf den Boden knieten und beteten.

Völlig überraschend erhielten wir am folgenden Tag 27.000 Rupien; genau den Betrag, den wir zur Begleichung der Rechnung benötigten! Es lag auch ein Brief dabei, der uns zutiefst bewegte.

Er stammte von einer Familie in Dubai, die einmal eine meiner Predigten gehört hatte. Sie hatten einen sterbenskranken sechsjährigen Sohn. Kurz vor seinem Tod bat er seine Eltern, sein Sparschwein zu schlachten und all seine Ersparnisse dem Kinderdienst von Brother Augustine Jebakumar zu schicken. Sie erfüllten seinen Wunsch und sandten uns den Betrag.

Wie wunderbar ist Gott in seiner Gnade! Füttert er nicht die jungen Raben, wenn sie schreien?

Wir erlebten auch jedes Mal aufs Neue ein Wunder, wenn wir unseren Missionaren ihren Monatslohn ausbezahlten. Das Geld war immer da. Und auch die Waisenhäuser, die wir verwalten, erlebten immer wieder solche Wunder.

Der Gott, der vierzig Jahre lang über zwei Millionen Israeliten in der Wüste ernährte, ist noch immer derselbe. Lasst uns standhaft bleiben und dem Druck nicht nachgeben. Möge Gott verherrlicht werden!

Die kleinen Missionare

Im Dezember 1992 war die Lage in Indien angespannt. Die Vorgänge um die Babri-Moschee in Ayodhya im Norden Uttar Pradeshs hielten die ganze Nation in Atem. Zusammen mit den Kindern fasteten und beteten wir am 5. Dezember für das Wohlergehen unserer Nation.

Während wir beteten, begann die zehnjährige Kala, eine Bewohnerin unseres «Happy Home», zu prophezeien: «Morgen wird die Babri-Moschee zerstört werden. Unruhen werden ausbrechen. Viele werden ihre Jungfräulichkeit und noch mehr werden ihr Leben verlieren.»

Die Tragödie ereignete sich genau wie von ihr vorhergesagt. Es war trotz der schrecklichen Botschaft ermutigend zu sehen, wie Gott ein kleines Kind gebrauchte, um die Zukunft vorherzusagen. Heute ist Kala Missionarin.

Es erfüllt uns mit großer Freude, dass viele der Kinder aus unseren Heimen – neben einigen, die leider zu Enttäuschungen wurden – später Missionare, Mitarbeiter und Lehrer wurden.

Shyly verlor ihre Eltern im Alter von vier Jahren und kam in unser Waisenhaus. Sie war ein stilles und scheues Kind. Bei uns erlebte sie die Liebe Jesu. Doch als sie elf Jahre alt war, nahmen ihre Verwandten sie uns weg und gaben sie Vinod zur Frau. Ihr Mann war Regierungsbeamter; ein schlechter Mensch, der seine Frau hasste, da er glaubte, dass sie mit ihrem christlichen Glauben Schande über seine Familie gebracht hatte.

Einige Jahre später erkrankte sein Bruder schwer. Sie investierten Tausende von Rupien in die medizinische Behandlung am «Banaras Hindu University Hospital», doch es war vergebens. Die Ärzte gaben alle Hoffnung auf Genesung auf und schickten ihn nach Hause. Die Familie wandte sich an Zauberer, doch sein Zustand verschlimmerte sich nur noch mehr.

Da Vinod gesehen hatte, wie Shyly ein Leben im Gebet führte, forderte er sie heraus und befahl ihr, für seinen Bruder zu beten.

Sie nahm die Gelegenheit wahr und sagte zu ihm: «Der HERR Jesus wird ihn sicher heilen. Ich bin bereit, für ihn zu beten, doch nur unter einer Bedingung: Versprich mir, dass du danach deine Waffen fallen lässt und Jesus nachfolgst.»

Er akzeptierte die Bedingung, drohte ihr aber gleichzeitig schreckliche Konsequenzen an, sollte sie scheitern: «Ich werde dich erschießen, wenn mein Bruder nicht geheilt wird.»

Sie nickte nur. Dann begann sie, für das Leben seines Bruders zu beten. Nach drei Stunden ununterbrochenen Gebets wurde der Bruder geheilt. Heute sind beide Missionare Jesu. Nachdem sie das GEMS-Training absolviert hatten, arbeiteten sie unermüdlich für das Evangelium. Sie wurden oft attackiert und einmal sogar angeschossen, doch nichts kann ihre Begeisterung dämpfen. Mutig marschieren sie weiter.

Alle Wege nutzen

Ein bekannter Evangelist hatte in Nepal dreihundert Kinder in seiner Obhut. Er baute eine Schule und kaufte Felder, auf denen er Getreide anpflanzte, um die Kosten zu decken.

Gott segnete diese Arbeit. Bald waren seine Mittel vervielfacht.

Doch irgendwann korrumpierte ihn der Reichtum. Er fiel der Fleischeslust zum Opfer, und der Segen Gottes verflog so schnell, wie er gekommen war. Seine Kinder nahmen Christus nicht als ihren Retter an, und bald war seine ganze Arbeit auseinandergefallen.

Eines der Mädchen, für die er gesorgt hatte, heiratete einen Arzt, und Gott sei die Ehre dafür, dass wir sie auch zu Christus führen durften. Das Ehepaar nahm mit der Frau des Evangelisten, die jetzt – nach seinem Tod – über dessen Besitz verfügte, Kontakt auf. Sie baten sie, das Land GEMS zu übergeben. Sie stimmte zu.

Die ganze Arbeit sowie die vier Hektar Land mit allen Gebäuden wurden uns überschrieben. Brother Barnabas, alias Purushotam, und Sister Mary, eine ehemalige Anhängerin des Hinduismus, die nach Nordindien gekommen war, kümmerten sich um den Dienst in Nepal. Sie arbeiteten in acht Distrikten der Region Terai an der südlichen Grenze zu Bihar.

Sie gründeten Kirchen, eine Bibelschule und ein Waisenhaus und verwalteten auch verschiedene Schulen. Unzählige Kinder wurden durch sie zu Christus geführt. Dies verhinderte, dass Nepal ins totale Chaos stürzte, und es war ein deutliches Zeichen, dass Gott uns gesandt hatte, um in diesen Gegenden zu dienen. Wir erwarten, dass noch größere Dinge in Nepal geschehen werden.

Die Zahl der GEMS-Missionare wuchs stetig an. Wir benötigten dringend eine Infrastruktur, die den Bedürfnissen der Kinder nachkam. Dies bewog uns, die Heime «Anoka» und «Ashadeep» zu bauen. Die Heimleiter, Brother Jesuraj und Sister Selvi, leisteten bewundernswerte Arbeit. Sie führten die Kinder im Licht von Gottes Wort, und es war deutlich sichtbar, wie Gott unter ihnen wirkte.

Ein anderes Gebiet, das unsere Aufmerksamkeit forderte, war die Verwaltung. Wir achteten peinlich genau darauf, dass die einem Projekt zugewiesenen Mittel auch ausschließlich für dieses Projekt verwendet wurden. Zusätzlich zu einem externen Treuhänder stellten wir auch Brother Vallikutty an, um den Geldfluss zu überwachen.

Wir schufen sechzehn Stiftungen für die verschiedenen Dienstbereiche. Um einerseits die Effizienz und Funktionstüchtigkeit unserer Arbeit zu garantieren und andererseits Stillstand aufgrund von Befugnis- oder Entscheidungsfragen zu verhindern, beschlossen wir, unsere Arbeit zu dezentralisieren.

Wir teilten unser Gebiet in fünf Regionen auf. Jede Region bekam ihr eigenes Büro, dem ein Direktor vorstand. Dies erlaubte uns, die regionalen Probleme schneller angehen zu können, was uns wiederum ermöglichte, das Evangelium wirksamer zu verkündigen. Es erlaubte uns außerdem, uns mehr auf soziale Fragen und auf unsere Ausbildungsprogramme zu konzentrieren.

Gott zeigte uns Wege auf, wie wir die Massenmedien nutzen konnten, um das Evangelium unter die Menschen zu bringen. Wir zeigten Dokumentarfilme, bereiteten Botschaften vor und publizierten verschiedene Monatszeitschriften, um die wachsenden Kirchen zu stärken. Sie dienten den Gläubigen zur Erbauung und halfen ihnen, Gottes Macht und Wunder in ihrer Arbeit zu erleben.

Gottes Gnade ermöglichte es uns, das Ziel der GEMS zu erfüllen: nämlich den noch Unerreichten das Evangelium von Jesus Christus zu bringen und sie mit den Mitteln auszurüsten, die sie benötigen, um ihrem eigenen Volk mit der Guten Nachricht zu begegnen.

Lokale Missionare aufziehen

Während der Erntezeit in Bihar arbeitet die einfache Bevölkerung auf den Feldern der Landbesitzer. Sie erhalten für sechzehn Bündel geerntetes Getreide ein Bündel desselben als Lohn.

Ein armer Erntehelfer beschloss – nachdem er das Evangelium gehört hatte –, sonntags von jeder Arbeit abzusehen. Er wollte den Tag damit verbringen, Gott zu ehren, und teilte dem Landbesitzer seine Entscheidung mit.

Dieser verlor die Beherrschung und schimpfte den Arbeiter einen Faulenzer. Kein Wunder, dass er arm sei!

Die Frau des Landbesitzers wurde Zeugin dieses Vorfalls und beobachtete später voller Neugierde, wie der junge Mann sich in den Schatten eines Baumes setzte, in einem kleinen Buch las und sich niederkniete, um zu beten.

Diese neue Art von Gottesdienst faszinierte sie. Sie hatte nie zuvor einen Christen getroffen, und die einzige Form von Anbetung, die sie kannte, war die *pooja,* ein hinduistisches Ritual, in dem die Gläubigen ihren Gottheiten Opfer darbringen.

Ihre Neugierde war so groß, dass sie mehr erfahren wollte. Schon lange litt sie an chronischem Asthma, was dazu führte, dass ihr Mann, der Landbesitzer, die Nase gestrichen voll von ihr hatte und beabsichtigte, eine andere Frau zu heiraten.

Eines Tages ließ sie den jungen Arbeiter rufen, um mehr über diese neue Gebetsart zu erfahren.

Er erzählte ihr von Jesus und unterstrich, dass er heute noch lebt. Sie bat ihn, sie sofort zu ihm zu bringen.

Als er den Grund dafür wissen wollte, schüttete sie ihm ihr

Herz aus und sagte: «Mein Mann will aufgrund meiner Krankheit eine andere heiraten. Ich muss von dieser Last befreit werden, um meine Ehe zu retten.»

Ohne auch nur eine Sekunde zu zögern, legte er ihr die Hände auf und betete.

Sie wurde im selben Augenblick von ihrem Asthma geheilt und hüpfte umher, außer sich vor Freude, dass ihre Ehe nun gerettet war.

In diesem Moment kam der Landbesitzer hinzu und blieb verwirrt vor ihnen stehen. Seine Frau erzählte ihm, was passiert war. Da sagte er begeistert zu dem jungen Beter, dass sein einziger Auftrag von nun an das Beten sein würde. Als die Erntezeit vorbei war, schenkte er dem Mann sogar eine ganze Traktorladung Getreide!

Im Laufe der Zeit erkannten wir in diesem jungen Mann die Gabe des Heiligen Geistes, nahmen ihn in unsere Obhut und bildeten ihn zum Missionar aus. Er legte seinen alten Namen ab und nennt sich jetzt Brother Andreas. Gott benutzt ihn regelmäßig, um die Sadhus zu verwirren. Wann immer ein Fluch schwarzer Magie aufgehoben werden muss, ruft ihn das Volk zu Hilfe. Ja, die Macht Jesu verwandelte einen gewöhnlichen Arbeiter in eine außergewöhnliche Person.

Der Bundesstaat Jharkhand, der früher zu Bihar gehörte, war ein heißes Pflaster für Missionare. Dort ansässige Naxaliten (extremistische Kommunisten) machten es sich zu ihrer Aufgabe, unseren Mitarbeiter Helen Panna immer wieder zu bedrohen oder sogar zu entführen. Dieser erzählte ihnen dann jedes Mal von der Liebe Christi. Doch nichts verlangte sie mehr, als den Missionar endlich mundtot zu machen.

Einmal brachten sie ihm ein sechsjähriges Mädchen, das in einem Wassertank ertrunken war, und befahlen ihm, es im Namen Jesu wieder zum Leben zu erwecken.

Er war bereit, die Herausforderung anzunehmen, vorausgesetzt, sie erlaubten ihm danach, in ihrem Dorf das Wort Gottes zu predigen. Sie stimmten zu. Kurz bevor er zu beten begann, sagte er ihnen noch, dass dies für Jesus keine große Sache sei. Das Mädchen, das zwei Stunden zuvor gestorben war, wurde auferweckt!

Die Art und Weise, wie Gott den Glauben dieser jungen Männer und Frauen inmitten schwierigster Herausforderungen ehrte, erstaunte uns nicht nur, sondern gab uns auch eine tiefe Freude in unsere Herzen. Die Wunder ließen die Menschen aufhorchen und öffneten die Türen zur Verkündigung des Evangeliums.

Es ist auch ermutigend zu sehen, wie Gott solche Männer und Frauen aus der Mitte des Volkes in seinen Dienst ruft. Sollte die Arbeit auswärtiger Missionare einmal verboten werden, wird es keinen Mangel an lokalen Missionaren geben. In ihren eigenen Dörfern und Gemeinden werden sie zwar für die Gründung der Kirchen verantwortlich sein. Doch sie werden da sein und sie werden gut ausgerüstet sein, um das Evangelium in unerreichte Gebiete zu tragen.

Deshalb legen wir – solange uns noch Zeit bleibt – alles, was wir haben, in diese Arbeit, um Missionare zu motivieren, auszubilden und zu senden.

Mentoren für unsere Visionäre

Jharkhand besitzt eine große christliche «Adivasi»-Bevölkerung (Hindiwort für «Ureinwohner»; wird auch für kulturell rückständige Menschen gebraucht). Mit dem Ziel, Erweckung zu bewirken, organisierten wir in den Städten Ranchi, Jamshedpur, Dumka, Bokaro, Sindri und Dhanbad in Zusammenarbeit mit lokalen Kirchen mehrere evangelistische Veranstaltungen. Tausende wurden während dieser Versammlungen gerettet, und viele von ihnen bereiteten sich in der Folge darauf vor, dem HERRN zu dienen.

Wir organisierten auch öffentliche Versammlungen in Munger, Bhaghalpur und Begusarai – wo in der Vergangenheit schon große Missionare wie William Carey gearbeitet hatten – und gründeten dort neue Missionsfelder.

Dann mussten wir den plötzlichen Verlust von Pastor Dhayanandan hinnehmen. Auch wenn uns dies großen Abschiedsschmerz verursachte: Die Situation mit ihm war unerträglich geworden. Wir wurden in Schwierigkeiten hineingezogen, mit denen wir eigentlich nichts zu tun haben wollten.

Doch die Gnade Gottes trug uns durch diese Zeiten hindurch, und wir arbeiteten weiter für die Vision, die Gott uns gegeben hatte. Durch die Trennung von Pastor Dhayanandan wurde leider auch die 35-jährige Zusammenarbeit mit der Kirche von Chennai aufgegeben.

Wir ermutigten einige unserer Mitarbeiter dazu, dem Ruf Gottes in andere Bundesstaaten wie Westbengalen, Orissa (heute Odisha), Rajasthan und den oberen Teil von Madhya Pradesh zu folgen, auch wenn sie deswegen die GEMS verlassen mussten. Denn wir waren davon überzeugt, dass jeder, der dem Ruf Gottes folgt, zum Bau seines Reiches beiträgt. Es ist egal, im Namen welcher Organisation dies geschieht.

So konnten wir jeden Missionar lieben, unterstützen und ermutigen und bereiteten unter anderem Missionsfelder für die Organisationen «Maranatha» und «American Advent Mission» aus dem Süden vor.

Mir war bewusst, dass die GEMS alleine nicht in der Lage sein würde, die gigantische Aufgabe zu bewältigen, die die flächendeckende Evangelisation Bihars darstellte. Deshalb wollte ich mit allen kleinen und großen Organisationen ein Netzwerk der Zusammenarbeit bilden. Wir nannten es «Bihar Outreach Network» (BORN). Zehn Jahre lang saß ich mit Gottes Hilfe dem Vorstand vor. Auch als langjähriges Mitglied des Exekutivkomitees der «India Mission Association» (IMA) hatte ich die Gelegenheit, die Arbeit für Gott in Indien zu festigen.

Wir brannten darauf, den Menschen von Bihar einen höheren Bildungsstandard möglich zu machen und ihnen so bessere Chancen auf einen guten Arbeitsplatz zu bieten. Um dies zu erreichen, leiteten wir verschiedene Bildungsprogramme in die Wege. Wir gründeten das «College of Education» und boten Fernkurse für höhere Bildung durch die «Manonmaniam Sundaranar University» in Tirunelveli an. Wir erreichten damit über achthundert Kinder, und auch dieses Projekt half uns, Menschen in ein verändertes Leben mit Gott zu führen.

Tod, wo ist dein Stachel?

Ich war bereit, ein Leben lang den HERRN zu bezeugen, auch wenn dies bedeuten sollte, für ihn zu sterben. Der Satan war entschlossen, diese Aussage auf ihre Glaubwürdigkeit hin zu prüfen. Ich hatte die Gemeindemitglieder der Kirche in Bansari ermutigt, Evangelisationen in benachbarten Dörfern abzuhalten, und versprochen, einen Teil der Veranstaltung selbst zu übernehmen.

Etwa 65 Gemeindemitglieder und ein Bruder aus dem Dorf Thettardam führten die dreitägigen Versammlungen durch. Während sie sich nach der Predigt im Haus eines Bruders ausruhten, brodelte es im Dorf gewaltig.

Wie aus dem Nichts tauchten zweihundert Fackelträger auf, umringten das Haus und setzten es in Brand. Drei unserer Brüder rannten aus dem Haus, um den Mob zu beruhigen, allen voran Mangal Panna, ein Teilzeitmissionar.

Kaum hatte die Menge ihn ausgemacht, schlug man ihm auch schon eine Axt in den Kopf. Er starb auf der Stelle. Die zwei, die ihm auf den Fersen folgten, wurden ebenfalls schwer verletzt.

Brother Mangal Panna hinterließ eine Frau und vier kleine Kinder. Während der Beerdigung stand seine Frau auf und sagte: «Mein Mann erlitt den Märtyrertod für den HERRN. Sein Blut wurde nicht umsonst vergossen. Es ist eine Saat, die für das Reich Gottes gesät worden ist.» Kein Auge blieb trocken.

Ihre Worte haben sich erfüllt. Heute steht an dem Ort, an dem er starb, eine Kirche, und einige der Angreifer haben Jesus als ihren Heiland angenommen. Wie es in der Offenbarung steht, wird das Blut unserer Brüder zur Ehre Gottes vergossen. Das Blut der Märtyrer wird immer die Saat zur Gründung christlicher Kirchen sein.

Nicht nur das eine Haus wurde bei dem Überfall in Brand gesteckt, auch viele der Missionare, die auf dem Veranstaltungsgrundstück lebten, wurden attackiert. Einige wurden auf den Feldern von wütenden Dorfbewohnern bewusstlos geschlagen. Dank sei dem HERRN, der uns jedes Mal half, sie rechtzeitig zu finden und zu versorgen!

Eine Zeitlang sah unser Grundstück wie ein Schlachtfeld aus. Überall waren bewaffnete Polizeibeamte stationiert, die uns vor dem wütenden Mob zu beschützen versuchten.

Meine persönliche Begegnung mit der fanatischen Gewalt war damals sehr schmerzvoll, und doch – wenn ich zurückblicke – auch irgendwie lustig.

Seit einiger Zeit litt ich an heftigen Schmerzen im Nacken. Der Grund dafür wurde nie entdeckt, obwohl ich in fünf verschiedenen Ländern von mehreren kompetenten Ärzten behandelt worden war. Es war egal, welcher Art von Behandlung sie mich unterzogen, eines blieb unverändert: der stechende Schmerz in meinem Nacken.

Kurioserweise war er nach dem Anschlag einfach verschwunden! Kein Arzt dieser Welt wäre auf diese Behandlungsmethode gekommen! Ich wurde komplett und kostenlos geheilt. Die Situation war im wahren Wortsinn lebensgefährlich gewesen, doch entbehrt meine Heilung nicht eines gewissen Humors von Seiten unseres Gottes.

Zwei Monate nach diesem Vorfall besuchten wir die Dorfbewohner wieder und brachten ihnen Wollschals mit, um sie zu beruhigen. Einige nahmen unsere Geschenke an, andere verspotteten uns.

Die uns immer noch Böses wollten, erkannten erst später, dass sie auf einen Mann hereingefallen waren, der das ganze Dorf aus persönlichen Gründen gegen uns aufgebracht hatte. Sie verstanden nun, dass wir tatsächlich der ganzen Gemeinschaft ohne Hintergedanken dienten und dass Gottes mächtige Hand mit uns war.

Bald schon war der Friede wiederhergestellt. Die Verheißung: «Wenn eines Menschen Wege dem Herrn wohlgefallen, so lässt er auch seine Feinde mit ihm Frieden machen» (Sprüche 16,7), erfüllte sich vor unseren Augen.

Die Offenbarung

Als ich im Jahr 1972 zum ersten Mal nach Bihar kam, beherrschte ich die Sprache der Einheimischen nicht. Ich war umgeben von Andersartigkeit. Manchmal klammerte ich mich an den Türpfosten der Kirche und weinte. Ich verglich mich mit den Fahrern der schweren Lastwagen, die auf der nationalen Autobahn (NH2, heute NH19) zwischen Delhi und Kalkutta (offiziell Kolkata) verkehrten.

Die Kirche meiner Niedergeschlagenheit befand sich direkt neben dieser Autobahn. Als ich wieder einmal dort war, lauschte ich einem Gespräch zwischen zwei LKW-Fahrern und hörte, wie einer der Fahrer sich zu Höchstleistungen antrieb, indem er Mahlzeiten ausließ, gegen den Schlaf ankämpfte und in halsbrecherischem Tempo durch die Nacht fuhr, um seine Ladung vor dem Verfaulen ans Ziel zu bringen.

Das machte mich nachdenklich. «Wenn ein Mensch, der eine verderbliche Ladung transportierte, sich Nacht für Nacht zu einer solchen Leistung antreiben kam, umso mehr sollte ich mich anstrengen, der ich die unverderbliche Salbung besitze.»

Von meinen eigenen Gedanken herausgefordert, machte ich mich auf den Weg, um mindestens einen weiteren Christen oder Missionar zu finden. Zu meiner großen Enttäuschung hatte ich selbst nach einer 160 Kilometer langen Wanderung nicht einen einzigen gefunden.

In dem Moment begriff ich das unglaubliche Ausmaß meiner Aufgabe: Das war kein Job für einen einzelnen Mann! Ich verstand, dass ich jeden Christen zum Evangelisten ausbilden musste, wenn ich meine Aufgabe erfüllen wollte. Die Heilige Schrift lehrt uns diese Wahrheit.

Jetzt wusste ich, was ich zu tun hatte: Jeden Christen so weit zu bringen, dass er Früchte für den HERRN trug. Die GEMS wurde gegründet, um diese Aufgabe auszuführen. Wie ich schon zuvor erwähnt habe, spiegelt unser Akronym die Idee der Organisation wider:

G	Go to the unreached	Gehe zu den Unerreichten
E	Evangelize them	Verkünde ihnen das Evangelium
M	Make them disciples	Mache sie zu Jüngern
S	Send them to reach others	Sende sie aus, um andere zu erreichen

Ein Ort des Lernens

Im Sommer 1977 führte das «Missionary Training Institute» das erste Trainingslager durch, um die Ziele der GEMS umzusetzen. Es dauerte 21 Tage, und 120 Menschen wurden ausgebildet. 21 Bücher der Heiligen Schrift wurden von 21 Gelehrten unterrichtet.

Die Teilnehmer erfuhren eine tiefe Veränderung in ihrem Leben. Der Wunsch, verlorene Seelen vor der ewigen Verdammnis zu retten, und ein Bewusstsein für die Dringlichkeit dieser Aufgabe brachen in ihren Herzen auf. Die Dringlichkeit und die Sorge um die herumirrenden Schafe trieb sie dazu an, mit Ernsthaftigkeit zu arbeiten und sich voll und ganz dem HERRN anzuvertrauen.

Die Zahl der Teilnehmer wuchs von Jahr zu Jahr. Als wir fünfhundert überschritten, kamen wir in Platznot. Also beschlossen wir, die Dauer des Lagers auf fünfzehn Tage zu reduzieren; leider beseitigte das unser Problem in keiner Weise.

Trotz der Unannehmlichkeiten nahm die Zahl der Teilnehmer weiter zu. Derart groß war der Hunger nach dem Wort Gottes, dass die Menschen offenbar bereit waren, auf jeglichen Komfort zu verzichten.

Irgendwann erreichten wir die Zahl von achthundert Teilnehmern und reduzierten die Programmdauer auf zehn Tage. Doch wir mussten uns erneut eingestehen, dass wir die immer noch anwachsenden Teilnehmerzahlen nicht bewältigen konnten, und strukturierten das Lager in eine fünftägige Konferenz um.

Die Teilnehmer wurden in individuelle Gruppen aufgeteilt: Kinder, Jugend, junge Christen, erwachsene Gläubige, Frauen ohne Schulbildung und Evangelisten. Sie wurden ihren Fähigkeiten entsprechend im Wort Gottes unterrichtet. Das Training motivierte und inspirierte sie und setzte in ihnen den Wunsch frei, zu den Unerreichten hinauszugehen.

Im Laufe der Jahre wuchs die Zahl der Teilnehmer auf fast 12.000. Das hieß 100.000 Puris allein zum Frühstück!

Nicht nur die Ordnung, die sanitären Einrichtungen, die Disziplin, Frömmigkeit, Pünktlichkeit und die kulturellen Programme der Konferenz sorgten dafür, dass sich die Begeisterung für die Konferenz wie ein Lauffeuer verbreitete. Sogar aus Tamil Nadu wurde Interesse bekundet.

Insgesamt freute uns diese Entwicklung, doch wir merkten, dass so große Veranstaltungen uns viel Kraft kosteten, und deshalb beschlossen wir, sie nur alle zwei Jahre durchzuführen.

Bei den Planungen der nächsten Konferenz wurde uns bewusst, dass wir mit mindestens 20.000 Teilnehmern zu rechnen hatten. Verschiedene Ideen wurden erwogen, wie diese Herausforderung bewältigt werden konnte. Jemand schlug vor, über das Jahr verteilt sieben kleinere Versammlungen durchzuführen. Aber diese Idee musste verworfen werden, da die verschiedenen Jahreszeiten mit Hitze-, Kälte- und Regenperioden uns vor massive Probleme stellen würden.

Nachdem wir alle Möglichkeiten abgewogen hatten, einigten wir uns auf den Bau eines Auditoriums mit 5000 Sitzgelegenheiten.

Nun mussten wir das Geld dafür aufbringen. Die Kosten des Baus wurden auf 16,5 Millionen Rupien geschätzt. Gott gab uns verschiedene Spender an die Hand: Mister Stephen der «Larsen & Toubro Company» und einen Freund von mir, der uns ein 0,6 Hektar großes Stück Land schenkte, das wir verkaufen und zur Finanzierung nutzen konnten.

Mit diesen zwei Spenden kamen wir auf knapp fünfzehn Millionen Rupien. Damit hatten wir einen beträchtlichen Teil der benötigten Summe beisammen. Wir waren begeistert! Das Projekt würde rasch verwirklicht werden können, so hofften wir zumindest.

Doch bald nahmen die Dinge eine negative Wendung. Die Stahl-, Zement- und andere Materialpreise schossen in die Höhe. Mister Stephen kam, besichtigte das Grundstück und zeichnete die Pläne für das Gebäude.

Als wir die Pläne sahen, wurde uns bewusst, dass unsere Bauabteilung mit einem Projekt dieser Größe nicht klarkommen würde. Wir mussten einen Bauunternehmer zu Hilfe rufen. Er schätzte die Kosten auf unglaubliche 38,5 Millionen Rupien!

Außerdem wollte der Bruder, der uns das Grundstück gespendet hatte, dass das Geld nur für die Arbeit unter Kindern und nicht für die Konstruktion des Auditoriums benutzt würde.

Die andere Person, die uns den Erlös eines Hausverkaufs versprochen hatte, konnte ihr Versprechen aufgrund veränderter Bedingungen nicht einhalten.

Wir standen mit leeren Händen da. Fragen und Zweifel beschlichen unsere Herzen. Wo sollten wir solch eine gewaltige Geldsumme hernehmen, wenn wir uns an unsere Richtlinie hielten, unter keinen Umständen um Spenden zu bitten? Waren wir größenwahnsinnig geworden, dass wir eine derartige Summe für ein Gebäude ausgeben wollten? Waren wir auf dem richtigen Weg? War es unser Wille, oder war es der Wille Gottes?

Diese Fragen ließen uns keine Ruhe. Wir beschlossen, auf unsere bewährte Methode zurückzugreifen, um unserem Ringen um Antworten ein Ende zu setzen: Wir fasteten und beteten, bis Gott uns eine Antwort gab.

Er versprach uns, mit uns zu sein, und dass er all unsere Bedürfnisse befriedigen würde. Außerdem sagte er: «Ihr werdet weder Wind noch Regen sehen; dennoch soll das Tal voll Wasser werden.»

All unsere Zweifel verschwanden. Mit erneuertem Eifer nahmen wir die Arbeit wieder auf. Wir beschlossen, das Projekt zu starten, indem wir von unseren eigenen Missionaren Spenden sammelten. Die Begeisterung und Großzügigkeit, mit denen sie spendeten, rührte uns einmal mehr zu Tränen.

Ihre Opferbereitschaft brachte unglaubliche 3,1 Millionen Rupien zusammen. Das war viel mehr, als wir je zu erwarten gewagt hätten, denn die Löhne unserer Missionare sind knapp bemessen. Sie spendeten freiwillig und selbstlos, nur damit jemand das Wort Gottes zu hören bekäme. Einige spendeten sogar zwei Monatslöhne!

Die meisten Spenden kamen aus Tamil Nadu. Einige plünderten ihre Pensionskassen, andere spendeten Geld in Erinnerung an ihre Kinder oder Eltern. Unser einziger Wunsch ist es, Gott zu verherrlichen, und unser einziges Gebet ist, dass auch zukünftige Generationen seinen Namen verherrlichen, wenn sie unsere Gebäude benutzen.

Bevor wir das Projekt lancierten, traf ich drei Entscheidungen:

1. Unser Prinzip, wonach wir niemanden um Spenden bitten und nur das annehmen, was Menschen freiwillig geben, wird nicht aufgehoben.
2. Die Rentengelder für unsere Missionare werden nicht angetastet.
3. Ist der Bau einmal begonnen, wird er unter keinen Umständen unterbrochen.

Gott belohnte all diese Entscheidungen. Das Auditorium wurde innerhalb von 25 Monaten fertiggestellt. Alle Ehre gebührt Gott allein! Das Auditorium ist groß genug, um bis zu 6000 Hörer des Wortes Gottes auf einmal aufzunehmen. Es ist aktuell das größte seiner Art in ganz Bihar. Im November 2009 weihten wir mit viertägigen Eröffnungsfeierlichkeiten dem Herrn die neue Halle.

Das verzehrende Feuer Gottes

Uns drängte der Wunsch, das Feuer der Verkündigung des Evangeliums in Regionen zu tragen, in denen noch nie gepredigt worden war. Wir bildeten in Zusammenarbeit mit der Organisation «Bless India» neue Missionare aus mit dem Ziel, innerhalb von zwei Jahren in einhundert solcher Ortschaften Kirchen zu gründen.

Unser Ziel war es, bis 2020 auf unseren Missionsfeldern zwanzig Prozent Christen zu gewinnen. Zurzeit haben wir 26.000 Personen ausgebildet, die sich nun in andere Menschen investieren. Schließlich müssen wir vor Gott Rechenschaft ablegen für alle Mittel, die er uns gegeben hat.

Als ich meinen Dienst in Bihar aufnahm, war ich von dem Wunsch getrieben, das Evangelium rasch zu verkündigen, und litt doch gleichzeitig unter der harten Wirklichkeit, die mir dies nicht erlaubte. Oft war ich so frustriert, dass ich in Tränen ausbrach. Gott inspirierte mich in solchen Momenten zu Liedern in meiner tamilischen Muttersprache:

Er ist der Herr,
der für uns sorgt.
In den letzten Tagen wird er über allen,
die aus Fleisch sind,
seinen Segen ausschütten.

Dann werden alle auf Knien seine Taten loben.
Die Felder werden erfüllt sein
von der Ehre des Namens,
der die Menschen in die Knie zwingt –
des Namens Jesu.

Die Flut vergossener Tränen
auf dem Boden Indiens
wird jene erwecken,
die sich der Arbeit ihres Meisters widmen –
die guten Soldaten.

Es ist wunderbar, wie Gott uns vervielfacht hat. Eines Tages wird die gesamte Nation Christus gehören. Von Anfang an ist es mein tiefster Wunsch gewesen, dass Gottes Arbeit in unserem Land von unseren eigenen Landsleuten aktiv unterstützt würde. Nur die Opferbereitschaft, die Gebete und die Mitarbeit der Inder haben dieses unglaubliche Wachstum ermöglicht. Der Ruf Gottes – «Wenn du nicht gehst, habe ich sonst keinen» – ist noch immer eine Herausforderung und eine Inspiration für uns.

Schmerz in Freude verwandeln

In den Anfängen meines Dienstes stellte ich mich oft in die dicht besiedelten Stadtviertel von Aurangabad, in denen die Prostitution allgegenwärtig ist, und betete um Weisung. Ich wollte diesen Menschen helfen.

Gott erfüllte meinen Wunsch, den Kindern dieser Frauen und so der gesamten Gemeinschaft zu helfen. Wir starteten das Projekt OUR («Operation Uplift of Rural People») im Jahr 2006. Wir wollten Kinder und ihre Familien in fünf Dörfern adoptieren, für sie sorgen und sie zu Gott führen.

Ein Rotlichtbezirk von Rohtas, Amri Tola, zog unsere Aufmerksamkeit auf sich. Wir suchten 150 Kinder aus, die ihren Vater nie gekannt haben, und brachten sie in unsere Tageskrippen, wo wir sie pflegten.

Heute sind diese Kinder durch Gottes Liebe verwandelt worden. Es sind glückliche, liebenswerte Menschen, die voll des

Heiligen Geistes sind. Die Frauen, die in der Prostitution tätig waren, haben nach und nach ihre Tätigkeit aufgegeben und sich Gott zugewandt.

Gott gab uns hingebungsvolle Menschen für diesen Dienst. Wie gut ist unser Gott! Er ist der Gott, der die Sünder liebt. Mörder, Räuber, Prostituierte und jeder andere Sünder kann in Jesus Christus Heil finden. Er ist der Einzige, der jedem, der zu ihm kommt, Licht gibt, und der Einzige, der retten kann.

Gnade durch Gehorsam

Als mein erstes Enkelkind auf die Welt kam, sprach Gott zu mir durch Jesaja 59,21: «Mein Geist, der auf dir ruht, und meine Worte, die ich in deinen Mund gelegt habe, sollen von deinem Mund nicht weichen noch von dem Mund deiner Kinder und Kindeskinder, spricht der HERR, von nun an bis in Ewigkeit.» Mein Herz füllte sich mit Freude.

Meine Tochter hatte immer davon geträumt, Missionsärztin zu sein. Doch die Todesfälle in unserer Familie, vor allem der Tod von Olive, ließen sie an ihrem Wunsch zweifeln.

Da Gott aber diesen Wunsch in ihrem Herzen geweckt hatte, verwirklichte er sich dank eines Freundes, der die gesamte Verantwortung für ihre Ausbildung übernahm. Wir schickten sie für ihr Medizinstudium nach Russland.

Als meine Frau und ich sie zum Flughafen von Delhi brachten, beteten wir und sagten: «Wir schicken dich nach Russland nicht als Medizinstudentin, sondern als Missionarin.»

Ihre ersten Jahre dort waren alles andere als einfach, aber Gott gebrauchte sie, um indische Studenten zu Gott zu führen und sogar eine Kirche zu gründen. Einige Hindus in Rostow am Don und in Stawropol nahmen den HERRN an. Gott gebrauchte die Führungsgabe meiner Tochter, um andere auszurüsten.

Obwohl wir manchmal von der Größe unserer Aufgaben erdrückt und von Zweifeln geplagt werden, erwartet Gott, dass wir ihm blind gehorchen. Wenn wir ihm selbst inmitten von Zweifeln und Fragen gehorchen, können wir die wundervollen Wege erleben, auf denen er uns führt, um die Dinge zu tun, an denen wir gezweifelt hatten. Dies ist meine ganz persönliche Erfahrung.

Die Gnade unseres HERRN Jesus Christus machte mich unerschrocken und gab mir einen abenteuerlustigen Geist, obwohl ich von Natur aus eher schüchtern bin. Ich war ein Mensch, der kein Risiko einging und nur den gut ausgetretenen, sicheren Pfaden folgte.

Gott sagte mir: «Jetzt weißt du nichts. Doch du wirst es später lernen.» Er befähigte mich, ihn beim Wort zu nehmen. So konnte ich zum Segen für viele werden.

All jene, die daran glauben, dass die Welt zu Ende geht, wenn das Evangelium Jesu Christi jede Region dieser Erde erreicht hat, sollten sich beeilen und alles daransetzen, dies Wahrheit werden zu lassen.

«Wie sollen sie aber den anrufen, an den sie nicht glauben? Wie sollen sie aber an den glauben, von dem sie nichts gehört haben? Wie sollen sie aber hören ohne Prediger? Wie sollen sie aber predigen, wenn sie nicht gesandt werden?» (Römer 10,14–15).

Wenn jeder, der sein Leben Christus gewidmet und ihn als seinen persönlichen Heiland angenommen hat, auf dieses Ziel hinarbeitet, wird das satanische Reich zerstört. Möge die Gnade Gottes uns die Kraft geben, das Rennen erfolgreich zu beenden.

Von Anfang an stand ich fest bei meinem Entschluss, immer auf die Stimme Gottes zu hören und ihm in allem zu gehorchen.

Einmal warnte mich Gott im Gebet, indem er hörbar zu mir sprach: «Wandle aufrecht in meiner Gegenwart und sei ohne Makel. Ich bin dein Lohn. Dies sei dein einziger Gedanke.» Obwohl er mir Ähnliches zuvor schon viermal gesagt hatte, verstand ich dieses Mal erst die Tiefe der Aussage. Das folgende Ereignis hat mir dabei geholfen, dies zu verstehen:

Meine Frau und ich reisten zur Hochzeit meiner Schwester nach Tamil Nadu. Nach einer langen und ermüdenden Reise kamen wir mit nur einer Viertel-Rupie in der Tasche an.

Die Tradition verlangte, dass der Bruder der Braut zusammen mit seiner Frau die Braut schmückte, sie segnete und ihr Geld gab. Jetzt befand ich mich aber in einer verzwickten Lage. Mit unserer letzten Münze bat ich meine Frau, diesen Pflichten nachzukommen. Ich sagte ihr, dass ich mich irgendwie aus dieser schwierigen Lage befreien würde.

Doch Rupaleka machte etwas ganz anderes Sorgen. Sie hatte fürchterliche Angst davor, dass ihr die kleine Münze durch die Finger schlüpfen und auf den Boden fallen könnte, was uns zum Gespött aller machen würde.

Ich versicherte ihr, dafür zu beten, dass dies nicht geschehe. Als Missionare waren wir von unserer Verwandtschaft zwar geliebt und respektiert, doch wir wollten nicht, dass irgendjemand von unserer finanziellen Situation erfuhr.

Während wir darauf warteten, dass die Braut das Zimmer verließ, um sich fertig zu kleiden, kam eine katholische Schwester auf mich zu und sagte: «Bruder, komm bitte zu mir nach Hause und bete für mich. Du wirst zurück sein, bevor die Braut fertig angezogen ist.»

Ich begleitete sie und betete für sie. Als ich gerade die Tür ihres Hauses hinter mir schließen wollte, drückte sie mir etwas Geld in die Hand.

Wie groß ist unser Gott! Mit diesem Geld überlebten wir den Tag. Es reichte aus, so dass meine Frau und ich meine Schwester segnen konnten! Wieder bewies Gott, dass seine Kinder sich nicht schämen müssen.

Es gab Momente, in denen es für mich nicht einfach war, Gottes Stimme zu gehorchen. Einmal reiste ich von Daudnagar nach Bhabua, um dort einen Gottesdienst zu leiten. Es war eine lange und harte Reise durch das winterliche Bihar, bei der ich zuerst eine anderthalbstündige Busfahrt, dann eine dreistündige Zugfahrt und dann weitere 45 Minuten mit dem Bus durchstehen musste. In der Nacht fielen die Temperaturen bis auf vier Grad Celsius.

Der Zug sollte um 16 Uhr abfahren, doch er hatte zwei Stunden Verspätung. Um mir die Zeit zu vertreiben, ging ich auf dem Bahnsteig auf und ab. Ich trug das safranfarbene Gewand eines Sadhus. Um der beißenden Kälte zu entkommen, wickelte ich mich in einen wollenen Schal ein.

Während ich so herumspazierte, sah ich einen halbnackten Mann auf dem Boden liegen. Er stöhnte und grunzte, weil er die Kälte nicht aushielt. Ich ignorierte ihn und setzte meinen Spaziergang fort. Kaum war ich aber an ihm vorbeigegangen, da befahl mir Gott, stehen zu bleiben und dem Mann den Schal zu geben.

Angesichts meines eigenen Zustands widersetzte ich mich dem Befehl. Ich erwiderte: «Wenn ich in Bhabua ankomme, wird es bereits 22 Uhr und schrecklich kalt sein. Ich werde nichts haben, um mich vor der Kälte zu schützen. Wie kann ich da meinen Schal weggeben?»

Der HERR ließ sich jedoch auf keine Diskussion ein. Er fragte nur: «Was würdest du denn tun, wenn du der Mann wärst, der da auf dem Boden liegt?»

Ohne ein weiteres Wort zu sagen, ging ich zu dem alten Mann zurück und wickelte ihn in meinen Schal ein. Er schaute mich dankbar an, zu schwach, um irgendetwas zu sagen. Dann wärmte ich meine Ohren eben mit einem Taschentuch.

Der Zug fuhr um 18 Uhr ein. Kaum hatte ich das Gefährt bestiegen, riefen mich zwei Sadhus zu sich, die mich aufgrund meiner Kleidung für einen der ihren hielten, und setzten mich zwischen sich. Sie teilten sogar ihre Decke mit mir, so dass die dreistündige Fahrt sehr angenehm verlief.

Nun musste ich noch das letzte Teilstück bewältigen: eine vierzehn Kilometer lange Busfahrt. Es war der letzte planmäßige Bus in dieser Nacht, und er war hoffnungslos überladen. Fünfzig Personen fuhren auf dem Dach des Busses mit, und einige hielten sich an den Fensterrahmen fest. Von außen!

Während ich mich noch fragte, wie ich einen Platz im Inneren ergattern könnte, erblickte mich der Busfahrer. Er rief mich, als wäre ich ein alter Bekannter: «Sadhu! Komm! Du kannst dich hier zu mir setzen.» Dann ließ er mich in die Fahrerkabine und wies mir die Motorabdeckung als Sitzplatz zu. Der Bus war sehr alt, und die Hitze, die der Motor abstrahlte, reichte gut, um mich zu wärmen. Wie wundervoll sind doch die Wege des HERRN!

Als ich nach meinem Dienst den Heimweg antrat, passierte ich wieder den Ort, an dem ich den alten Mann in der Kälte zittern gesehen hatte. Ich näherte mich und sah, dass sich um ihn herum eine Menschenmasse angesammelt hatte. Er lag im Sterben.

Als er mich sah, schenkte er mir ein breites Lächeln: «Ich habe Gott gesehen.»

Die Menschen um uns herum reagierten verwirrt. Ich trat zu ihm, um zu verstehen, was er sagte: «Ich habe einmal eine deiner Predigten gehört, doch als du mir deinen Schal gabst, habe ich ihn gesehen.»

Dann erzählte ich ihm von Jesus. Wenige Augenblicke später tat er seinen letzten Atemzug. An jenem Tag hatte ich Gottes Stimme gehorcht und einer Seele geholfen, in die Ewigkeit einzugehen.

… und der Bus stand still

Eine Kirche in Ranchi organisierte eine Konferenz und lud mich als Gastredner ein. In der Vorbereitung dafür fiel mir auf, dass die Veranstaltung finanziell sehr knapp bemessen war. Man hatte mit etwa 700 Teilnehmern gerechnet, doch als die Menschen hörten, dass ich dort reden würde, schwoll die Menge auf 1200 Besucher an. Es würde für die Kirche sehr schwierig werden, alle Teilnehmer zu ernähren.

Also ordnete Gott mir an: «Spende alles Geld, das du dabeihast.» Gehorsam legte ich nach der Konferenz mein gesamtes Geld in den Opferstock und gab auch mein Honorar zurück, das ich am Ende der Veranstaltung erhielt.

Nach dem Abschiedsessen informierte mich der Pastor, dass mich der Mann, in dessen Haus ich untergebracht war, am folgenden Morgen zur Busstation bringen würde. Er fuhr mich auf seinem Fahrrad dorthin, arrangierte einen Sitz für mich und verabschiedete sich.

Ich hatte keinen Cent in der Tasche und war damit außerstande, das Busticket zu lösen. Trotzdem war ich zuversichtlich, dass Gott mich versorgen würde, schließlich hatte ich ihm ja gehorcht.

Der Kontrolleur ging von Passagier zu Passagier, um das Geld einzusammeln. Der Fahrer ließ den Motor an, derweil kam der Kontrolleur immer näher. Genau in dem Moment, in dem er mich erreichte, hielt der Bus abrupt an. Das Gefährt war nagelneu und hätte eigentlich keine Schwierigkeiten bereiten sollen. Der Busfahrer tat sein Bestes, um den Motor wieder anzulassen, doch seine Mühen waren umsonst. Er musste alle Passagiere bitten, den Bus zu verlassen. Egal, was man auch unternahm, der Bus rührte sich nicht vom Fleck.

Nach ungefähr zehn Minuten kam der Bruder, der mich zum

Bus gebrachte hatte, angerannt und sagte: «Der Pastor hat mir Geld gegeben, um deine Fahrkarte zu kaufen. Aber ich hatte es ganz vergessen.» Er gab dem Kontrolleur das Geld und verschwand. Im selben Moment sprang der Motor wieder an, und der Bus machte uns keine Probleme mehr!

Diejenigen, die dem HERRN gehorchen, werden nicht beschämt. Seine wunderbaren Taten sind uns unverständlich, doch seine Gnade war mir immer genug, wenn ich seiner Stimme gehorchte. Ich habe unzählige Momente dieser Art erlebt. Er ist unsere Hoffnung. Nichts ist ihm unmöglich. Warum zögern so viele Menschen, die seinen Ruf hören?

Sind Fragen wie «Wer wird für meine Kinder sorgen?» und «Wer wird meine Bedürfnisse zufriedenstellen?» nicht sinnlos? Abraham, Paulus und viele andere, die dem HERRN gehorchten, mussten sich deshalb nie schämen. Gehorsam ist das Merkmal des Volkes Gottes.

So wie die Apostelgeschichte kein Ende hat, so hat auch dieses Buch kein Ende. Ich bin überzeugt, dass viele andere, die im Weinberg des HERRN arbeiten, in Zukunft ihre Zeugnisse niederschreiben werden. Ich habe all meine Erfahrungen festgehalten, nicht nur, um zu bestätigen, dass diese Dinge geschehen sind, sondern auch, dass sie einem ganz gewöhnlichen Mann widerfahren sind – einem Menschen wie dir.

Du, der Du dies liest,

lass deinen Gehorsam wachsen,
richte deine Augen nach oben,
und nicht auf irdische Dinge.
Lass deine Leidenschaft die Böswilligkeit besiegen.

Dein Wissen,
dass der Schild des Glaubens stark genug ist,
um die flammenden Pfeile
des Widersachers zu zerstören,
lasse die Schönheit deiner Hingabe
aufscheinen und Truppen aufmarschieren,
die mit dem Namen Gottes auf den Lippen kämpfen.

Wie kann ein Erreichter stumm bleiben?
Solange es noch Unerreichte gibt,
lassen wir das Feuer Gottes in uns brennen,
denn wir haben seine Liebe erfahren.

Mögen jene, die wissen,
dass die Lage zu unseren Gunsten ist,
den Feind erkennen, der böse Pläne schmiedet.
Mögen jene, die ihr Ich ans Kreuz genagelt haben,
den Genüssen des Lebens entsagen.

Lasst uns aufstehen,
damit diese Generation Jesus kennen lernt.
Auch wenn die Zeit vorangeschritten ist,
lasst jene dieses Land bevölkern,
die nicht eher ruhen,
bevor das Vaterland nicht den sieht,
der sich selbst geopfert hat.

Über die Inter-Mission

Das vorliegende Buch ist die Lebensbeschreibung von einem der Hauptpartner der Inter-Mission.

Die Inter-Mission ist ein konfessionell unabhängiges christliches Hilfswerk, das hauptsächlich in Indien tätig ist und dort mit über zwanzig lokalen Partner-Organisationen zusammenarbeitet. In Europa gibt es die Inter-Mission Schweiz und die Inter-Mission Deutschland, die juristisch völlig unabhängig voneinander sind, jedoch in vielen Projekten zusammenarbeiten.

Die Inter-Mission Schweiz hat sich vor zwanzig Jahren hauptsächlich auf den Norden Indiens konzentriert. GEMS ist bei weitem die Partner-Organisation, mit welcher die Inter-Mission Schweiz die meisten Projekte realisiert, weshalb sie einen großen Teil der Spenden zugunsten dieser Organisation einsetzt. Auch die Inter-Mission Deutschland hat, wenn auch in kleinerem Ausmaß, mehrere erfolgreiche Projekte mit GEMS realisiert.

Das Buch wurde im Auftrag der Inter-Mission Schweiz übersetzt und im Fontis-Verlag herausgegeben.

Die rund fünfzehn Mitarbeiter der Inter-Mission Schweiz sind alle ehrenamtlich für die Verwaltung der Mission verantwortlich und übernehmen direkt oder indirekt auch fast die gesamten übrigen Verwaltungskosten wie auch die Projektbegleitungskosten, womit pro Jahr mehrere hunderttausend Franken eingespart werden können, die vollumfänglich den Projekten zugutekommen. Die Inter-Mission Schweiz sieht dies als spezielle Führung von Gott und als Privileg an, auf diese Weise verantwortungsvoll und sparsam mit Spendengeldern umgehen zu können.

Auch in Deutschland sind vor allem von den leitenden Mitarbeitern und Vorstandsmitgliedern einige ehrenamtlich tätig. Die Inter-Mission Deutschland hat in der Administration Angestellte, welche zu einem Bedürfnislohn arbeiten, weil sie darauf angewiesen sind.

Ziel der Inter-Mission ist es, den Ärmsten der Armen zu helfen und sie mit der frohmachenden Botschaft des Evangeliums bekannt zu machen. Mission wird heute leider häufig negativ gesehen. Dabei wird außer Acht gelassen, dass der echte persönliche Glaube an Jesus Christus den Menschen von innen heraus verändert und somit auch sozial und gesellschaftspolitisch größere Wirkung hat als eine säkulare und nur sozial ausgerichtete Entwicklungshilfe.

Brother Augustine Jebakumar berichtet in seiner Biografie von vielen außergewöhnlichen Erlebnissen, Offenbarungen und Wundern. Gerade so, wie sie häufig im Zusammenhang mit geistlichen Aufbrüchen in der weltweiten Missions- und Kirchengeschichte auftreten.

Die Inter-Mission ist keine pfingstliche oder charismatische Mission. In Indien arbeiten wir mit verschiedenen evangelikalen und pfingstlichen Leitern und Werken zusammen, zum Beispiel mit Baptisten, Brüdergemeinden, Pfingstgemeinden und unabhängigen Denominationen.

Dabei ist es uns wichtig, dass nicht etwa ein Wohlstands-Evangelium verkündet noch die Zungenrede oder eine unausgewogene Lehre der Krankenheilung als unbedingte Notwendigkeit gelehrt werden. Durch Augustine Jebakumars Dienst wurden viele Menschen geheilt, jedoch längst nicht alle – und auch er und seine Familienangehörigen waren teilweise über längere Zeit mit schlimmen Krankheiten geplagt, auch wenn sie immer wieder Gottes Eingreifen erlebten.

Wir haben Augustine Jebakumar als ausgewogenen und völlig integren Christen erlebt, der ein Leben in der persönlichen Hingabe an Gott und die Mitmenschen führt und vielen immer wieder zum großen Segen wurde.

Unser Gebet ist es, dass Brother Augustine Jebakumar und die von ihm gegründete Missionsgesellschaft GEMS auch in Zukunft den Segen Gottes erleben darf und die vielen Wunder ein Ansporn für sie sind, mit ganzer Hingabe den von Gott zugewiesenen Auftrag zu Ende zu führen. Wir alle werden, so lange wir leben, nicht vor Anfechtungen verschont. Dies gilt sowohl für unsere Glaubensgeschwister in Indien wie auch für uns in Europa.

Inter-Mission Schweiz
Leisenbergstrasse 24
CH-4410 Liestal
Schweiz
Tel. +41 61 927 96 66
www.intermission.ch

Spendenkonto
PostFinance: 80–26657–7
IBAN: CH41 0900 0000 8002 6657 7
BIC: POFICHBEXXX

Inter-Mission Deutschland
Lohweg 11
D-30559 Hannover
Deutschland
Tel. +49 511 283 740
www.inter-mission.de

Spendenkonto
Evangelische Bank
IBAN: DE63 5206 0410 0000 6167 61
BIC: GENODEF1EK1

Anmerkungen

1 Die Stadt und der Bezirk Tuticorin werden heute meist Thoothukudi genannt.

2 Paisa, Mehrzahl: Paise (Hindi, Urdu) oder Paisa (Nepali), ist die Untereinheit verschiedener asiatischer Währungen. In Indien sind z.B. 100 Paise = 1 Rupie (Quelle: Internet).

3 Chennai ist mit ca. 6,5 Millionen Einwohnern die sechstgrößte Stadt Indiens. In der Agglomeration leben etwa 8,7 Millionen Menschen. Chennai ist damit der viertgrößte Ballungsraum in Indien. Die 200 Stadtviertel sind in 15 Bezirke (Zonen) aufgeteilt. Bis 1996 hieß die Stadt Madras (Quelle: de.wikipedia.org).

4 Nicht zu verwechseln mit dem ehemaligen britischen Unternehmen «English Electric» (EE) mit Sitz in Preston, Lancashire.

5 Siehe Johannes 11,41–42: «Jesus aber hob seine Augen auf und sprach: Vater, ich danke dir, dass du mich erhört hast. Ich wusste, dass du mich allezeit hörst; aber um des Volkes willen, das umhersteht, sagte ich's, damit sie glauben, dass du mich gesandt hast.» (LB)

6 Seit 2011 Odisha.

7 Menschen, die der Bahai-Religion angehören, glauben an die Einheit Gottes, die Einheit der Religion und die Einheit der Menschheit. Für sie ist Gott der Schöpfer, der die Welt und den Menschen aus Liebe erschaffen und einen Bund mit den Menschen geschlossen hat. Der Religionsstifter Bahá'u'lláh (übersetzt «Glanz/Herrlichkeit/Pracht Gottes») lehrte, dass es nur einen Gott gibt, den die Menschen mit verschiedenen Namen nennen, zum Beispiel Gott, Allah,

Herr oder der Allmächtige (Quelle: mobil.religionen-entdecken.de).

8 Murthy war ein Waisenkind, das in schlechte Gesellschaft geriet. Als er im Sanatorium von Tambaram mit Tuberkulose im Sterben lag, erzählte ihm eine Krankenschwester von Jesus. Als er sich erholt hatte, kam er in unsere Gebetszelle in Chennai und erfuhr mehr über den HERRN. Obwohl er geheilt war, war er noch immer geschwächt. Da auch er den Ruf nach Bihar erhalten hatte, wurde er zu unserem Mitarbeiter.

9 Später gründete Vasanth Edward die Shiloh-Mission und startete einen Missionsdienst auf den Andamanen und Nikobaren.

10 Auch Hajipur. Wird aber Hadschipur ausgesprochen.

11 Der Begriff «mazedonischer Ruf» («Macedonian Call») bezieht sich auf die Vision des Apostels Paulus, dem im Traum ein Mann aus Mazedonien erscheint und ihn bittet: «Komm nach Mazedonien und hilf uns!» (Apostelgeschichte 16,9).

12 Der Legende zufolge stieß König Janaka von Videha auf den irdenen Kessel, der Sita als Heim gedient hatte, während er sein Feld pflügte.

13 Die Hauptstadt von Videha könnte auch das heutige Madhubani gewesen sein.

14 Menschen aus dem südwestindischen Bundesstaat Kerala.

15 «Bajrang Dal» ist eine militante Organisation, welche die Jugendabteilung der hindunationalistischen Organisation «Vishva Hindu Parishad» bildet.

16 Die «ehrenwerte Vereinigung» ist ein parlamentarischer Ausschuss des Bundesstaates.